谨以此书

向改革开放40周年致敬!

向期货行业前辈、先进所做出的艰苦探索致敬!

祝愿中国期货市场走得更加稳健、更加长远!

当代中国期货市场

DANGDAI ZHONGGUO
QIHUO SHICHANG
KOUSHUSHI

口述

李正强 ◎ 主编

中国金融出版社

责任编辑：陈　翎
责任校对：孙　蕊
责任印制：丁淮宾

图书在版编目(CIP)数据

当代中国期货市场口述史 / 李正强主编. —北京：中国金融出版社，2018.12
（大连商品交易所丛书）

ISBN 978-7-5049-9750-0

I.①当… II.①李… III.①期货市场—经济史—中国 IV.①F832.5

中国版本图书馆CIP数据核字（2018）第211932号

出版
发行　中国金融出版社

社址　北京市丰台区益泽路2号
市场开发部　　（010）63266347，63805472，63439533 (传真)
网 上 书 店　http://www.chinafph.com
　　　　　　　（010) 63286832，63365686 (传真)
读者服务部　（010) 66070833，62568380
邮编　100071
经销　新华书店
印刷　天津市银博印刷集团有限公司
尺寸　169毫米×239毫米
印张　23.75
字数　286千
版次　2018年12月第1版
印次　2018年12月第1次印刷
定价　60.00元
ISBN 978-7-5049-9750-0
如出现印装错误本社负责调换　联系电话(010) 63263947

序

今年是改革开放 40 周年，也是我国探索引入期货市场 30 周年。改革开放是决定当代中国命运的关键抉择，是党和人民事业大踏步赶上时代的重要法宝。我国期货市场是改革开放的产物。1984 年 10 月，党的十二届三中全会决定把改革重点由农村转向城市，并提出以价格改革为核心的经济体制改革方向。为解决价格改革带来的价格上涨过快、波动过大问题，我国开始了期货市场的研究与探索，并最终建立了期货市场。三十年来，我国期货市场从无到有、从小到大、从乱到治，逐步规范，走出了一条独具特色的发展之路，已成为 40 年改革开放事业的重要组成部分。

我国期货市场是在政府指导下产生和发展的，与欧美市场发展路径有明显差异。1988 年 3 月 25 日，李鹏总理在《政府工作报告》中提出"加快商业体制改革，积极发展各类批发市场贸易，探索期货交易"，这标志着我国期货市场实践探索的开始。在国家相关部委的努力和推动下，我国解决了从计划经济向社会主义市场经济转轨过程中如何建立期货市场这一重大问题，并设计了期货市场的试点方案。1990 年 10 月 12 日，中国郑州粮食批发市场开业，标志着我国第一个商品期货市场开始起步。在中央政府各部门和各地政府的主导下，郑州商品交易所、深圳有色金属交易所、上海金属交易所等交易所纷纷成立，我国期货市场正式建立。

然而，事物的发展总是在曲折中前进。由于初创时期期货市场从业人员缺乏专业知识，法律法规不健全以及地方、各部门各行其事，我国期货市场试点一开始就出现了盲目发展的问题。从1993年到2000年，国家先后两次开展了对期货市场的"治理整顿"，并于1999年由国务院首次发布《期货交易管理暂行条例》，不仅解决了期货市场盲目发展的问题，而且形成了我国期货市场发展的基本格局，初步建立了期货市场的监管体系和法律体系，为期货市场的稳健发展奠定了基础。2004年国务院发布《国务院关于推进资本市场改革开放和稳定发展的若干意见》，我国期货市场交易品种、成交数量、成交金额等快速增长；2006年中国金融期货交易所成立；2007年国务院正式颁行《期货交易管理条例》，同时废止《期货交易管理暂行条例》；期货市场经受住了2008年金融危机极端行情风险的考验，进入了稳步发展阶段。这一时期，我国期货市场形成了以国务院发布的《期货交易管理条例》等相关行政法规作为核心，与证监会发布的《期货交易所管理办法》等部门规章和规范性文件以及期货交易所、中国期货业协会制定的自律管理规则等共同组成的制度规范体系，全面构筑起由中国证监会、证监会各地派出机构、期货交易所、中国期货保证金监控中心和中国期货业协会共同组成的"五位一体"协作监管体系。

党的十八大以来，中国特色社会主义进入新时代，期货市场也开启了创新、多元、开放发展的新阶段。2012年以来，我国新增期货期权品种34个，占目前已上市品种的56.67%，基本覆盖了农业、金属、能源、化工、金融等国民经济主要领域；2015年上证50ETF期权上市，2017年豆粕、白糖期权上市，2018年铜期权上市，进一步丰富了我国期货衍生品市场体系，我国商品市场由单纯的期货交易进入期货期权并进的发展阶段，服务实体经济的工具更加多样。2018年3月26日，原油期货在上海期货交易所子公司——上海国际能源交易中心挂牌交易，这是我国首个以人民币计价的国际化期货品种；2018年5月4日，大连商品交易所铁矿石期货成功引入境外投资者，正式开启了已上市品种的国际化；2018年11月30日，郑州商品交易所PTA期货引入境外交易者启动，我国期货市场对外开放又向前迈了一步。

经过三十年，特别是近六年的发展，我国期货市场已经连续八年位居全球第一大商品期货市场。上海期货交易所已经成为全球第一大黑色金属期货市场和第二大有色金属期货市场。大连商品交易所农产品期货年成交量超越美国芝加哥商业交易所集团，成为全球最大的农产品期货市场，并保持全球最大的油脂、塑料、煤炭、铁矿石期货市场地位。我国期货市场价格发现功能不断提升，铜、铝、棕榈油、塑料、铁矿石等品种的"中国价格"在国际相关市场的影响力不断提升，我国已成为全球重要的价格传导中心之一。郑州商品交易所棉纱期货、棉花期货、PTA期货成为纺织企业避险"三剑客"，被誉为全球纺织市场风向标。铜、铝、锌、铅、豆油、豆粕、白糖等品种期货现货价格拟合度高，已成为国内相关产业的定价基准和谈判参考。利用期货市场套期保值功能对冲风险，促进企业稳定经营和行业发展壮大日益成为共识。2017年我国已有近百家钢铁、焦炭焦煤企业、500多家铁矿石贸易商以及600多家化工企业参与期货交易，国内日压榨能力在1000吨以上的油脂油料企业中，90%以上参与油脂油料期货套期保值交易；85%以上的棕榈油进口企业参与棕榈油期货交易；50%的全国30强饲料企业集团参与豆粕、玉米等品种的期货交易。

近六年，我国期货市场在发挥价格发现、套期保值基本功能的同时，服务国家重大战略能力不断提升，在服务供给侧结构性改革、服务国家高质量发展、服务农业农村现代化、助力脱贫攻坚战略以及双向开放等方面发挥了积极作用。

一是服务供给侧结构性改革，促进供给端优胜劣汰。我国期货市场每个商品期货品种的产品设计都充分体现了国家相关行业产业政策和节能环保政策的导向，合约标的和交割品标准都按照相关行业的国家标准进行设定，不符合国家标准、属于淘汰产能的商品不能进入期货市场，这对淘汰低端产品起到了重要推动作用。以上期所铅期货为例，品牌注册必须符合"铅锌行业准入条件"关于环保部"清洁生产标准"三级工艺以上、铅锭国标 GB/T 469-2005 选择 1 号铅 Pb99.994 牌号（高于伦敦金属交易所 BS EN 12659:1999 标准规定的 99.97% 牌号）的要求，这有利于淘汰市场竞争力差、污染严重、资源浪费的落后产能，如烧结锅、烧结盘、简易高炉等落后方式炼铅工艺及设备，未配套建设制酸及尾气吸收系统的烧结机炼铅工艺等，显著提升行业环保水平。

二是加强市场建设和模式创新，不断提升服务农业农村现代化的能力和水平。高度重视农产品期货、期权市场建设，采取有效措施，促进市场稳定健康发展。截止 2018 年底，我国已上市 23 个农产品期货品种，2 个农产品期权品种，覆盖粮、棉、油、糖、林木、禽蛋等主要农产品领域，初步形成了粮食、油脂油料、纺织等较为完整的产业链风险管理工具，为完善农产品市场流通体系和现代农业风险管理体系提供了重要支撑。积极开展服务市场活动，通过召开油脂油料、玉米、白糖、棉花等农产品产业大会等，全力服务和激活新型农业经营主体，推动理顺政府和市场关系，形成了若干服务"三农"的期货品牌。重点支持农业产业化龙头企业做优做强，促进小农户与现代农业发展有机衔接。"保险＋期货"试点已连续三年写入中央 1 号文件，探索了财政撬动金融资本支农惠农新模式。

三是发挥期货市场功能作用，助力脱贫攻坚战略。期货行业积极响应号召，聚水成涓，众志成城，利用专业特长，投身到扶贫工作中。上市全球首个鲜果期货品种——苹果期货，积极研发红枣、辣椒等特色品种，助力贫困地区产业发展。积极发挥期货行业力量，截至2018年6月，已有126家期货公司以各种形式开展了扶贫工作，85家期货经营机构与92个国家级贫困县（乡、村）签署了126份结对帮扶协议，通过在贫困地区设立分支机构、派驻驻村人员、录用贫困地区毕业生和残疾人、援助基础设施建设、捐资助学等多种手段开展精准帮扶，帮助3676户、8092人实现了脱贫；通过"保险＋期货"、场外期权等专业扶贫方式和捐资助学、支持产业等传统公益方式开展扶贫工作，累计投入资金达11283.12万元。

四是秉承"引进来"和"走出去"并重方针，稳步推进我国期货市场对外开放。在原油期货、铁矿石期货国际化的基础上，颁布了《外商投资期货公司管理办法》，进一步扩大期货市场对外开放力度。加大与境外证券期货市场机构股权合作。中国金融期货交易所、上海证券交易所、深圳证券交易所三家交易所联合竞购了巴基斯坦交易所30%股权，成为其单一最大股东。中国金融期货交易所、上海证券交易所与德意志交易所在法兰克福合资成立了中欧交易所，并上线了首支衍生品——沪深300指数ETF期货合约。2018年，我国已有19家期货公司设立境外子公司，部分期货公司开始收购境外期货经营机构，成为主要国际交易所的结算会员。

资本市场对改革开放40周年最好的纪念就是努力创造新的改革开放成果。在新的历史条件下，我们要从多方面努力，建设大宗商品国际定价中心。

第一，以市场需求为导向，继续丰富期货、期权品种，构建完善的品种体系。持续开展天然气、商品指数等期货品种研究，探索推进人民币外汇期货上市，积极推动粳米、生猪、20 号标准橡胶、乙二醇、尿素期货和玉米、铁矿石期权上市，以品种创新助推期货市场发展，提高其覆盖面，扩大其影响力。在此基础上不断做精做细现有品种，着力解决好活跃合约不连续等影响实体企业风险管理效率的问题，提升产业客户、金融机构客户的参与度。

第二，通过有效监管，确保期货价格公正可信。要继续发挥"五位一体"协作监管优势，形成监管合力，以保证金和净资本监管为核心，以问题和风险为导向，非现场监管和现场检查为抓手的事中事后监管体系，严厉打击市场操纵和内幕交易行为。加强穿透式管理和实控账户合并管理；合理调节交易量，不断完善市场运行风险的监测监控指标；加强对程序化交易管理，建立程序化交易报备和程序化交易者识别制度。

第三，加快形成全面对外开放新格局，提高期货价格的全球代表性。在原油、铁矿石期货国际化的基础上，所有条件成熟的期货品种都要国际化；扩大境内外交割区域，持续推动保税交割常态化，不断扩大保税交割品种和区域范围，支持和鼓励更多合法守信的境外交易者参与国内商品期货交易；加快推动期货经营机构国际化发展，与境外交易所特别是"一带一路"沿线国家交易所开展灵活多样的合作；期货市场要发挥与中国经济地位相称的国际影响力。

第四，期货经营机构要适时转变发展重点，更好地服务实体经济。期货经营机构要使价格传导更加便捷高效，以自身转型发展服务实体产业优化升级，在服务好实体经济发展的过程中实现企业自身的价值；要回归本源，专注服务能力提升，不忘服务实体经济的初心；要找准定位，发挥专业优势，做精做细，提高核心竞争力；要加强合规建设，严控风险，牢牢守住风险底线。

回顾中国期货市场发展历程可以发现，我国期货市场是与中国特色社会主义市场经济共同成长进步的，用30年时间完成了发达国家100多年才完成的事业，是一项了不起的成就。经过30年的探索与发展，我国期货市场从期货交易、期货规则、期货监管、期货投资者保护、期货功能发挥、期货开放以及期货扶贫等多个维度，都反映出了鲜明的中国特点，产生了显著的世界影响。这些成果是经济金融改革成功实践的一个缩影，也是我国期货市场建设者、参与者、监管者在党中央国务院坚强领导下，不断增强"四个意识"，坚定"四个自信"，脚踏实地、大胆探索，沿着习近平新时代中国特色社会主义思想指引的方向，不忘服务实体经济初心，砥砺奋进，趟出来的成功之路！

今天，我们正站在一个伟大的新时代潮头，中国正前所未有地走近世界舞台中心，我们比历史上任何时期都更接近中华民族伟大复兴的目标。然而，中华民族的伟大复兴绝不是轻轻松松、敲锣打鼓就能实现的，我们必须准备付出更为艰巨、更为艰苦的努力。国外有人说，过去三四十年世界经济史上最大的事件是中国的制造业融入了全球经济，而今后一二十年，这将会是中国的金融业融入全球经济。此话诚非虚言。我们必须抓住这一难得的历史机遇，把我国金融开放的这盘大棋下好，让我国金融在支持实体经济发展和服务外交大局两个方面助力中华民族的伟大复兴。期货行业可以为中国金融融入全球经济做出重要贡献，把我国期货市场建设成全球定价中心，是新时代中国期货人的使命和担当，任重道远。

明镜所以照形，古事所以知今。三十年的期货市场探索发展成就令人鼓舞，经验与教训弥足珍贵。为了纪念我国期货市场探索发展三十周年，大连商品交易所组织开展了期货历史回顾研究工作，撰写了《当代中国期货市场发展历程回顾》和《当代中国期货市场口述史》

两本书。这两本书系统回顾和梳理了我国当代期货市场的发展历程。其中，《当代中国期货市场发展历程回顾》从理论探索、市场创建、清理整顿、稳步发展和创新发展等期货市场重要阶段，记录了期货市场的演进脉络和重大事件，理性而冷静；《当代中国期货市场口述史》则以期货市场当事人回顾亲身经历的方式，真实再现了期货市场发展中的点点滴滴，感性而生动。大连商品交易所做了一件十分有意义的事，留下了生动的历史，值得肯定。千淘万漉虽辛苦，吹尽狂沙始到金。相信在这个特别值得纪念的年份里，这两本书的出版将带来智慧启迪，坚定我们前行的力量。

中国证监会副主席 方星海

2018 年 12 月 13 日

目录 / Content

探索篇

发展篇

创新篇

探索篇

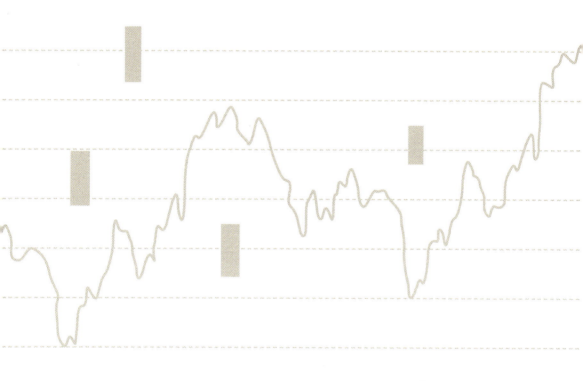

期货市场发端与初期探索

杜 岩

　　杜岩，1935 年生，1948 年参加革命工作，1950 年加入新民主主义青年团，后转为中国共产主义青年团，1954 年加入中国共产党。1948~1958 年，先后在晋察冀边区石家庄贸易公司、正太煤铁公司、华北煤铁公司、中国煤建公司任职；1958~1962 年，在中国人民大学贸易系本科学习；1962~1983 年，历任全国供销合作总社财会局、商业部政策研究室副处长、处长；1983~1995 年，历任国家体制改革委员会流通司副组长、组长、局长、司长；1995 年离休。离休后，继续担任中国期货市场咨询中心主任。

回顾我国期货市场的发展历程，一个显著的特点就是，它是在党的领导、政府主导下产生和发展的。1988年，根据国家领导人指示，国家体改委和国务院发展研究中心分别接到研究期货市场的任务。为此，两家单位联合成立了期货研究工作小组，共同开展期货市场理论、制度、政策方面的研究，设计出期货市场试点方案，并最终推动了我国期货市场的产生。我国期货市场发展之所以出现很多波折，在期货研究工作小组副组长、时任国家体改委流通司司长杜岩看来，这很大程度上与我们对期货市场的认识深度、广度密切相关。

期货市场的早期研究是由国家体改委和国务院经济技术社会发展研究中心（后更名为国务院发展研究中心，以下简称国研中心）两个单位合作开展的。我当时是国家体改委流通司的司长。刚开始，我们两家单位应该是领了不同的任务，我们主任安志文从上级领导那里领了任务，要求研究期货市场。国研中心总干事马洪则是从李鹏总理那里领的任务，要求搞研究。由于目标一致，于是我们两家单位一拍即合，决定合作开展期货市场研究。

期货市场基本问题研究

1987年底，美国培基证券公司的杨亮瑜先生到北京讲过一次课，他是一位香港人，介绍了怎样利用期货市场的机制控制价格风险。组织讲课的部门把讲课内容制成了录像、录音、文字等材料。当时中央领导听到了这个讲课的录音，于是要求国家体改委研究期货市场，以及如何利用期货市场转移价格风险。这些都是安志文接到研究任务后回来对我说的。国研中心那边是李鹏总理给马洪写了一封信，要求组织几位同志研究期货市场。

国家体改委这边研究期货的任务落到了我头上，国研中心的研究则是由田源主要负责。1988年初，田源找到我，我们俩一碰头，两个单位想法一致，于是就请示各自领导，随后便成立了"国务院发展研究中心—国家体改委期货市场研究工作小组"（以下简称期货研究小组），田源任组长，我担任副组长。

1988年4月15~16日，期货研究小组召开了第一次工作会议，主要讨论"国外期货制度""关于我国开展期货贸易的问题""下一步工作的设想"等几个议题。同年6月27~29日，第二次工作会议召开，开始探讨我国开展期货市场试点的具体问题。1989年1月10日，经过一系列调研以及结合河南、武汉、吉林、石家庄等地实际情况，研究小组形成了《关于结合国情试办期货市场的研究报告》（以下简称《研究报告》），上报国务院。

我们把这个报告送上去之后就没音讯了。这时候田源与周小川、吴晓灵、曹远征等人赴香港和美国考察去了，研究小组的主要工作开始由国研中心乔刚暂代。为了推动开展期货市场试点，我询问国办的同志我们上交的《研究报告》是否有批示。他们告诉我，给总理送的文件一般被分为三类，一类是涉密的文件；一类是审批的文件；还有一类是看完无须回复的参考文件。我们这份请示文件被放在参考文件里。于是，我请求送文件的同志重新给总理送了这份报告。送了以后，总理圈阅表示基本同意该报告，有了这个"尚方宝剑"，我们就胆大了。

期货市场试点方案研究

要正式开展试点就有很多具体的工作要做，但是国家体改委有一个指导思想，就是很多具体事我们不能参与，参与容易有利害关系。于是，我就拿着总理圈阅文件的复印件找了当时的商业部部长胡平，请商业部来主持期货市场的后续研究。胡平这个人比较果敢，就同意了。于是，商业部当时的一些年轻人才，吴硕、朱玉辰等人就开始参加具体试点的研究工作。

我们调研了河南、吉林、武汉、石家庄等地，并且成立了地方期货市场研究组，探索地方开展期货试点的可行性。后来，由于河南有地缘优势，时任河南省副省长秦科才也非常重视，所以郑州脱颖而出。1989 年 10 月 10 日，国家体改委、商业部、国研中心等八部委联合向国务院写了报告，正式报送了《关于试办粮食中央批发市场的报告》，申请在郑州试办一个粮食批发市场。

但是，这个申请也是过了好久没有得到批复。到了 1990 年 4 月，总理主持经济形势座谈会，田源被邀请参加。会上，田源就说我们曾经上报过一个期货市场试点的报告，但是一直没有得到回复，试点就停了下来。后来总理在这个会上插话说，"还可以研究试点嘛"。这就是后来期货市场试点被重启的缘由。

在得到肯定答复后，我们就按照同意试点的要求，确定了从现货市场入手，逐渐向期货市场过渡的思路。在这之后，郑州批发市场研究小组每个月开一次会，部委的几个领导同志，包括商业部胡平、姜习都在一起，开会研究郑州的事。

进一步完善期货市场的研究

在商业部参与进来之后，我们觉得需要成立一个机构来统筹考虑这件事。一开始打算成立一个中国期货市场研究中心，后来民政部的同志说这个范围比较小，经费来源也比较困难，建议叫中国期货市场咨询中心，咨询可以有业务，可以经营。1993年初，我当时所在的国家体改委流通司正式向民政部申请成立了"中国期货市场咨询中心"（以下简称咨询中心）。我是主任，乔刚是执行主任，具体工作都由他做。成立以后，这个机构实际上没有开展经营活动，还是一个期货市场筹备机构。我们也没有一个固定的工作地址，也没有多少工作人员。当时乔刚从国研中心抽调了几个人，我们体改委这边也抽调几个人，还是按照以前的思路接着把期货市场试点搞下去。

为了进一步完善我国的期货市场，我们参照国外期货市场情况，定下了咨询中心的三大任务：一是期货立法；二是建立期货业协会；三是要成立期货市场监督管理委员会。我们把这个方案报给总理，他是基本同意的。所以筹备工作我就抓起来了，在东二环的航空服务大厦，我们临时找了一个地方办公。除了我们咨询中心成员外，当时参与期货研究的还有人大常委会委员董辅礽，他负责主持研究期货法。经过几个月筹备，我们把形成的方案上报国务院，开始走审批程序。就在这个时候，期货市场出现了一系列风险事件，陆陆续续的清理整顿工作就开始了。正好这时我也到了离休的年纪，就从体改委流通司司长的位置上下来了，这些事就基本不干了，咨询中心的事情后来也没人接手。其实直到现在咨询中心的牌子还保留着，体改委撤销后交给了现在的体改委研究所。

我对期货市场的思考

试点工作刚开始展开的时候，当时舆论声势造得比较大，各省都想拿这个牌子，包括沈阳、成都、武汉、重庆、合肥、浙江，都在酝酿这件事。我们开会时，请地方的同志一块商量。后来他们就在当地政府的支持下开始做所谓的"期货市场"。有的地方基本上是瞎搞，也没办法控制。它们与真正的期货交易所有天壤之别，不一样。有些是搞大型综合市场，比如芜湖搞米市，海南搞其他品种的市场，但都没有真正的期货运行机制，就是打着期货市场的牌子，搞他们自己想做的东西。所以，当时总理批评体改委纵容期货市场的盲目发展，造成很不好的影响。

现在你们整理期货市场的发展过程，应该更多地理一理对期货市场的认识。因为中国期货市场说实在的是自上而下搞起来的，并不是自下而上自发形成的。当时包括我们搞研究的这几个单位都对期货市场没有很成熟的认识，只是考察过几次，知道点皮毛。所以，我觉得现在更应该厘清对期货市场的认识，这个认识是以后期货市场发展的保障。认识是一个过程，从一部分人认识到更多人认识，从而到领导人的认识。这个过程对中国期货市场的发展，对今后其他资本市场的研究都有帮助。我们期货市场发展中出现的波折、混乱和我们的认识不清有很大关系。所以你们有这个机会能够听到不同层级的人对期货市场发展的不同看法，将来形成一个对期货市场基本认识的一个总结性的东西，这对期货市场未来发展更有帮助。

凝聚改革智慧创建期货市场

——期货市场研究工作小组亲历记

常　清

　　常清，1957 年生，山东临沂人，管理学博士，经济学家。曾任国务院发展研究中心研究员、期货市场研究工作小组秘书长，负责中国期货市场的早期研究和试点工作，是我国期货交易所的设计者之一。1999 年，当选为中国期货业协会副会长。曾获"中国期货业特别贡献人物""中国期货市场十大风云人物""中国十大诚信英才""和谐中国·年度十大创新人物""十大 MBA 杰出教授"等荣誉称号。现为中国农业大学期货与金融衍生品研究中心主任、博士生导师，金鹏期货经纪有限公司董事长，出版多部期货领域著作，在国内外报刊发表学术论文 300 余篇。

1985 年研究生毕业后，我被分配到国务院发展研究中心价格组从事价格改革工作。当时价格改革刚刚开始，正处于双轨制改革的过渡阶段。抱着一种破釜沉舟闯关姿态，我投入了创立中国期货市场这一前无古人的事业。在中国改革开放 40 周年、期货市场探索建立 30 周年之际，回顾参与期货市场研究的一景一情，我仍感到特别亲切。同志们那种攻坚克难、勇于尝试、敢闯敢干、团结奋战的精神，至今仍令人称赞。

2018 年是我投身期货市场的第 30 个年头，我已步入花甲之年，回忆过往，对自己能够参与中国期货市场的设计和组建工作深感自豪，也由衷地期待不久的将来中国能够成为国际性的定价中心，在世界舞台上发挥越来越重要的作用。

1985 年，我从吉林大学研究生毕业分配到国务院发展研究中心工作，研究价格理论和政策。此时恰逢我国从计划经济向市场经济转轨，"如何形成市场价格"成为改革亟待解决的问题。

世纪之问：什么是市场价格

1984 年 10 月，党的十二届三中全会在北京召开，这是改革开放后党和国家的又一次重大战略部署，会议提出把改革重点由农村转向城市，对城市经济体制进行改革，并且决定"以价格改革为核心"。但当时的中国，全面放开价格有很大风险。于是，国家采取了一个过渡办法，先放开一部分产品的价格，暂时保留另一部分的计划价格，即价格双轨制。可部分价格放开后，出现了一些始料未及的问题。

第一个问题就是由于供给短缺造成的市场价格猛涨，整个社会消费物价上涨幅度前所未有。那个时候，我的一项工作是做物价形势观测，主要是调研各地的物价情况给中央写报告。根据当时的数据统计，在1985年实行价格双轨制的初期，生产资料市场价格比国家定价高30%~50%。到1988年底，计划内价格比计划外价格高1~4倍。如产地煤炭的市场价格比计划价高出约70%，铜的市场价格比计划价高2~6倍，铝锭的市场价格比计划价高3倍，冷轧薄板的市场价格比计划价高4倍，烧碱的市场价格比计划价高4.2倍。物价上涨形势可见一斑。

第二个问题是流通异常混乱。价格改革的初衷是想形成统一的市场价格，结果放开产品价格以后却异常混乱。比如在工业生产资料领域，出现了各种各样的皮包公司，你倒给我、我倒给你，每个产品的价格都不统一。这些问题都是大家始料不及的，本来认为价格放开以后，生产消费直接见面，会减少中间环节，结果却出现了环节增多、流通混乱的局面。这种现象从学术上讲，就是价格秩序混乱、流通混乱，市场不透明。

第三个问题是双轨制带来的市场混乱。当时由于物价快速上涨而引发了抢购风潮。令我印象最深的是在北京三里河红塔商场的一次抢购现场。有一位老人家坐在那儿，把所有的肥皂都搂在怀里，那么多的肥皂10多年都用不了，可见那时候人们是多么的恐慌。这也是当时我们放开价格以后面临的一个突出问题。

第四个问题是造成严重的通货膨胀。由于多年管制的价格突然放开，短时间内物价出现快速上涨，这在学术上叫作恶性通货膨胀，

在期货研究小组座谈会上讨论

会使社会出现一些不安定现象。有的月份零售物价上涨 30% 以上，仅 1988 年，社会零售物价总水平就上涨 18.5%，造成严重的通货膨胀。

面对这种混乱的局面，大家产生了一个共同的疑问，什么是市场价格？理论界有许多文章认为放开价格不等于市场形成，价格改革面临进与退的选择。

为此，1986 年国务院召开了一次老中青经济学家务虚会，在会上国务院领导问在座的经济学家究竟什么叫市场价格。当初我们既定了一个目标市场价格，结果放开以后，市场出现了许多意想不到的问题，没有形成真正的市场价格。那么究竟什么是市场价格？

可以说，国务院领导提出的这个问题，是针对当时物价改革而提出的世纪之问。

事实证明：放开价格不等于市场形成

价格改革在双轨过渡过程中，还出现了社会问题："官倒"腐败。

当时有个笑话，说是在北京城里走路随意抄起一个砖头砸下来都是经理，"官倒"盛行之势可见一斑。这些现象反映到社会经济生活中就非常不正常，不仅造成经济问题，更成为社会问题，引起了很多工人、学生、市民的不满，导致大家对改革产生疑问："为什么物价体制改革会改出这些问题？"我清楚地记得当时为了宣传价格改革，从1986年一直到1988年这三年我频繁到全国各地去作报告，讲为什么要进行价格改革，价格走双轨制的原因，不断地奔赴地方、不断地进行答疑。最多的时候一年能讲30多场，只要有人邀请或者联系就去给人家讲。为什么？就是为了能让广大人民群众支持价格改革。

在作报告的过程中遇到很多质疑，集中体现在两方面：一是大家对当前的改革不满意。价格改革为什么会造成价格上涨，为什么会有"官倒"，为什么市场会这么混乱，这些问题都非常尖锐。另外一个是关于市场价格的探讨，这也是理论争论的焦点。什么是真正的市场价格，市场价格究竟是怎么形成的，当前一种产品有多种价格，地区与地区之间不同，部门与部门之间不同，价格信号系统十分紊乱。而这些问题归结起来就是对真正的市场价格体系建设的探索。这个市场价格体系不仅要更好地配置资源以促进生产力的发展，还不能导致社会矛盾加剧。

市场价格从理论上讲很容易，就是供求决定价格，价格合理配置资源，用有限的资源生产出更多的产品来满足人民生活的需要。但实际上，价格一放开就乱，市场并没有自发地形成有效的市场价格。这与西方的情况不同，西方发达国家从一开始就是自由市场经济，没有政府管制，价格体系是逐渐寻找规律，慢慢形成的。而我们过去是政府定价，价格放开以后，企业反而无所适从。本来设想放开价格对企业有好处，但实际上企业认为并没拿到什么好处，反倒在经营决策时缺乏参考，不知道如何定价。好处大多被中间商夺走了，造成了理论与实际的巨大差距。

由此证明，放开价格并不等于市场形成，市场也难以在短期内自发形成。

回答世纪之问：改革者们交出了合格答卷

在这种情况下，大家坐下来一起探讨，什么是真正的市场价格？市场价格是怎么形成的？带着这些改革问题，我们开始广泛查阅资料，借鉴国外经验。

在探索的过程中，不同的研究群体不约而同地都研究到大宗商品期货上。这个时间是 1987 年。我当时所在的国务院发展研究中心价格组责无旁贷地做了领头军，带头进行理论研究。经过大量的资料查询和学习，我们终于把西方市场价格的形成机制从理论上基本理解清楚了。与此同时，市场上有关期货市场方面的研究也开始逐渐涌现。实际上最早研究期货的是当时的外贸部，当年陈云同志批准过利用国外期货市场买入紧缺商品，但他们的研究仅限于国家怎么利用期货市场，并没有全面说明期货市场的功能。因此，循着路线我们就开始进行深入的期货市场研究。

其中有一个人值得一提，就是时任美国培基证券公司的杨亮瑜先生。他当时受有关部门之邀，来为我们讲授国家如何利用期货市场进行套期保值、管理风险。他建议我们国家应该好好利用期货市场来为进出口贸易保值，在国际贸易中少吃亏，以更好地发挥我们的集中优势。虽然他是从外贸角度，而非针对国内的价格改革来讲，但这也算是第一份较完整的介绍国外期货市场情况以及期货市场功能和作用的资料。

从这个时候开始，我们努力寻找国外有关期货的文献。当时的资料非常非常的少，很难查找，很多资料只是只言片语地提到期货。国外期货市场上市的都是最基础的产品，比如粮食、金属等基础产品，不是加工品。这些基础产品通过期货市场有组织地交易进而形成价格。至此，我们理顺了市场价格的由来：价格是通过有组织的有秩序的期货交易形成的。

基础产品的价格形成了，后序加工制成品自然会形成我们所要的市场价格。以小麦为例，期货市场交易小麦一个品种，合理形成小麦的市场价格，那么有关小麦的整个产业链的价格，包括面粉、面包、点心等价格都能够理顺。鉴于此，我们认为，只要可以形成最基础的产品价格，那么整个物价体系就能理顺。而通过期货市场形成的整个物价体系就是市场价格体系，它不仅能够反映供求关系，还可以调节资源的配置。假如能够建立有效的期货市场，我们就可以完成价格改革的任务。

很多人认为建立期货市场是因为西方有这个市场，所以我们才学习引进的。其实并非如此，我们一开始根本不知道什么叫期货市场，而是根据中国价格改革的需要去研究西方市场价格形成时才研究到期货市场的。

成立期货研究小组：凝聚集体力量推进物价改革

随着期货研究关注度的提升，期货也进入了国家领导层的视野。1988 年 2 月 10 日，时任国务院代总理李鹏亲笔致函国务院发展研究中心主任马洪，"请考虑是否能组织几位同志研究一下国外的期货制度，运用于城市的副食品购销，特别是大路蔬菜和猪肉，保护生产者和消费者双方利益，保持市场价格的基本稳定"。这一批示，

进行期货市场知识培训

连同同年 3 月 25 日李鹏代总理在七届全国人大一次会议《政府工作报告》中的"加快商业体制改革，积极发展各类批发贸易市场，探索期货交易"的发言一起，标志着在中国开展期货市场研究这一崭新的课题正式确立。

作为课题的具体落实者，国务院发展研究中心承接了这项任务。我作为价格组的骨干研究人员，首当其冲地接到这个任务，研究小组的工作正式推进。第一步是人员组建。我和田源同志有一个共同想法，我们这个课题不仅仅是课题，未来可能还要组织试点工作，这个已经超出了我们研究工作的范围。因此，我们想建一个临时性的机构，把国内各个方面研究力量都集中起来，共同攻克这个难题。凑巧的是，当时国家体改委正好也在做期货研究，于是双方一拍即合，联合成立了一家机构，名称定为"国务院发展研究中心—国家体改委期货市场研究工作小组"（以下简称期货研究小组），田源任组长，国家体改委流通司司长杜岩任副组长，我任秘书长，成员包括外贸部、国家体改委流通司和国务院发展研究中心价格组的部分人员。期货研究小组的任务主要是负责研究期货市场理论与政策，以及设计期货市场试点方案。

没过多久，由于商业部的直接参与，期货研究小组扩大了。商业部张其泮、赵尔烈和朱玉辰作为商业部研究人员加入了期货研究小组，成为小组的主要成员。

这个时候凑巧发生了一件事情，对我们的期货研究工作起到了很大帮助。芝加哥商业交易所大律师杰夫·哈里森受外贸部之邀来做讲座。当时任外贸部研究室主任的鹿建光引荐他顺道来为我们介绍一下美国期货市场的情况。他详细介绍了美国期货市场的起源、作用以及现状，讲得非常清晰，为我们提供了宝贵的材料，也使我们对期货市场的认识进一步加深。这是期货研究小组成立后一件非常重要的事情。借此机会，我们把期货市场的由来、作用以及功能做了梳理，使得我们的研究工作迅速展开，因为当时我们找资料确实太困难了。

随后，期货研究小组分别于 1988 年 4 月和 6 月在北京召开了两次全国性的座谈会，分别对我国建立和发展期货市场的必要性和紧迫性，以及期货市场的具体试点方案、期货交易组织和运作模式进行了讨论，并形成了《关于期货制度研究工作的报告》。

我清楚地记得，报告交上去没多久，很快就获得了李鹏总理的批示"同意试点，但结合中国国情制定方案"。至此，这算是我们研究小组获得的第一个阶段性成果。

1989 年，我们编写了《期货市场》一书，由田源担纲主编，我、杜岩和张其泮为副主编，当时研究工作小组的杨昌基、刘俊英、廖英敏、左沃生、黎艳阳等同志参加了编写，此书由我主纂，不久由改革出版社出版。这本书是期货研究小组前期研究成果的重要体现。

破除艰难险阻：体现改革者的智慧

开展试点工作，关键是要确定试什么，从哪个品种、哪个部门、哪个地方开始。

第一个争论是试点品种。由于当时外汇波动较大、民间炒外汇很风行，因此我们考虑先从金融找突破口。为此，期货研究小组首先邀请中国人民银行进行座谈。当时央行的一些同志认为金融是国民经济的命脉，与普通商品不同，不可以放开管制搞自由的期货市场，拒绝了期货研究小组的建议。

接下来我们又找国家物资总局（后改为物资部）和中国有色金属工业总公司。他们也都否决了期货研究小组的提议。其理由与人民银行大同小异：当前价格形势本就紊乱，物资更是关系国计民生，若加上期货，物资流通出现问题，中国经济将更加混乱。我清楚地记得物资总局一位司长的发言：现在是一片混乱，若是再加上投机，国民经济将会紊乱。目前应该多增加物资系统的干部编制，将物资送到工厂农村、田间地头，这样才能井井有条。

后来我们又找商务部座谈，他们十分重视，胡平部长派副部长姜习、何济海带队，表态他们愿意支持期货试点。原因在于其所管的内贸是农产品，而农产品经常是今年买粮难，明年卖粮难，很多问题难以解决，价格也是暴涨暴跌，因此转而求助期货市场。后来期货研究小组扩编，商务部派了很多同志参加。

确定粮食期货率先试点后，期货研究小组要解决的第二个争论是寻找试点城市。当时我带了一个三人小组，分三路去全国各地跑，寻找可试点的城市。首先我们想到的是到商品经济最发达的地方——广东。但不幸的是，对方并未表示出很大的积极性。同样地，我们也找到上海，结果类似。当时心里确实很失落，这是中国最发达的地区，但是却没有尝试的积极性。那个时候最难的是你见了谁都得解释期货是什么，它起什么作用，讲了半天，对方还是听得迷迷糊糊。

后来，我们另辟蹊径，先从我们熟悉的地方尝试。田源同志是河南人，他就跑到河南去。我在吉林上的大学，就去吉林游说。就这样我们初步框定了四省一市，即分别主张粮食期货的河南省、生猪期货的四川省、稻谷期货的湖北省及玉米期货的吉林省，还有石家庄市，我一直在参与他们"双轨合一"的试点，他们对搞钢材期货的积极性很高。

在我们的建议下，这些省市纷纷根据期货研究小组的模式，成立了地方的"期货研究小组"。工作各有侧重，我们搞总体方案，他们搞地方试点方案，主要是交易所。当时表现最积极、建制最全的是河南省，他们设立了期货研究小组，组长是秦科才副省长，秘书长是时任省政府副秘书长的杨昌基，后来升任国家经贸委副主任。在召开期货市场试点工作座谈会的时候，他们来了8名同志，准备的材料也十分充分。最后，期货研究小组作出一项历史性决定，率先在河南省进行期货市场试点。

第三个争论是期货市场姓资姓社的问题，中国究竟有没有条件搞期货市场，这是争论的焦点。当时，在很多人眼里，期货市场是西方发达资本主义国家的专属品，社会主义国家一个也没有，所以究竟期货市场与社会制度有关还是无关，必须从理论上正面回答这个问题，否则将直接影响到能否在中国搞期货市场。最终通过研究，大家达成共识，期货市场不是资本主义的产物，是商品经济的产物。因为中国搞的是有计划的商品经济，只要是商品经济就有共通性，这就从理论上证明了在中国搞期货市场的可行性，也为在中国创建期货市场提供了理论基础。这个结论凝聚了改革者的智慧，否则寸步难行。

第四个争论是双轨制下建设期货市场是否可行。虽然是商品经

与田源（左二）、彭刚（右一）在中国期货业协会接待美国友人威廉·D.格罗斯曼访问

济，但中国是双轨制。在双轨制条件下建立期货市场前无古人，没有借鉴，究竟是否可行？为了解答这个问题，我们带领研究人员不断进行研究探讨，最终决定将市场和计划并行分开，各自考量。将市场这一轨建成真正的市场价格，计划内仍按计划价，两轨并行。可喜的是，彼时石家庄的"双轨合一"试点也逐渐成熟，双轨制的争议也算是解决了。

第五个争论的焦点是对投机的认识。当时国家工商管理局出的条例明确规定，投机倒把是一种犯罪。期货交易是合同转让，坐地转让就收钱，不就是投机倒把吗？如此一来，显然谁做期货，都要被抓起来。因此，搞期货市场就存在相当大的问题。经过和国家工商管理局同志们的多次座谈，期货研究小组从政策上、理论上对期货的作用，在国内发展的必要性以及合法交易与非法投机等问题的区别进行了详细的解释和阐述，最终协调出一个变通的方法：在做期货试点的时候，国家工商管理局作一个法规解释，在国家规定的期货市场内进行合同转让不算投机倒把，国家工商管理局不抓人。

另外，有人提出来，我们能不能只用期货进行套期保值，没有投机。因为套期保值为企业管理风险是好事，而投机炒作是坏事。但实际上，这样的设计是行不通的，因为有套期保值的买者，就必须找到套期保值的卖者，那找不到怎么办？因此，市场需要投机者，投机的作用就是使这个市场能够交易，能够活跃，能够具有流动性。

第六个争论涉及建设一个什么样的市场。究竟采取美国模式还是英国模式是当时争论的一个热点。当时我力主采取市场透明度较高的模式，经过讨论，我们最终决定采用美国模式，也就是芝加哥模式。因为相较于复杂的英国模式，美国模式更加高效透明。另外，关于合约设计也需要结合中国特色。芝加哥合约的容积单位是5000蒲式耳，5000蒲式耳是一条船的容量，这与中国国情不符，他们是水运，我们是陆运。陆运可以用车皮装，但用来装大豆可以装50吨，用来装玉米可以装30吨，单位不统一。几经讨论，结合中国实际，我们决定将合约单位统一为10吨，然后根据品种的车皮数去交割，现在的交割单位10吨就是这么出来的。

还有关于竞价方式的设计，当时芝加哥是公开叫价制，可在中国行不通。当时在郑州试点进行现货交易转让，大家都在一个屋里，可你看看我、我看看你，喊不出价，一天也没交易。后来在深圳进行有色金属交易尝试，虽然是现货交易，但却是标准化的交易，经过转手就有点期货交易的性质。当时工厂和买方分别把自己的卖价、买价写在黑板上，双方同意就成交，有了公开叫价的意思。最后真正实现价格优先、时间优先的撮合方式还是在组建上海金属交易所的时候。那时我作为交易所的组建顾问被安排在上海物贸中心常驻，几个电脑技术人员来协助我工作。其中一个小伙子提议建一个主机，接上终端，出市代表用电话连接各自的公司，听从指令、输入终端，然后分别撮合结算。至此，算是完成了交易方式的设计。遗憾的是，我忘记了这个小伙子的名字，他至今令我时常念及。

为了解决这些争论，我们不断地研究、不断地探索，也使我们对期货市场的认识一步步加深。争论在当时起到的一个客观作用就是澄清并统一了思想，这为今后的试办铺平了道路。

这就是我参与中国期货市场前期设计和组建的过程。随着试点的建立，中国期货市场发展也逐渐进入了快车道。回顾这个过程，中国期货市场之所以能成功组建与两个因素密不可分：一是改革者的智慧。改革不仅需要勇气，更需要智慧。很多在现在看来非常简单的问题，在当时开始创建时是花费了很多智慧的。二是团队支撑的重要性。我们搞研究小组之初，就意识到仅研究中心单干还不够，必须成立一个部委协调小组，壮大队伍。后来我们把相关部委的分管领导都请到了协调小组中，这支队伍成员包括当时的国务院发展研究中心主任马洪、商业部部长胡平、商业部副部长姜习、国家经济体制改革委员会党组书记安志文等。后来发现，期货研究小组之所以能对中国期货业的发展起到巨大的推动作用，一个主要的原因是背后拥有这支堪称豪华的队伍作为支撑。

取得社会共识：推进期货市场试点

在期货市场研究和试点过程中，我们要取得社会各方面的共识。一方面我们要取得国家各部委的支持，但更多的是需要社会各方面都对期货这个新鲜事物有所了解，进而取得共识。若要达此目的，首先就需要从理论上进行证明。为此，我们邀请了很多德高望重的学者一起做研究，如北京工商大学的童宛生教授、社会科学院的陶琲教授、商务部研究粮食流通的吴硕教授、外贸部的陈宝瑛教授、外贸研究所的副所长鹿建光等都对期货市场试点的建立发挥了非常积极的作用。

其次，宣传工作也十分重要。除了写文章、做采访之外，更重要的是组织培训。改革初期，大家的学习热情比较高。当时我本人连续多次对国家工商局、国家发改委系统、商业部系统以及国有大型企业等与期货相关的单位都进行了培训。尤其值得一提的是，在郑州进行的交易员培训，规模大、时间长，中央电视台进行了全程报道。

为了推进期货市场的试点工作，尽可能取得社会各方面的共识，除了要进行常规宣传之外，还必须要有专业性的媒体发出专业的声音来进行专业性的宣传。为此，我和李经谋先生经过长达两三年的努力，创办了《期货导报》。成立之初，为了便于工作，报社在郑州和北京分别设立了编辑部，尤其是在北京我自己的办公地点设立编辑部是李经谋先生的特殊用心，目的就是为了能让我更多地参与报社的工作。

此外，为了期货市场的长远发展，我和众多学者们还一起进行了多次期货教育和培训方面的策划和研究。20世纪90年代初，我在陕西财经学院讲学的时候，特邀李经谋先生和胡怀邦教授一同策划编写一本大学生期货市场课程的教科书，为了扩大影响，我们邀请22所财经类院校的老师共同编写了《期货市场教程》。后来我又与童宛生教授共同编写了《期货交易实务》作为电大的教材，在电大系统推广。同时，我们一起在北京工商大学开设了期货市场方向的研究生课程，随后胡俞越教授全身心投入进来，建立了期货人才的培训基地。这些作为期货试点建设的配套措施，为全面构建期货市场试点发挥了重要作用。为了将总体方案设计落到实处，在取得社会各方面共识的前提下搞好试点就成为期货市场创建工作的关键。有幸的是，以李经谋为带头人的粮油期货研究团队和以张宜生为带头人的有色金属研究团队人才济济，在具体的试点过程中没有走太多的弯路。

2005年荣获"中国十大诚信英才"称号

拥奉献情怀，谋期货发展

回首那段难忘的经历，令我非常自豪，也让我深切体会到改革者的艰辛。

一是我们走出了一条从咨询研究到具体实干有机结合的新路子。一般来讲，研究人员提出咨询方案、交给上级领导，工作就结束了。但我当时下定决心不仅要会研究，更要实践，挑战自我的极限。因此，我从接触期货试点研究工作开始就立志，一定要亲手设计出总体方案并且具体落实。一直到和试点单位的同志们把试点搞成功，工作才算告一段落。

二是若要试点成功，将研究化为实践，必须集中大家的智慧、形成合力。在郑州、深圳、上海、苏州等地交易所的创办过程中，凡是能将试点实施成功的地方都有一个团结奋斗的群体。俗话讲，众人拾柴火焰高就是这个道理。例如，郑州在李经谋先生的带领下，一大批年轻人在具体工作中攻坚克难，贡献了智慧，例如高适之、谭公瓛、王学勤、王成周等人。再如，深圳在郑元亨、张宜生的带领下，管焱彬、彭刚、严金明等人都为试点作出了贡献。此外，我们期货研究小组的工作开展，得到了当时芝加哥期货交易所副总裁兼亚太办事处主任威廉·D.格罗斯曼和助理张桂英女士的大力支持，他们一直为我们提供咨询意见。在郑州商品交易所建设过程中，我陪同他们十几次赴郑州现场咨询。这些真诚的朋友，我们永远不会忘记。

三是试点的成功是建成我国期货市场最关键的一步。我国经济体制改革的整体道路是渐进性的，每一项改革的成功，试点首先必须成功，因为榜样的力量是无穷的。我们最初和地方政府协商搞试点的时候，说服工作是非常困难的，以至于许多地方答应了试点，最后没有搞成。但是，郑州、深圳和上海三个交易所的建设和运行为其他有积极性的地方提供了样板，后来者很快就能建立交易所，并且成功运行，以至于后来地方出现了办交易所热的现象。

四是改革者需要牺牲精神和奉献精神。要想取得某一项改革的成功，改革的先行者们必须具有自我牺牲的精神，不能计较名利得失，否则将一事无成。我的学生们在总结我30年期货生涯的时候，比较同时代的人，认为我失去的太多。有的人当了大官、有的人发了大财、有的人在国外过上了舒服的生活，而我一直为这个行业的建设不断努力，收获的却是冷嘲热讽。为此，我专门在我主编的《中国期货市场发展理论探讨》中写了名为"匹夫者说"的后记，我始终认为，能以自己的付出为国家作出贡献是一件幸事，并且保持这种情怀始终如一。只有这样才对得住当年人民用助学金供我上大学，才能不辜负知识分子的称号。

五是永葆赤子之心才能没有遗憾。要干成一件为民族伟大复兴添砖加瓦的事情，要有奉献精神，还要有一颗赤子之心。无论何时何地，处于何种位置，无论是庙堂之高还是江湖之远都始终将你为之奋斗的事业放在第一位。我最自豪的是，无论当年我参与创办期货市场，还是后来开办期货公司以及在中国农业大学开办期货专业教书育人，我都在为我国期货市场的发展贡献着自己的力量。即使在我下海经商的时候，我仍把主要精力放在研究探索期货市场的健全发展问题上。在 1996 年秋，我提出了"定价中心"的建设目标，后来拓展为系列研究，为我国期货市场发展提供理论支撑。

难忘的期货岁月
——谈价格改革与期货发展

童宛生

　　童宛生，1938年生，1961年毕业于中国人民大学财政贸易系。长期在地方进行经济管理工作，曾在贵州省商业厅、供销社物价处、土畜产进出口公司工作。1980年初调到北京商学院（现北京工商大学）任教，先后任教授、硕士研究生导师，北京商学院商业研究所所长。长期从事商业物价及价格改革的理论与实践研究，后转向我国期货市场理论研究和教学工作。曾作为证监会期货部专家组成员参与了我国期货市场的清理整顿和交易所的定点工作。著有《企业价格决策》《市场物价学》《中国商品期货价格形成理论与实证研究》《中国期货市场运行机制研究》《中国期货市场专题研究》等。

4月的北京百花盛开、春意盎然，我的心情也如春天般的明媚静好，决心利用这大好天气好好整理下杂乱许久的书房。打开柜门，我被眼前一堆堆有关价格改革和期货市场的历史资料所吸引。回忆往事，感慨万千。

我曾是一名从事计划价格制定的实际工作者，历史的机遇又让我成为了我国价格改革和期货市场建立及发展的见证人。回顾我国经济体制改革的历程，特别是价格改革和期货市场建立与发展的历程，里面既有太多的曲折和艰辛，也有太多期盼、无奈与欢欣。一切已成为过去，但一切却从未忘记。

1961年我从中国人民大学财政贸易系毕业后，被分配到贵州省商业厅物价处工作。当时我国还是计划经济体制，与这种体制相对应的是计划价格体制，即商品物资绝大多数采取的是国家定价，由国家主管部门统一制定和调整。中央有国家计委、国家物价局、商业部、物资部、外贸部等，各省设有各级价格管理部门。当时我在省商业厅物价处，主要从事工业品和一些农副产品的价格制定和调整工作。后来供销社从商业厅分了出来，单独负责农副产品的管理，我便从商业厅物价处调至省供销社物价处。1966年以后，我又被分配到省外贸局土畜产品进出口公司财价科工作。在接触期货市场之前我大体是这样的一个工作经历，跨度还是比较大。

价格改革的前夕

90% 以上的商品由政府定价，这是计划经济的一个主要特征。那时，企业根本没有产品定价权，包括农产品、工业品、生产资料等都是由政府统一定价。

那么，政府如何定价呢？作为执行部门，定价有三个基本原则。第一个原则是以成本为基础。比如每一年制定农产品价格时，我们会在全国供销总社的统一安排下汇总各地区的农业生产成本。具体方法是各地根据农户生产成本情况向各乡镇报数据，各乡镇再向县里报数据，县里向地区报，依此类推，一直报到各省，再由各省集中汇总至国家主管部门。我曾参与供销合作总社物价局在无锡的成本汇总工作，耗时近一个多月才完成。第二个原则是以国家政策为依据。第三个原则是适当考虑供求关系。这样一来，确定或改变一种商品的价格，程序复杂、周期长，不仅不能体现商品本身的价值，也无法反映市场供求关系，从而造成产品差价关系和比价关系扭曲，最终导致许多产品购销倒挂（购销倒挂是指销售价格低于收购价格，主产地的价格高于销售地价格）。

这是实行计划价格管理体制的一个最大问题。以油料为例，我清楚地记得，1978 年，油料每百斤统购价是 79.93 元，而销售价却只有 58 块多，形成了明显的购销倒挂。在这种情况下，正常的农业流通需要大量的国家补贴才能维持。我查了一下，仅 1978 年，国家对农业的财政补贴就高达 90 多亿元，造成了沉重的财政负担。在此背景下，价格改革势在必行。

1978 年 12 月十一届三中全会在北京召开，这是新中国成立以来我党历史上最具深远意义的历史转折，会议要求把党的工作重点转到经济建设上来，拉开了我国经济体制改革的序幕。1978 年至 1983 年国家曾先后提出"计划经济与市场经济相结合""有计划的市场经济"等概念。此后，农村开始实行家庭联产承包责任制，并同时开始调整农产品购销制度，改进工业品购销形式，尝试建立一个"多种经济形式，多种流通渠道，少环节，开放式的流通方式"。流通体制的变化，为价格改革创造了体制性条件。

值得一提的是，这个阶段的价格改革，还仅着眼于改变扭曲的差价关系和比价关系，当时叫"理顺价格"。所谓理顺价格，就是通过行政手段来调整价格。调价，主要是提高价格，比价较高的商品一般是不可能调低的，只能把比价较低的商品价格提高。经过这几年的价格调整，取得了一定成效，在一定程度上促进了一些产品的生产，缓和了原来行业间、产品间很不协调的状况。但是，原来认为调得比较合理的比价，不出几年，又恢复到原来的状况。于是当时出现了一个顺口溜："价格要理顺，理也理不顺，不顺也要理，越理越不顺。"这样的情况一直持续到1984年。

双轨制困局

1984年10月，党的十二届三中全会在北京召开，明确提出要进行以价格为核心的经济体制改革。价格改革的目标也由原来仅限于解决价格扭曲问题，发展为建立一个新的价格形成机制，使价格成为经济调节的手段。

然而，要真正让价格成为经济调节的手段，如实反映供求关系，就得全面放开价格。但当时的中国，全面放开价格有很大风险。于是，采取了一个过渡办法，先放开一部分商品的价格，保留另一部分商品的价格。1982年，经国务院批准，大庆油田超产原油在国内按每吨644元出售，其他油田超产的原油按每吨532元出售。当时计划内的原油国家定价是每吨100元。高价油与平价油的价差收入，作为"勘探开发基金"用于弥补石油勘探开发。对石油价格的这些专项措施，成了工业品生产资料实行价格双轨制的源头。1984年5月10日，国务院发布67号文件（即扩权10条）规定，在完成指令性计划以后，超产部分允许企业在不高于计划价格20%的范围内浮动。这样一来，企业千方百计压缩计划、进行超产，但是由于短缺，超产部分商品价格纷纷突破20%的限制。于是1985年1月，国务院又发布17号文件，把20%的限制也取消了：超产部分的价格由供需双方自由议定，国家不加干涉。这样，同一种产品就有两种价格，即计划内部分的计划价格，以及超产部分的市场价格。同一商品，两种价格，这就是人们所说的双轨制价格。

有了市场价格这一轨，就打破了指令性计划一统天下的僵死局面，使经济生活出现了生机。1984年至1987年，全国33家重点钢铁企业，依靠自销计划外钢材就获得124.6亿元资金用于扩大再生产。过去，全民炼钢十几年才增产1000多万吨。而那几年，国家没花多少钱，不声不响地就增长了1000多万吨钢。

但是，"双轨"实际上也是"双规"，同一商品在同一时间、同一地区有两种不同的贸易规则，就像马路上有两种交通规则同时起作用，一定会出现混乱。而事实上，双轨价格的确带来了经济秩序的混乱。在双轨制下，生产厂家总会千方百计地少生产价格较低的计划内产品，多生产价格较高的计划外产品，还要想尽办法把计划内产品拿到市场上卖高价。因此，一些计划范围内的合同不能完成，而用户却千方百计地多买计划内的商品，少买计划外商品，还会通过各种手段去套购计划内的商品。这样，市场价格就冲击了国家计划，常常使计划落空。计划价格的存在，不仅阻碍了市场作用的正常发挥，而且价格之间的摩擦和撞击也导致这两种价格都不能发挥有效作用。计划失控了，市场机制也不灵。

到1988年，我国出现了经济秩序大混乱。在物资短缺的情况下，市场价格大大高于计划价格。1989年3月，市场价高出计划价的

与证监会期货部同事一起讨论中国期货市场的法制建设问题

幅度分别为：煤炭 149%，原油 213%，钢材 105%，木材 112%，铜 150%，铝 124%。一些掌握计划内原材料分配权的人，只要批一个条子，卖给你几十吨钢材，你再转手按市场价卖出去，就可以轻而易举地赚到大笔的钱。"条子，一字千金"，双轨之间的价差越大，条子就越值钱，能批条子的人身价就越高。

　　当时社会上有一种职业，百姓称为"倒爷"，就是把计划内的商品倒到市场上去卖。当然，能干这种买卖的都是一些有权力有背景的人，群众称之为"官倒"。双轨价格造成了很大的寻租空间，成了当时腐败的制度性基础，加上高干子弟加入了"倒爷"的行列，一时民怨沸腾，要求改变双轨价格的呼声很高，这是当时实行双轨制后我国社会面临的一个突出问题。

价格闯关

面对这种情况，中国最高领导层决心进行彻底的价格改革。1988 年 3 月 25 日至 4 月 13 日，七届全国人大一次会议在北京举行。会议期间，邓小平做出了要加快价格闯关、长痛不如短痛的决定。

当时我已经从贵州省商业厅调回北京商学院（现北京工商大学）任教，主要讲授价格学以及带这个方向的研究生。为了深入了解价格改革后的市场情况，我带领学生做了一系列价格理论的实践调研。

我印象深刻的有三次：第一次是带学生到辽宁本溪钢铁厂对实行价格双轨制后的情况进行调研，并与市领导进行沟通，分析研究后形成报告，上报了中央主管部门作为政策参考。第二次是当时国家提出来要进行价格闯关，我带学生到天津市对日用工业品价格放开后的市场情况进行调查，特别是对香烟、酒、自行车等商品的价格变动情况进行调查和分析。第三次是带学生到武汉等地对农副产品、蔬菜价格放开以后的市场情况进行了调查。当时农副产品集贸市场初步放开，为了充分了解市场情况，我们一帮人早上四五点钟就来到集贸市场，看到此时已经人来人往。农民忙着将菜、水果用板车向市场运送，小商贩忙着买货卖货，品种丰富多样，甚至武汉有名的热干面也可以买到，市场一片繁荣景象，与原先凭票证购买商品的景象有着天壤之别。回来后我们写了多篇调查报告，汇集后向价格主管部门做了情况汇报，并与国家物价局、社科院财贸所等有关部门联合召开了四次大型研讨会。这三次调研对我接触实践以及加深对价格改革的了解起到了重要作用。

价格闯关是当时中国经济发展中的一件大事，它堵住了双轨制所造成的腐败、"官倒"以及价格扭曲，激发了企业和生产者的积极性。但与此同时，价格闯关的问题也开始显现。

西南组在时任期货部主任耿亮的带领下考察郑州建材交易所

　　首先就是物价大幅上涨。根据当时的数据显示，价格放开后，猪肉价格上涨了50%~60%，蔬菜价格上涨了31.7%，就连名烟名酒的价格也快速上涨。由于这类商品不影响普通群众的生活，当时估计不会出什么问题。但没有想到放开以后，茅台酒的零售价由20多元一下子涨到290元；中华烟也由每包一两块钱涨到12块。这么大的涨价幅度，给群众造成了物价将要大幅度上涨的心理预期。此外，在这一年，国家还提高了粮食的合同订购价格、棉花的收购价格以及部分生产资料和交通运输的价格，如煤、原油、电等。

　　其次由于物价上涨，尤其是日用工业品价格快速上涨，引发了大面积的恐慌抢购。抢购到什么程度？当时的情况触目惊心。我到北京东风市场、双安商场去看，百姓看见什么抢什么，自行车、矿泉水、卫生纸、电池、肥皂，都一箱一箱地抱，就连电视机也好像不要钱似的，抱着就走，恨不得将所有的纸币都换成看得见、摸得着的物品。老百姓的恐慌抢购对社会稳定造成了很大影响：商店不敢敞开大门，在一个门缝里一手交钱一手交货。门缝之外排起了长长的队伍，在抢购队伍里，拥挤、谩骂，有的地方还出现了小的骚乱。在抢购的同时，银行门前也排起了挤兑的长龙，有的银行小营业所因不能及时支付，柜台被愤怒的储户推倒了。

第三，由于多年管制的价格突然放开，一些商品的物价出现大幅上涨，造成严重的通货膨胀。为了维持百姓生活稳定，国家对职工及城镇居民要进行各种价外补贴。以副食品为例，1988 年 4 月 5 日，国务院发出通知，猪肉、鲜蛋、食糖、大路菜 4 种副食品的价格补贴由暗补改为明补。过去，国家财政补贴给商业部门，以保持这 4 种副食品的较低价格，现在则直接补给居民。大量的财政补贴迫使政府大量超发货币，从而造成价格总水平大幅上涨，引起严重的通货膨胀。据当时公布的数据，1987 年零售物价总水平上涨 0.7%，但到了 1988 年，这个数字就陡然上涨到了 18.5%，1989 年仍维持在 18.8% 的高位，通胀的严峻形势可见一斑。

可以看出，进行价格闯关后，市场出现波动的风险更大。在这种情况下政府以及企业自然而然地都在寻求能够转移风险的工具，在这个背景下，期货市场应运而生。这就是中国期货市场产生的一个时代背景。可以看出，价格改革是我国期货市场产生的基础和必备条件。没有价格改革，中国就不可能产生期货市场，在计划价格条件下，期货市场是不可能产生，作用也是不可能发挥的。

在这个过程中，由于我一直从事价格理论与实践的研究和教学，客观形势的变化及职业转向的要求，我的研究重点自然就逐渐转向了期货市场，这是一个顺理成章的事情。后来价格学专业的学生停招，我便改招期货专业的研究生。

期货市场的快速发展与规范治理

1992 年邓小平南方谈话后，改革开放步伐加快，国内期货市

场快速发展，交易所达到 50 多家、期货经纪机构达数千家。过快发展也使市场出现了一系列问题：盲目发展、过度投机、制度不严、监管缺位，乱象丛生。

有个统计资料：1993 年 12 月 31 日前经各部门和各级政府批准开展期货交易的商品交易所（或批发市场）共有 40 多家，其中 38 家已经开业，还有不少地方正在筹建交易所。同年底，向国家工商行政管理局申请登记注册的期货经纪公司有 270 多家，这还不包括大量的海外经纪公司在中国开办的分公司和国内一些达不到开业标准的地下期货公司，正式经国家工商行政管理局批准的有 144 家。一个省，甚至一个市里建立两三家交易所的情况都有，一时间，期货业务遍地开花。

但与此同时，由于监管缺失，期货经纪业务极不规范。尤其在南方地区，外盘交易十分猖獗，地下交易盛行，欺诈行为常有发生。在此情况下，为规范期货市场发展，清理整顿成为当务之急。1992

年 10 月，国务院证券委员会成立，由证券委员会牵头，各部委成立了联席办公会。陈宝瑛、陶琲、吴硕和我四个人作为专家出席了联席办公会，就期货市场出现的问题进行研究调查和讨论。

此后，国家提出要制止期货市场的盲目发展。1993 年 11 月 4 日《国务院关于坚决制止期货市场盲目发展的通知》（国发〔1993〕77 号）下发，明确要坚持"规范起步、加强立法，一切经过试验和严格控制"的原则，初步确立了期货市场统一的监管机构，指出监管工作由国务院证券委员会负责，具体工作由证监会执行。为了摸清市场情况，由证监会牵头开始了全国调研。我被安排在西南组，去了河南、湖北、重庆、四川，发现期货公司"满天飞"，现状非常混乱。最可怕的是很多期货经纪公司是皮包公司，根本没有期货业务。而这几个地区还算比较落后的，不像广东，一个省就有七八家交易所，经纪公司就更不用说了。可以看出，当时的期货市场繁荣实际上是假象。

在这种背景下，我国开始了期货市场的第一次清理整顿。由于期货市场涉及地方和企业利益，整顿面临着巨大压力和困难。往往是我们一边在会议室开联席工作会议讨论工作，一边是各交易所、经纪公司的人想方设法在门口探听情况。当时谁去谁留采取的是投票制，各省市都派人来盯着，试图拉关系、走后门。回头来看，期货市场发展到今天，确实挺不容易的。第一次清理整顿以后很多试点交易所都关闭了，由最初的 50 多家减至 15 家。很快，又减至 14 家。

1993 年到 1998 年第一次清理整顿期间，在棕榈油、橡胶、红小豆等品种上出现了几次影响较大的商品期货风险事件，暴露出监管经验不足、市场不规范等问题。为了促进期货市场健康发展，1998 年国家又开展了第二次清理整顿。1998 年 8 月 1 日《国务院关于进一步整顿和规范期货市场的通知》（国发〔1998〕27 号）发布，确定了中国期货市场的新格局。在试点交易所数量上，由第一次清理整顿后的 14 家减为上海、郑州、大连 3 家。上海期货交易所是按照同城合并的办法，由上海金属交易所、上海商品交易所和上海粮油商品交易所3家合并成立的，主要考虑以工业品期货发展为主。郑州是中心地带，以粮食等农产品为主。大连在东北地区，农作物比较丰富。因此从地区和品种布局上考虑，就留下了这3家。在期货经纪公司方面，取消了非期货经纪公司的期货经纪资格。在监管层面，建立了垂直统一的管理架构。直至2000年，第二次清理整顿才算完成。

这是我所参与的价格改革和期货市场创立的主要过程。回顾走过的历程，作为见证人和参与者，深感期货市场走到今天多么来之不易，历史不容忘记，身在其中的每一位同仁都应珍惜再珍惜。

中国市场经济体制改革的报春鸟

李经谋

李经谋，中共党员，山东济宁人，大学本科学历。中国现代粮食批发市场和期货市场创始人之一，第九届全国人大代表，国务院政府特殊津贴和全国五一劳动奖章获得者，多所大学、研究机构客座教授和研究员。曾获"推动中国商业进程商界精英""中国十大市场杰出人物"等荣誉称号。先后任职于河南省商业管理委员会、河南省粮食局、中国郑州粮食批发市场、郑州商品交易所等单位。发表论文多篇，主编专著多部。

由于河南的区位和粮食资源优势，以及河南省领导的高瞻远瞩和积极争取，国家期货市场研究工作小组经过认真考量，最终决定把中国期货市场试点工作放在郑州。从此，郑州商品交易所走上了不断探索、深化国家流通体制改革，促进粮食市场体系现代化的道路。

我是在 1990 年 10 月 12 日中国郑州粮食批发市场（以下简称批发市场）开业前夕，被组织任命为批发市场主任的。经过两年半的市场实践和探索，1993 年 3 月 1 日，经河南省人民政府批准，在批发市场试办郑州商品交易所，并试行郑州商品交易所期货交易规则，实行一套机构、两块牌子、期货和现货两种机制同时运行的管理模式。同年 5 月 28 日，郑州商品交易所（以下简称郑商所）开业，并正式推出了新中国第一张具有国际规范的农产品期货标准化合约。我有幸亲身经历了成为我国第一家期货市场试点的中国郑州粮食批发市场和郑州商品交易所探索、试点、初创、发展的全过程。

河南方案获国务院批准

1988 年，国务院发展研究中心联合国家体改委成立了期货市场研究工作小组（以下简称期货研究小组），开始了期货市场的研究与探索。我毕业于山东财经学院（现山东财经大学），学的是商业经济，当时只知道期货市场是资本主义市场经济的产物，同我国社会主义计划经济体制的要求水火不相容。1967 年，我被分配到河南省粮食厅工作，经过近 20 年的历练，我有幸成为"文革"后河南省粮食厅第一个被提拔的年轻干部，任河南省商业管理委员会副主任兼河南省粮食局第一副局长。20 世纪 80 年代末，国家期货研究小组到河南宣讲期货知识，宣讲团成员朱玉辰同志来自商业部，我们有很多共同语言，进行了深入的交流，使我重新认识和思考如何利用国外的期货市场来解决中国的粮食流通和价格波动问题。

大概是 1988 年 4 月，国家期货研究小组在北京召开了第一次期货市场工作座谈会，河南省也参加了这次会议。会后河南成立了粮油、棉花和红黄麻两个期货课题组，粮油期货课题组设在河南省粮食局。1988 年 6 月，河南又参加了国家期货研究小组第二次工作会议，时任商业部部长胡平等领导同志希望尽早建立期货市场，同时要求各地课题组在七八月拿出组建方案，当时我们感到压力很大，专门请来朱玉辰同志帮忙。1988 年 8 月，河南课题组上报了粮油、棉花和红黄麻期货市场组建方案，最后只有粮油期货市场的试点方案被批准。1989 年 7 月底，商业部等 11 个国家部委的负责人，听取了时任副省长秦科才同志"关于筹建郑州粮油期货、批发市场"的汇报，得到了国家相关部委的一致认可。商业部等八部委以《关于试办粮食中央批发市场的报告》为题上报国务院，由于种种原因，报告审批一度搁浅，但并没有影响河南省的粮食期货研究工作。直到 1990 年 4 月，李鹏总理在经济形势座谈会上听取了田源同志的汇报后，才明确表示同意试办郑州粮食批发市场。6 月 14 日，李鹏总理在河南视察工作时，正式宣布了国务院的这一重要决定。6 月 25 日，商业部和河南省人民政府在北京人民大会堂召开新闻发布会，国内外 50 多家主要新闻媒体参加，引起重大反响。1990 年 7 月 27 日，国务院以国发〔1990〕46 号下发了《国务院批转商业部等八部门关于试办郑州粮食批发市场报告的通知》，国务院以正

与河南省副省长秦科才（右一）、美国芝加哥商业交易所总裁
威廉·布拉斯基合影

式文件发布一个粮食市场的建立，应该是空前的，恐怕也可能是绝后的，可见期货试点工作在当时国家领导层面的重视程度。同时，商业部和河南省人民政府共同成立了批发市场的主管机构"中国郑州粮食批发市场管理委员会"（以下简称管委会），秦科才副省长任第一主任委员，白美清副部长任第二主任委员。

当时国务院的领导同志提出期货市场试点工作先从"中央粮食批发市场"起步，主要是基于两方面的原因：其一，认为当时直接开办期货市场的条件并不成熟，不论是在理论上还是政策上，抑或是经济环境以及人才准备上都明显感到不足；其二，1988年国务院就曾发文，要求整顿粮食流通秩序，规范粮食交易行为，逐步建立粮食批发市场，有秩序地组织市场调节。正是由于这些原因，国家期货研究小组才提出从现货市场起步，逐步向期货市场发展的总体思路。

1990年9月4日，我被任命为郑州粮食批发市场主任，这一年我大概是 48 岁。消息传开，不少老领导、老同事听说我要调到批发市场工作，半夜打电话好言相劝，要我千万不要去冒这个险，那时社会上也确实没有几个人看好期货市场在中国的发展。但我是国家干部，服从组织分配是最起码的组织原则，哪还能讨价还价。说实话，我自认为还是有些创新意识的，对挑战性的工作向来不排斥，但毕竟没有直接参与前期的期货研究工作，因此我是带着忐忑的心情和成功的信念，投入到批发市场紧张的筹建工作中去的。

中国改革开放不可逆转

经过一段时间的紧张筹备，1990 年 10 月 12 日，中国郑州粮食批发市场成立大会在郑州华中宾馆隆重举行，国家相关部委、全国各省市粮食厅（局）的领导、24 个省市的批发市场会员代表以及众多国内外新闻媒体上千人参加了大会，可谓盛况空前。批发市场成立的消息在国外引起巨大轰动，国内的主流媒体用"改革新探索""改革重大尝试""深化改革新一步，国内首创第一家"等字眼作为新闻标题来报道这一事件。在国际上更是重视有加，在当时郑州通信事业并不发达的情况下，据说半个小时之后，《美国之音》就率先报道了这一消息，随后世界各大新闻媒体刊物都在重要位置进行了报道，标题有"历史性的创举""震动世界的据点""中国市场经济发展的里程碑""中国继续改革开放的重要标志"等。当然也有一些国际舆论让我们倍感压力，10 月 15 日，也就是郑州市场成立后的第三天，英国《独立报》发表署名文章《资本主义的种子在中国萌芽》，认为郑州粮食批发市场的建立，意味着中国要"向资本主义的明智道路转化"。现在看来，该作者与我们犯了一个同样的错误，我们曾经把计划经济同社会主义画等号，而西方国家则把市场经济同资本主义画等号，这都是失之偏颇的，市场经济不是资本主义所独有的。但这充分说明，批发市场的建立向全世界释放了一个重要信号，中国的经济体制将发生重大变革。

在当时特殊的历史条件下，批发市场的建立不仅具有经济意义，而且具有政治意义。1991年，当代中国期货市场创始人之一、曾担任国家期货研究小组负责人的田源从美国访问回来后跟我讲，1990年世界银行的年度报告认为，1989年之后，中国的经济体制改革要么止步不前，要么走回头路，但令人不可理解的是，中国又建立了郑州粮食批发市场。粮食专家丁声俊也给我讲过他在德国作访问学者时的亲身经历：1989年之后，德国一个大学校长认为，中国不可能再改革开放了，尽管丁先生据理力争，仍然说服不了对方。但不久，这位校长拿着一摞报纸向他竖起了大拇指说，看来中国改革开放不可逆转，因为中国建立了郑州粮食批发市场。20世纪90年代初期，商业部向世界银行申请贷款用于解决粮食运输问题，但贷款的前提条件是必须拿出粮食价格放开的时间表，商业部就把中国郑州粮食批发市场的建立列为重要一条，最终这次新中国成立以来最大的粮食贷款项目得以实现。

1989年后，存在着要不要搞市场经济的重大争论，直到1992年邓小平南方谈话后这个问题才有了答案，1992年10月12日，党的十四大正式确立了中国进行社会主义市场经济体制改革的目标。批发市场作为新中国第一个期货试点单位，从某种意义上来讲，成为中国市场经济体制改革的报春鸟。

粮食批发市场迈出新步伐

郑州粮食批发市场是一个引进期货交易机制的规范化现代粮食批发市场，以现货和远期现货交易为主，各类粮油品种均可进场交易。开业第一天，交易大厅庄严、简约，拍卖台上方"公平交易"四个大字特别醒目，拍卖台下展放着当日的拍卖样品，大厅内站满了出市代表。交易采用"竞买"的形式，电子屏幕上同时显示 5 户卖方意向，然后逐一进行拍卖，由买方出市代表举牌竞买，有的品种竞争激烈，价格交替攀升，当第一笔交易没有人再举牌出价时，交易主持人手起锤落，一声"成交"，标志着中国的粮食流通从此进入了规范交易的新时代，当时《人民日报》头版以"中华第一拍"报道了这一历史性事件的全过程。中国郑州粮食批发市场虽然沿用了"批发市场"名号，但同传统的批发市场分散、秘密、封闭的交易方式相比是有天壤之别的。它引进了期货市场的许多重要机制，如会员制、保证金制、代理商制、价幅限制、统一交割、代办运输、代办结算等，唯独没有实行标准化合约，但相对规范的合同，通过背书的方式也可以进行自由转让。

　　然而，这种规范化的交易方式并没有得到市场的广泛认可，成立第一天成交小麦达 5 万多吨，但大多是有意向的，而后预期的顾客盈门的交易场面并未出现。究其原因，既有政策、体制方面的问题，又有习惯势力的束缚和认识水平的限制等问题。一方面，国家并没有对粮食批发市场进行立法，在有计划的商品经济制度下，行政命令已逐渐被弱化；另一方面，人们对于在众目睽睽之下竞价交易还很不适应，更习惯于一对一的"牛经纪"式的私下交易。此外，规范化的交易方式在不正之风盛行的年代遭到许多经营者的抵制。当然还有一个客观原因，即铁路运输的"瓶颈"问题，国家计划内的粮食运输都十分困难，市场成交的粮食就更不用说了……凡此种种，都使郑州粮食批发市场开业后陷入了有行无市的尴尬境地，交易大厅冷冷清清、门可罗雀，与开业时轰轰烈烈的场面形成了鲜明对照。

　　经过认真分析和深度反思，我们决定除了向上"要政策"、争取国家支持外，还从转变市场思想观念、强化服务意识、提升服务功能方面努力。我们建立了"集中交易周"制度，推出了"组合交易""信托交易""预约交易"等新的交易方式，并强化铁路运输公关，进一步提升信息服务水平等，这些措施使批发市场交易情况不断好转。

为集中解决批发市场开业后面临的困难，国内贸易部副部长、中国郑州粮食批发市场管委会第二主任白美清连续数月在京召开由国务院有关部委参加的中国郑州粮食批发市场协调领导小组会议。

1992 年 7 月，时任国务院副总理朱镕基到批发市场视察，由于当天没有交易，只好请出市代表给他做竞价交易表演，他一眼就看破了"天机"，但他并没有因此而不高兴。在向朱副总理汇报市场发展情况的过程中，当汇报到市场成交的粮食运不出去，影响企业进场交易时，朱副总理马上叮嘱随行的铁道部部长韩杼滨，批发市场是国家试点单位，现在碰到粮食运输困难，要认真解决。后来铁道部门每月批给我们一定数量的货运车皮，成为当时市场最大的吸引力。朱副总理在同出市代表座谈后，询问现在搞期货市场条件是否成熟，我说搞试点可以，但不具备全面铺开的社会经济环境，他点头表示理解。当时朱副总理非常高兴，不仅破格给我们题写了场名"中国郑州粮食批发市场"，而且还和全体员工合影留念。

经过多方努力，虽然批发市场的交易已初具规模，但交易量的大幅提升还是在期货合约推出之后。

我国第一部规范化期货交易规则诞生

批发市场建立之后，向期货市场过渡的工作也紧锣密鼓展开。1991 年 3 月 1 日，我国第一份规范化的粮食远期合同在郑州市场

与世界期权协会主席福瓦德尔合影

签订，得到国际社会的高度赞扬，美国芝加哥期货交易所副总裁威廉·D.格罗斯曼认为中国郑州粮食批发市场"向期货迈出了关键一步"，国际知名记者乔福瑞·克鲁索发文称其为"历史性的创举"。

　　大概是从1991年底1992年初开始，我们每天上午将部门负责人集中起来，进行期货交易规则的起草工作。虽然有四年的期货知识积累和一年多的现货交易实践，但手头可资借鉴的期货交易规则较少，所以当时鹿建光先生翻译的美国《芝加哥期货交易所》成为至宝。此外，中国香港、日本、新加坡、英国等国家和地区的期货交易所介绍材料成为我们重要的资料来源，我访问美国芝加哥期货交易所（CBOT）时带回的原版期货交易规则，一个五六斤重的"大方本"，有1800多页，内容庞杂，却没有直接派上用场。我们曾经想学习日本东京谷物交易所的单一约定价格制，即集体一价制：由交易主持人不断给出价格，买卖双方出示竞买竞卖数量，待双方数量一致时，此时的叫价即为成交价格。此种交易方式虽然比较简单，但只适合品种较少的交易所，所以我们放弃了。最终我们选择了美国的期货交易制度，因为郑州的区位和资源优势同美国芝加哥很相似，加之美国的期货交易制度经过100多年的历练，被认为是世界上最完美、最严密的期货交易制度。

1992年7~8月，期货交易规则初稿完成，我们请专家咨询组先后论证两次，但我还是不放心，年底前，又派副总裁李守堂及张静、王学勤、王成周赴美国芝加哥期货交易所进行为期一个月的专家论证。论证的内容主要有两个：一是交易规则的设计是否完善、合理，系统设计是否有漏洞和缺环；二是交易规则是否具有可行性和国际规范性。美国期货专家对交易规则是肯定的，认为虽然比较简略，但是可行的，也符合国际期货市场的一般原则。这时我的心情才略感平静，底气才较为充实了些。

至此，中国第一部规范化的期货交易规则——《郑州商品交易所期货交易规则》基本确立。这部规则根据中国国情进行了多处创新：一是交易所实行的是会员资格金制度，由全体会员共同出资，国家不出资。因此，既不属于企业性质，又不属于事业单位，最后把我们确定为社团法人。二是计算机撮合交易。根据当时我国法律不健全、人们法制观念比较淡薄的实际情况和未来社会的发展趋势，我们在全球范围内较早地实现了期货交易、交割、结算等全过程计算机管理，特别是采取价格优先、时间优先的交易撮合方式，大大提升了期货交易效率。我们请中国科学院计算机研究所的专家搞设计，我们提需求，经过3个多月夜以继日的艰苦奋斗，终成大业。现在看来当时的设计虽然很初级，仅有60个席位，但在中国毕竟是一次成功的探索。三是三日涨跌停板制度。即最多允许3个连续涨停板或跌停板，然后把"价幅"放开，这也算是一堵"防火墙"（现行规定已演化为"三板强减"），因为当时粮食价格还没有完全放开，价格敏感度又很高，如果波动幅度过大，有可能影响期货

当代中国期货市场口述史

市场的生存发展。四是差价（现金）交割。这个制度是应对当时铁路运力紧张而设计的，即在有粮而无车皮运输的情况下可能造成的交割违约，我们提出用现金代替交割。当时我们最有利的条件是以郑州粮食批发市场每旬向国内外公布的现货交易价格为标准进行升贴水，使拿到钱的一方可以在批发市场买到所需的粮食。在我们之后，有交易所借鉴郑商所的做法，但他们的结算价格制定不规范，最终被主管部门叫停。五是风险保障基金制度。即从交易手续费中提取 20% 作为风险保障基金，以防范期货交易中可能出现的风险，此制度后来也被监管部门沿用。六是单一品种持仓比例限制。即某一会员的某一品种在一定时期的持仓数量，不应超过该品种总持仓数量的一定比例。

1992 年 10 月，我们把交易规则上报给河南省人民政府和商业部。1993 年 3 月 1 日，河南省人民政府正式批准中国郑州粮食批发市场下设郑州商品交易所，实行一套机构两块牌子，现货、期货两种机制同时运行的方针。这个文件的批准也有一个小故事。1993 年 3 月 1 日下午刚上班，我就把请求政府批准的《郑州商品交易所期货交易规则》送到秦科才副省长手上，他当场签了字，我马上在政府工作人员的指导下，代为起草了省政府的批准通知，当天政府文件就发了出去。其实，每次专家审定期货交易规则，秦副省长都会亲自参加，他早已胸有成竹；再者，他对我们市场也是高度信任的。1993 年 5 月 28 日，我国首家规范化的现代期货交易所——郑州商品交易所开业，同时也成交了新中国第一张规范化期货标准合约。之所以称其为"第一张"，是因为期货标准化合约是期货交易规则的有机组成部分，没有规范化的期货交易规则，就无所谓期货标准化合约。在初级期货阶段，所谓的标准化期货合约，充其量不过是一张标准化的远期合同，这种合同的转让比较困难，根本无法形成规模化的交易量。郑州商品交易所当天推出小麦、玉米、大豆、绿豆、芝麻五个品种的标准化合约，成交量为 1854 张，成交金额 1434 万元。此前我一直担心会不会"冷场"，因为期货市场不可能事先安排好买方和卖方。事实证明，期货机制是能够被市场接受的。期货市场的成功推出和顺利运行，实现了国务院确立的由现货交易向期货市场发展的总体目标。

然而，期货市场发展初期几十家"期货交易所"盲目登场，可谓鱼目混珠、泥沙俱下，形势一度失控，对实体经济的发展造成了不少负面影响。1993 年和 1998 年国家对期货市场先后进行了两次清理整顿，交易所由几十家到 15 家，最后仅仅保留了 3 家。这期间期货市场的混乱局面虽然得到很大改善，但市场也一度十分低迷。但是在清理整顿期间，郑商所却逆市而上，交易量稳中有升，市场份额不断提高，曾经有数年交易量占全国的 50% 以上，这大概得益于我们始终坚持的"规范、自律"的方针，同时也得益于现货、期货结合运行的"郑州模式"。可以说，作为国家期货试点单位的郑州商品交易所代表了中国早期期货市场发展的正确方向。

我们原本打算在期货交易推出之后，让批发市场自生自灭，可李长春省长建议我们不仅要保留，而且要发展。实践证明，期现结合不仅可以互相促进、共同发展，而且批发市场的价格支撑还有利于抑制期货市场的过度投机行为。美国明尼阿波利斯谷物交易所至今还保留着期货、现货相结合的管理模式，交易大厅内一边是期货交易，一边是现货交易，现货厅内成排的桌子上摆满了全国各地的粮食样品，美国芝加哥期货交易所偌大的期货交易大厅内也仍然保留着现货交易池。

榜样的力量是无穷的

期货交易推出之后，在全国引起了很大的轰动。郑州商品交易所先后迎来了多位国家领导人的视察，让我们倍感荣耀。在郑州商品交易所成立后的十年里，我们接待了多位中央政治局委员，时任中共中央总书记江泽民的视察让我印象最深刻。

1996 年 6 月 5 日，江总书记来到郑州商品交易所，本来通知参观时间大约十几分钟，他视察了交易大厅之后，在路过会议室时，直接坐下来听汇报。我简要地向总书记汇报了郑州商品交易所自 1988 年以来期货探索和实践的发展历程以及期货基本的原理和功能发挥情况。江总书记听得很认真，总书记说，金融领域的探索我可能比你们还早一些，我在上海担任市委书记的时候就研究过证券市场，在 1945 年大学四年级时去过上海华商纱布交易所，当电子工业部部长时去过香港和美国芝加哥的交易所，市场内总有一些投机者，上海"3·27"国债事件纰漏就出在投机这里。我看资本主义市场就是大鱼吃小鱼，这个基本特征没有改变，你们要认真探讨在公有制占主体地位的情况下，如何搞好期货试点。随后，总书记又让我讲一下对期货的认识和体会。我告诉他，我在期货试点实践中，有三点深刻体会，一是要讲政治，要始终坚持社会主义市场经济方向，不能照搬照套；二是要加强自律性管理，搞好廉政建设，树立市场良好形象；三是要把规范化视为市场生命，把风险控制作为市场管理的中心环节。总书记听了很高兴，汇报持续了近 1 个小时。在电梯里他又说：创业难啊！你讲的三点体会很好，焦裕禄同志讲，榜样的力量是无穷的，只要你们站得正，什么也不怕，你们一定要把自己的事情办好，要把期货试点搞好。

总书记对我们期货市场试点工作的期许，让我在日后的工作中每每想起都热血沸腾。

此外，国内外专家也经常来郑商所参观访问。国内许多著名的经济学家如于光远、孙尚清、肖灼基、董辅礽、高尚全、厉以宁、戴园晨等都来过；国外的专家、学者来得也不少，他们都对郑商所

与美国斯坦福大学粮食研究所签订合作协议书

的发展给予高度评价。1993 年底，美国斯坦福大学粮食研究所所长杰弗利·威廉斯等专家来郑州市场考察，对郑商所的创新机制非常赞赏，第二年即同郑商所签订了五年的合作协议。1998 年，他们将研究成果《一个期货市场的崛起》发表在世界著名的美国《期货市场》杂志（1998 年 6 月第 4 期）上，在国内外引起强烈反响。他们认为，近几十年世界上"期货市场建立的很多，而生存下来的很少，但郑商所的发展过程能向我们揭示期货市场成功的原因"；还认为郑商所的发展过程与 19 世纪欧文的"所谓的公论"相悖：这一公论的含义是，从现货市场规范化，到活跃的远期市场，最终到期货市场需要经过一个缓慢的发展过程，而郑商所的发展过程表明了我们应对这一所谓公论作较大修改；他们还对由现货起步，逐步向期货过渡，并实行期货现货相结合的"郑州模式"给予高度评价，认为"郑商所期货市场的发展进一步加强了期货和现货交易的关系"，是发展中国家发展期货市场的良好模式，这就是"郑商所经验的启示"。

郑商所还于 1997 年首次推出了电子仓单（仓单无纸化），改变了国际上传统的交割模式，首次赋予了买方可在就近定点仓库提货的空间选择权，既方便交割，又节约成本，更加有利于农产品套期保值交易的开展。

不忘初心，方得始终

2000 年，根据上级主管部门的决定，郑商所与批发市场正式分开，我也踏上了重建中国郑州粮食批发市场的新征程。虽然由于种种原因我毅然离开了为之奋斗多年的期货市场，但我的心一刻也没有离开过。我对新的粮食批发市场制定了两大奋斗目标，一是积极为大中型粮食企业搞好服务，大力发展粮食远期合同，并通过栈单与仓单的互通，为粮食期货和现货搭建一座畅通无阻的桥梁；二是尽快实现"让粮食在网上流通"，为我国现代粮食市场体系建设创建基本架构。然而很多事往往都不是百事顺遂、万事如意的，粮食"栈单交易"因为多种原因功亏一篑，成为我终生的伤痛；而 2006 年在国家有关部委的大力倡导下，"让粮食在网上流通"终于成为市场主流，这是值得欣慰的。

回首我国期货市场的创立和发展，深深感到今天的成绩来之不易。在期货市场发展的每一个阶段，都有许多说不完、道不尽的酸甜苦辣故事，令今天的回忆如此丰富多彩。领导的鼓舞，媒体的褒扬，令人精神振奋；专家的质疑，同行的奚落，委实酸楚万分；无端的训斥，莫名的责难，只能忍气吞声；金钱的诱惑，黑恶的威胁，早成家常便饭……记得在批发市场成立的当天，就有外省的同行指着我们的鼻子开玩笑："你河南又搞什么新花样"；在郑商所开业前夕，我们在郑州举办报告会，请国内知名期货专家献计献策，一位教授直言不讳："我看郑州商品交易所是不会成功的，因为现

郑商所与日本关西所新闻发布会

代期货市场一般建在金融中心或沿海发达城市，但你郑州什么都不是"；还有一次我参加全国粮食工作会议，同多位国字号公司领导共进晚餐，我邀请某公司做郑商所会员，这位公司领导在众目睽睽之下说："我为什么要当你的会员？我当了你的会员不是抬高你的身价了吗？"期货市场就是在骂声和质疑声中不断发展壮大的，因为它具有重要的经济功能，所以具有强大生命力。

新中国期货市场的试点工作，也是在国家领导人的关心支持下自上而下建立起来的。郑商所有一位美籍华人顾问在北京的一次期货研讨会上说，中国政府如此重视期货市场让人觉得不可思议。正是由于国家领导人的关心和支持，来自西方的期货市场才会在社会主义制度下诞生、发展和壮大。同时，我们还要牢记开展期货试点的初心，是为了解决市场放开后"粮食时多时少、价格忽高忽低"的问题。因此，服务实体经济、促进国民经济发展永远都是中国期货市场的重要任务和特色。

现在世界期货市场发展很快，前段时间看新闻，发现不少老牌的期货交易所不见了，有的是自生自灭了，有的是进行了兼并重组。我国的期货市场发展也很快，近年来国内几家期货交易所均排在世界期货交易所的前十位左右，许多创新品种不断涌现，期权交易也推出来了。互联网经济的快速发展，无疑提升了期货市场的网络化程度，现在期货交易所大多取消了交易大厅，通过互联网进行交易，诸如此类的新发展还有很多。作为一个期货市场的老兵，能够看到曾经为之奋斗的事业不仅站稳了脚跟，而且不断发展壮大，是再欣慰不过的了。当然，期货市场也面临如何再发展的问题，这是摆在期货界的一个重要课题。但只要我们不忘初心，牢牢把握市场经济大方向，紧紧围绕国家发展战略创新求实，则道不远人，中国期货市场已经自立于世界期货之林，也一定会为国际期货市场的发展作出新的贡献。

"自下而上"的期货交易所创办探索
——深圳有色金属交易所成立始末

郑元亨

郑元亨，1939年11月生，大专学历，工程师，高级经济师。曾获中国有色金属工业总公司科技进步一等奖、国家科技进步三等奖、中国期货业特别贡献人物奖，享受国务院政府特殊津贴。先后在广东省惠阳机械厂、惠州博罗县县委、惠阳有色金属公司、有色金属深圳联合公司任职。1991年至1998年任深圳有色金属交易所总裁；1999年至2002年任深圳金牛投资公司总裁、党委书记。2003年退休。

从我国期货市场创建过程看，无论是价格改革、期货研究小组的理论探索还是期货交易所的郑州试点，都是在政府的组织下"自上而下"进行的。然而，在政府的顶层设计之外，还有一场来自我国有色金属行业"自下而上"的探索，深圳有色金属交易所就是其中的代表。

在创办深圳有色金属交易所之前，我在有色金属系统工作。在认识到期货这一工具可以帮助行业发展之后，我们在深圳，这个中国改革开放最前沿的城市，创办了新中国第一家期货交易所。

早期贸易中认识期货

我来深圳之前，在广东惠阳有色金属公司担任副经理，惠阳公司是直属于中国有色金属工业总公司（以下简称有色总公司）的企业。1983 年，有色总公司成立之后，就马上决定在深圳特区办一个直属企业，企业的名称叫中国有色金属工业总公司深圳联合公司（以下简称深圳公司），人员主要从广州有色金属公司和惠阳有色金属公司调派。1984 年 9 月，我便从惠阳调到深圳，参加创办深圳公司。深圳公司于 1984 年 11 月 1 日正式成立，我担任下属贸易公司总经理。

在贸易公司期间，我开始接触期货。从 1985 年起，时任深圳公司总经理司徒怀就分批组织人员到伦敦金属交易所（LME）学习。那时他还写了一本书叫《期货交易概论》，应该是国内比较早的期货著作。这期间，深圳公司还在香港设立了一个公司，专门利用期货开展国际贸易。在香港公司，我认识了当时美国培基证券公司的期货专家杨亮瑜先生，把他请到深圳给我们讲课，之前他还应邀去国务院讲过期货。1987年10月，我第一次前往LME学习，看到在不足100平方米的交易大厅里，10多位交易员比手势、叫喊价，每5分钟一个轮回的交易场景，期货市场给我留下了深刻的印象。我还参加了LME的年会，LME年会是在每年10月的第二个礼拜举行，全世界搞期货的人员都会集中到那儿研讨交流。

我真正参与期货交易是在1988年，这时我已经是深圳公司的副总经理。当时国内铜冶炼企业缺乏原料，有色总公司要求深圳公司从国外进口大批铜精矿、锌精矿，提供给有色总公司下属企业沈阳冶炼厂、白银有色金属公司加工，再把铜出口出去。为了规避从进口运输、成品加工到出口这个周期中的价格风险，我们决定利用国际期货市场开展套期保值。1987年我们没有做套期保值，进口了2万吨铜精矿，亏损了600万元。1988年我们进口了3万吨铜精矿，利用期货进行套期保值，赚了800多万元。1989年，进口6000多吨锌精矿，通过套期保值，也取得了较好的经济效益。

从联营展销中心到期货交易所

为什么我们要办期货交易所？企业要利用期货套期保值是一个因素，另外一个更为重要的因素则是在当时的国内宏观经济形势下，有色金属行业急需一个有序的市场。

20世纪80年代改革开放初期，我国实行了价格双轨制，这在一定程度上给了一些人可乘之机。当时有色金属市场处于卖方市场，你出再高的价格也可能买不到，因为经常有领导批条子，打招呼，没有关系很难拿到货源。那个时候整个有色金属市场管理比较混乱，每年开全国订货会（有人称为"骡马大会"），有的合同签订之后，由于资金或货源紧张无法履约，演变出很多"三角债"，客观上这个行业需要有一个新的市场。1988 年 9 月，分管全国有色金属物资调配的有色总公司供销运输部主任何玉良在兰州召开了一个物资流通体制改革研讨会，就提出建立有色金属市场的设想。这时候，实体企业在生产经营当中确实遇到了很多困难，急迫地需要回避风险。因此，我们就自发地探索规避风险的路子。

实际上早在 1985 年，有色总公司就在筹划借助深圳特区优势，办一个有色金属交易中心。筹办交易中心时我们就考虑吸纳有色企业作为股东，一是为了解决建设资金；二是为了调动有色企业参加交易的积极性。于是，我们就决定动员各有色金属企业出资筹办联营中心。1985 年 8 月底，我带着起草好的创办交易中心的协议意向书，出差到西北、中原、北京等地同一批企业进行洽谈。经过近一年的紧张筹办，1986 年 8 月 22 日，由全国 30 多家大中型有色金属企业联合投资的中国有色金属工业总公司深圳联营展销中心

建立有色金属交易所研讨会

（以下简称联营中心）正式成立，何玉良任董事长，我任经理。

1987年4月，我们举办了"如何办好联营中心"的研讨会。会上有色总公司副董事长叶志强说："伦敦有个金属交易所，你们要敢想敢干，办一个东方有色金属交易所。"这个话我记得非常清楚，我说我们一定往这个方向努力。自此，我们就确立了要创办一个有色金属交易所的目标。1987年11月5日，我在联营中心第三次股东大会暨第一届第四次董事会的工作报告中就提出："到1990年，联营中心要为股东提供良好的交易环境，让股东吸引各自的客户来这里洽谈、订货、交易，初步形成有色金属交易所雏形。"

为了筹备期货交易所，1989年6月，我们一行4人到美国芝加哥期货交易所、纽约商品交易所考察，比较系统地学习了证券期货交易知识。

准备了几年，各方面条件都比较成熟了，我们就开始筹建交易所。1990年8月底到9月中旬，我们连续开了三次建立深圳有色金属交易所研讨会。我们请了有色总公司有关部门的领导、国内大型有色金属企业的领导，同时也请了深圳市市场领导小组办公室、工商局、体改委、法制局以及银行部门的同志来参与研讨。有色总公司派了时任供销运输部副处长张宜生和当时还是研究生的彭刚来参加。深圳市政府市场领导小组办公室副主任王穗明也参加了研讨，后来她成了深圳市政协主席，她是一直参加交易所研究的市政府领导。

1990年10月12日，凑巧是中国郑州粮食批发市场成立当天，我和管炎彬、张兴山、彭刚正好到北京有色总公司汇报筹建交易所的事情。有色总公司领导很重视，把大部分司局长都集中起来，听我汇报了两次，领导们就商定要加快交易所筹建步伐，决定成立筹办交易所领导小组，何玉良任组长，司徒怀和我任副组长。要办交易所，就要办手续，有色总公司在1990年底下文，同意在深圳办这个公司，名称就叫深圳有色金属交易所（以下简称金交所）。然后，我们就打报告到市里面去申请。1991 年 5 月，深圳市政府给我们下了批文，同意建立深圳有色金属交易所。同年 6 月 10 日，召开了金交所成立大会，有色总公司副总经理沃延枢任理事长，何玉良任常务副理事长，我任总经理，深圳市副市长朱悦宁参加成立大会并发表讲话。

金交所成立之后并不能马上开市，因为一个专业市场必须有章可循。当时我们上报的《深圳有色金属交易所管理暂行规定》和《深圳有色金属交易所交易规则》还没有通过市政府审批。此外，还有来自物资部、工商局的意见，以及关于交易价格能不能放开的争论和质疑。物资部认为商品流通市场应该由他们来主办，为此 1991 年 6 月 7 日他们还专门发了一个文给深圳市政府，说反对企业办交易市场。工商部门认为它是主管市场的部门，交易所会员应该在它这里注册，交易合约应该经过它盖章。

这期间我们北京、深圳两头跑，不知遇到了多少道"槛"。虽然当时深圳只有很小一部分的商品是计划经济，但是人们的观念还是没有完全转变过来。当时去办手续的时候，大家提了好多问题，我们都需要一一解答。在这里不得不提深圳市政府对我们创办交易所的支持，特别是时任深圳市副市长李广镇。1991 年 7 月 31 日，李广镇主持召开专门会议，研究金交所问题。会议明确了三大重要事项：一是金交所由中国有色金属总公司主办，深圳市物资总公司可以参股；二是金交所营业许可证由工商局颁发，但不必派人入场参与交易管理；三是场内交易价格放开。

1991 年 9 月 21 日，深圳市政府颁发《深圳有色金属交易所管理暂行规定》，《深圳特区报》还全文刊登了。两天后，金交所开始试营业。试营业当天，有 17 家会员的出市代表入场交易，成交铝 50 吨、锌 100 吨、镍 10 吨，不过当时交易的还是远期合约。

我国第一张期货标准合约诞生

1992 年 1 月 18 日金交所正式开业，开业典礼很隆重，有 700 多人参加，芝加哥期货交易所副总裁威廉·D. 格罗斯曼也专门来参加，还作了发言，伦敦也来了好多期货公司。当时很多报纸做了宣传，包括《人民日报》。

回想金交所的筹办，那个时候有一大堆事情要做。既要写章程，又要研究交易规则、管理制度，而且这些东西国内又没有可以参考的，只能把参观伦敦交易所、香港期货交易所时带回来的一些材料翻译过来参考。为了起草这些文件，我和当时联营中心副经理管炎彬等五六个人几乎天天加班。我那个时候已年过半百，天天在联营中心加班。

金交所开业后，1992 年 3 月我们成立期货合约研制小组，由管炎彬和张兴山分别担任组长和副组长，彭刚、熊晴川、皋德耀、严金明为成员，首先研制特级铝标准合约。

当代中国期货市场口述史

深圳有色金属交易所开业典礼隆重举行

1992 年 10 月 9 日，历尽艰辛，我国期货史上第一张期货标准合约——特级铝标准合约正式上市，我们感到异常兴奋！这张标准合约的制定是我们在考察国外交易所合约基础上，结合中国国情制定的。结合国内情况主要体现在两个方面。一是选择铝锭作为标的物。当时珠三角地区铝的加工量占全国的 40% 以上，广东生产的铝型材约占全国铝型材的 60%。在珠三角地区，铝是生产加工量最大的有色金属材料。二是把伦敦的日合约、月合约、年合约的复杂合约制度简化为单一的月合约，方便在国内推广。标准合约的推出大大提升了市场流通效率。资料显示，金交所铝的成交量在标准合约推出半年内，日均交易量就从上市前的 823 吨提高到 5515 吨，1992 年全年铝交易量只有 6000 吨，1993 年这一数据上升到 1867900 吨，1994 年达到 5731550 吨。好的流动性带来了具有示范效应的市场价格，"深圳铝价"逐渐成为指导企业生产经营的标杆价格。1993 年 4 月到 11 月，我们又推出了铜、锌、铅、镍、锡 5 个有色品种的标准合约，都是经过证监会批准的。1994 年，金交所转变为 100% 标准化合约交易。

　　金交所成立后实现了服务实体的初衷，让我国有色金属行业率先认识到期货的作用、尝到期货的甜头。记得有一位有色总公司领导在年度工作会议上说，企业在现货贸易中吃尽苦头，现在我们有了期货交易所，如果不利用期货来做套期保值、指导生产经营那才是真正的投机！我们一开始的时候有 84 家会员，最多的时候是深圳两家交易所合并时的 223 家。国内有色行业的大型企业，包括铜行业中的江西铜业、铜陵有色、云南铜业都是我们的会员；铝行业中比较大的会员有青海铝厂、兰州铝厂、贵州铝厂。当时国内的大型有色金属企业都在我们交易所进行交易。此外，还有一些跟有色金属相关联的地方贸易企业，最典型的是南海矿业集团。还有一些搞有色金属加工的地方企业，广东当时是有色金属消费大省，广东佛山是有色金属加工基地，这些加工企业也都到我们的交易所参与套期保值。

股份制的期货交易所

金交所与我国现行的交易所会员制度有所不同，它在创建时就是股份制，后来在发展过程中还逐渐引进了大型实体企业作为股东。实体企业作为交易所股东可以吸引企业及其客户参与交易，增加交易流动性。

金交所成立之初就采用了股份制。一开始打算由有色总公司投资，但是到注册的时候，深圳市政府说一家公司办企业不行，需要两家以上参股，所以就把深圳公司也加了进来，两家公司一起，注册资本为600万元。后来，由于国家物资部对我们办交易所有不同意见，最后深圳市政府就建议把深圳物资总公司作为一

当代中国期货市场口述

史

深圳有色金属交易所试营业之际向出市代表讲解交易规则

个股东参与进来。1991年底，我们在北京开理事会，决定同意深圳市物资总公司投资100万元参股交易所。当时深圳物资总公司的副总还担心亏钱，我们有色总公司何玉良主任就跟他打包票说，三年内，如果你亏钱了，我补给你。这样，交易所投资股东就变成了三个：有色总公司、深圳公司和深圳物资总公司，注册资金也增加到700万元。

后来我们与深圳市政府共同筹建的深圳期货联合交易所（以下简称联交所）也沿用了股份制。1993年，时任深圳市委书记李灏提出深圳不能只有金属交易所，还要有农产品和其他产品的期货交易。于是，深圳市贸发局局长吴镝和政府市场领导小组主任王穗明就带了几个人进驻我们交易所，和我们一起研究怎么办农产品交易所，这个交易所就是后来的联交所。联交所由8家单位投资1600万元建立，它们分别是金交所、中国建设集团、中粮集团、深圳市农业品批发集团公司、中国农业银行信托公司、平安保险、深圳石

会见前来参观的伦敦金属交易所主席约翰·沃尔夫

化集团和深圳对外贸易投资集团，每个公司占股 12.5%。联交所于 1993 年 12 月 28 日开业，交易的品种有玉米、豆粕、糖、菜籽油、国债等。

1994 年 10 月，中国证监会下发《关于批准试点期货交易所的通知》（证监发字〔1994〕150 号），深圳两家交易所合并为一家深圳有色金属期货联合交易所，被批准列入国家 15 家试点期货交易所之一。

两家期货交易所合并为一家之后，第一件事是清理财务。在这个过程中，有色总公司推荐了 10 多家有色金属大企业作为股东投资合并后的交易所，每个企业占股 2%，包括青海铝厂、长城铝厂、江西铜业、铜陵公司、珠冶集团、金川集团、云南锡业等。合并后的交易所共 23 家股东，注册资本 1.04 亿元。

交易所稳健发展和遗憾结局

金交所举行开业典礼后的第二天，邓小平同志到深圳视察。南方谈话确定了发展市场经济的方向。这样一来，大家对交易所的热情更高了，那时候我们交易所接待了很多访客，真是络绎不绝。1992 年全年接待了 12000 多人次，我们都是有登记的。这一年，时任国务院副总理田纪云、国家体改委主任陈锦华、国家经委主任袁宝华先后到金交所视察，袁宝华还亲笔题词"敢为天下先"。1992 年 5 月 23 日，时任上海市委书记吴邦国也带队到深圳考察，专门到交易所参观。

金交所自成立以来，交易量不断上升，从 1991 年的 0.35 万吨增长到 1997 年的 1228 万吨，特别是铝的交易量占全国铝流通量这一指标连续几年都居全国首位。

1998 年，证监会开始了对交易所的第二轮清理整顿，当时我

原国家经济委员会主任袁宝华（右二）来深圳有色金属交易所
题词：敢为天下先

们正在按证监会的要求着手会员制改造。说实在话，我当时是比较淡定的，因为我认为金交所的条件是完全可以保留的。第一，我们是第一家交易所。第二，我们创办在中国改革开放的试验田——深圳。第三，我们管理比较好，没有发生过风险事件。我们用科技手段管理头寸、保证金和价格涨跌，我们还自行设计研发了一套SME 电脑期货交易、控制管理及通讯网络系统。这个项目获得有色总公司 1996 年年度科技进步奖，在 1997 年还被评选为国家科技进步三等奖，国务院还给予我国务院特殊津贴奖励。第四，金交所铝的交易量每年都排在全国前列，1997 年全年交易额 2040 亿元，在当年所有交易所中排第六位，铝交易量占全国的 62%。有这四条，我认为保留金交所应该没问题。

1998 年 6 月，深圳市副市长武捷思带我们上北京向证监会领导汇报。随后我又向当时在北京开会的深圳市长李子彬汇报，希望李子彬市长在向国务院领导汇报工作时把金交所的情况反映上去，争取领导的理解和支持，保留金交所。

然而，事与愿违。1998年8月25日，国务院下发《关于进一步整顿和规范期货市场的通知》，全国只保留上海、郑州、大连三家期货交易所，其余的全部撤销改制。这是国家从全局角度出发作出的决定，我们平静地接受了。

现在我已经79岁，我对期货的情结很深。从国家大事业来讲，我们当年办期货交易所是办对了的，叫"敢为天下先"。1987年，联营中心会议提出来办一个东方有色金属交易所，之后我们就一直为这个目标奋斗，克服了重重困难，拼了命去做，最后办成了。当时我就认为中国改革开放必定要走市场经济的道路，市场经济道路就需要各种市场以及市场体系，而市场体系中期货市场是不可缺少的。我去过伦敦金属交易所，去过芝加哥期货交易所，它们都有100多年的历史，这100多年期货市场长盛不衰，为什么？证明它有生命力，有吸引力。中国搞市场经济必定离不开期货市场，这是

向中国证监会主席刘鸿儒汇报工作

我一直从未改变的想法。所以，我为我们曾经为期货事业创业、奋斗、贡献感到骄傲和自豪。当然，从我个人包括金交所的角度来讲，我也感到比较遗憾。我刚才讲到的李灏书记，原来是国务院副秘书长，1985 年到深圳当市长，后来担任市委书记。他跟我讲过很多次，他说深圳特区改革开放好多事情党中央国务院都是大力支持的，就是保留期货交易所这件事没给支持，所以感到很遗憾。我这个人是比较乐观，看得开的。金交所改制后我们成立了金牛集团，集团下属有证券、期货、信息服务等 6 个子公司，到今天来看也算是比较成功的。当时我已经到了退休年龄，按照领导要求我推迟退休 3 年，于是我便担任了第一届金牛集团总裁，尽责办事，完成使命。

从国家整体看，现在期货行业发展是比较成功的。在国家期货市场发展中，我们以前一起奋斗创业的很多年轻人，包括彭刚、严金明，他们现在都还在期货行业中奋斗。我们交易所开办了 7 年多，光经纪人培训班就培训了 2500 人，这些人现在大部分都是期货行业的骨干，散落在整个期货行业里。为期货行业培养了一些人才，这一点我也感到很欣慰。

繁荣之后忆往昔
——大连商品交易所成立记

姜丽华

姜丽华，1953年7月生，山东蓬莱人，经济学硕士，大连商品交易所第一任总裁。曾获"全国优秀女企业家""辽宁省十大杰出女性""大连市劳动模范""辽宁省特等劳动模范"等多项荣誉称号。先后担任大连市物资局副局长、大连开发区管委会主任、大连市政府副秘书长、大连市商业银行董事长兼党委书记。

25 岁，一个充满活力的年龄。25 年，一段曲折的岁月。1993 年 11 月 18 日，大连商品交易所正式开业。我作为第一任总裁参与了这一过程。回忆往昔，最令我难忘的是带着一群年轻人集结智慧，平抑风险，团结一心，迎接挑战的场景。当年虽然吃了很多苦，但看到交易所从初生婴儿成长为健壮青年，从一棵稚嫩的幼苗成长为参天大树，我倍感欣慰。

开启我的期货生涯

　　20 世纪 80 年代，我国仍处于计划经济时代。生产资料的分配，比如煤炭、化工、石油等，主要通过物资部门进行调拨。我当时任大连市物资局副局长，主要负责重要生产资料计划内外的调拨。大连市是国家计划单列市，建设项目多，钢材、木材、燃料，需求量很大，急需国家支持和调拨。我需要同国家计委、财政部、物资部等相关部门不断地进行联系和协调。因此，去北京开会成为家常便饭。

　　时任物资部部长的是柳随年，他思维非常开阔，对我影响很大。他当时就指出，计划经济跟不上社会发展步伐，物资迟早会全面放开走向市场。20 世纪 80 年代末，随着价格改革的推进，国家经济体制也开始由计划经济向市场经济转变，生产资料和生活资料政府定价逐步取消，价格开始大幅波动，企业无法及时准确掌握市场价格，给社会和国家经济造成了很大损失。这时，国内陆续有一些城市开始探索创建期货交易所，将买卖双方集中到一个共同的平台上交易，并通过一个远期合同把需求搞定。我觉得不错，这样的市场有预见未来的功能，可以更好地发现价格、解决现货贸易中的诸多问题。大连是东北亚经济圈的核心，东北地区的桥头堡，更是对外贸易的重要口岸和物流集散地，地理位置非常特殊，能在这样一个天然良港建立期货市场意义非凡。1992 年，物资部在上海成立了上海有色金属交易所，探索期货市场。于是，柳部长建议我们到上海学习。当时，大连市物资局是最早去上海有色金属交易所学习参观的单位。金属生产和贸易企业利用期货市场发现价格以及规避风险的操作令我耳目一新、收获很多。

回来后，我向省、市政府作了汇报，提出要在大连建立期货交易所的请求，得到了省、市政府的同意和支持。按市政府批复文件要求，大连市体改委、商业委员会、经济委员会、粮食局、物资局、经济研究中心、信息中心等单位组成了期货交易所筹建小组。由于当时我是大连接触期货的第一人，因此市政府委派我为负

大商所创办之初招聘的第一批员工

责人，任法人代表。那时我也很矛盾。此前我一直在物资局工作，是国家公务员，端着"铁饭碗"，期货、交易所这些新事物以前接触不多，究竟能不能行？心里没底。正徘徊之时，柳部长告诉我："局长很普遍，但交易所总裁可从未有过。"就这样，我接受了这个艰巨的任务，开始了我的期货生涯。

艰难的筹建之路

1992 年，大连商品交易所（以下简称大商所）筹建工作正式开启。带着组织和领导的信任与委托，我立马组建队伍，开始筹建。但一切都太难了，人、财、物、地点等各个难题都需要逐一攻克。

首先是人的问题。经过多次研究，我们一方面从物资局、粮食局、商委、体改委抽调了几位同志，成立了 7 人筹备小组，并开始招聘重点院校的大学生。当时只有我们这几个人，几乎除了睡觉所有时间都在干活，经常是从早上 5 点到夜里 2 点。那时没有食堂，天天吃盒饭；没有身份，大家都是临时工，而且工资还是原单位发的。有几位同志受不了这样高强度的工作，来了不久就走了，最后只剩我、石嘉兴、刘志强、韩志宏四个人。就是在这样的情况下，我们的筹建工作还是有条不紊地展开了。我负责业务部分，制定交易规则和交易所相关制度；刘志强负责后勤，四处找办公地点；石嘉兴负责找交割仓库；韩志宏负责人员招聘，这就是交易所筹建之初的组织框架。

二是钱的问题。交易所要组建，离不开钱。那时我们没有钱，我就把能喊出名字的银行全部列出来，一家一家地找，最终交通银行同意贷给我们 500 万元。这笔救命钱也是我们初期的全部资金。

三是地点问题。我们在大连信息中心租赁了一层楼作为办公场所，其中的一部分被改造为办公室，另一部分被改造成交易大厅。

四是物的问题。解决了地点，可我们连办公用品都没有，没办法，就去银行借。我们当初所有的办公用品都是从银行借过来的，这也就解决了"物"的问题。

五是机构设置问题。没有经验，我们就参考上海有色金属交易所的架构，先上市中远期合约，设立了交易部、结算部、交割部、信息部、技术部、综合部等部门。

相比这些困难，最大困难是观念问题。那时候大家普遍不认识期货，有的人就说："你们说不让倒买倒卖，难道你们自己不是在平台上倒买倒卖吗？"所以，扭转人们的观念，使人们能够正确认识期货，是我们当时的一项重要工作。因此，我们早期工作中的很大一部分是对从业人员进行培训，包括经纪公司，以让它们正确认识期货市场。此外，在政府层面，那时候政府也不像现在这样理解期货，部门和体制掣肘很严重，省粮食厅的同志曾经给我们出了很多难题。因为我们是综合交易所，品种很多，先推出的有玉米、

1994年大商所向辽宁省政府汇报工作情况

在江西参加套期保值国际研讨会

大豆、大米、豆粕、绿豆、红小豆等期货标准合约，但开全国粮食工作会议、东北地区粮食会议、国际粮农组织会议，他们却不给我们入场券，限制我们参加。有一次我去省里汇报，门都不让进。我们交易所粮食品种能够成功并能有今天，要感谢国家各个部门和领导，特别是原物资部柳随年部长和国务院原副秘书长兼粮食局局长白美清同志，是他们的鼓励和支持，帮我们解决了大商所初创时期的重重困难。现在回想起来，那时虽然艰苦，但真是干劲十足。如果真要归纳为一种精神的话，我想那就是乐于奉献的雷锋精神，那种精神压不倒，一直贯穿大商所成立的始终。

成立后的新征程

经过半年的艰苦筹备，大连商品交易所终于正式成立了。我至今还清楚地记得开业的那天（1993 年 11 月 18 日），大雪纷飞，狂风乱舞。我心里想这是否预示着在交易所建设的道路上，年轻的交易所将一路风雨兼程？又想瑞雪兆丰年，这是否预示着风雪过后的喜悦和丰收？

成立的第一年，大商所成交期货合约 15 万手，金额 21.08 万元，会员 27 个。不过同样也面临诸多问题，一大块工作是需要协调工商、税务、海关、检疫检验等市有关重要部门，很多部门都在问交易所能给大连带来什么，我们需要不停地解释宣传。那时我们交易所只有 28 名员工，既要培训会员，还要不停向社会宣传，忙碌状况可想而知。

另外，就是摸着石头过河。由于期货是新生事物、舶来品，大家都懂得少，市场运行过程中出现了很多问题，解决这些问题我们完全是摸着石头过河。在开发运行过程中，我们出现过结算单据计算错误的情况。但最大的考验是刚上市不久的大米出现了客户分仓，大米做多进而逼仓的问题。我们不知道怎么解决，也没有外国经验可以借鉴，我立即派三位业务骨干去上海粮油商品交易所学习。回来后，班子和中层干部一起连夜加班研究对策，后来通过提高保证金渡过了难关。这些现在看起来很简单的问题，在当时完全都是摸着石头过河尝试出来的。

再就是品种的选择问题。东北是我国重要的农产品生产地，由于大连独特的地理优势，我们初选的品种有玉米、大豆、大米、绿豆、豆粕、红小豆等农产品，当时也规划了未来做钢材和原油。从中不难得出，这些品种大多是东北地区的重要农产品，可见我们当时是把大商所定位为区域性农产品交易所的。随着时代发展，我国粮食现货市场开始活跃，东北是天然大粮仓，大连又是天然粮食物资集散地，大商所越来越受到农户和粮食加工贸易厂家的欢迎。正因如此，白美清同志非常赞同和支持我们的农产品定位。此后，与现货对接，为现货服务，与大型粮商以及农户的需求对接，增加信用保险力度，也成为了我们创业初期的宗旨。

1995 年全国期货研讨会在大连召开

大商所保卫战

随着改革开放推进，期货行业也快速发展。一个省，甚至一个市里建立两三家交易所的情况都有，一时间，期货市场遍地开花。为了规范期货市场发展，国家开始了期货市场的清理整顿。对于我们来说，随之而来的是激烈的交易所保卫战。

1993 年 11 月，国务院下发《关于坚决制止期货市场盲目发展的通知》，明确要坚持"规范起步，加强立法，一切经过试验和严格控制"的原则。期货交易所是期货市场的组织者，处于核心地位，因此，清理整顿首先必须规范交易所。针对当时交易所泛滥、治理不完善及品种过多过滥的现象，清理整顿的重点是调整交易所数量。

大商所究竟能否留得下来？一时间我坐立难安，不过我下定决心想尽一切办法也要把大商所留下来。不为别的，就为这些员工们。他们大多是刚毕业的大学生，都还年轻。如果交易所留不下来，我就太对不起这些跟我辛苦创业的孩子们了！"不能让这些孩子们失望"成为我坚定的信念。当时东北地区沈阳、长春、哈尔滨都有交易所，竞争很激烈，要想保留下来，艰辛可想而知。那时我整夜整夜地睡不着觉，起早贪黑地准备材料。为了加强和部委的沟通，我经常背个包去北京，一个部委一个部委地去做工作。

功夫不负有心人。最终大商所成为第一批清理整顿后留下来的15家试点期货交易所之一，后来又成为了仅有的3家期货交易所之一。我们的优势也再次获得了国家和业界的认可：第一，体制优势。我们是国家粮食局认可的农产品交易所，在期货市场"野蛮生长时期"和"两次清理整顿"过程中，大商所没有出现过重大差错和失误，一直是交易量比较大的交易所。国家重要会议我们一直参加，国际会议上我们也很受关注。第二，我们自身优势。人才队伍建设、自律行为等，从创办初期就制定了新的行业规范，不像其他交易所是从旧体制过渡过来的。而且我们的人才优势明显，都是院校学科专业人才。第三，区位优势。东北是全国粮食集散地，国储

当代中国期货市场口述史

1997年大连商品交易所领导班子成员合影

粮仓丰富，是国家重要粮食基地。第四，政府重视，积极支持发展。大商所从初建时期就受到国家、省、市各级领导的关心支持，及时帮助我们解决前进中的问题。

我曾经在大连物资局、大连商品交易所、大连保税区、大连经济技术开发区、大连银行以及大连市政府工作过。虽然经历的部门较多，但只有交易所像我自己的孩子一样，我不仅陪她度过了童年，而且一直关注着她风雨兼程地成长，这是其他部门无法比拟的。回顾过去，最令我难忘的是在交易所工作的那段经历，当年的华信大厦，我带着一群年轻人集结智慧，制定交易规则，平抑市场风险，团结一心迎接困难挑战。当年虽然吃了很多苦，但看到交易所能够发展到今天我也很欣慰。

虽然离开大连商品交易所已很多年，如今的我已经赋闲在家，但作为与大商所渊源很深的"局外人"，我今天可以更宏观、更明晰地看待大商所的发展路程与成功秘籍。我认为大商所成立25年来，从一个农产品交易所转变为一个综合性交易所，由中国东北区域性交易所转变为在全国及国际市场上具有影响力的交易所，实现了"两个转变"。经验是多方面的，归纳起来有"三个注重"，一是注重加强市场监管；二是注重市场创新；三是注重服务实体经济。

今天，看着大商所沉甸甸的成绩单，我真的很高兴。25年来，大商所从初生婴儿成长为健壮青年，从一棵稚嫩的幼苗成长为参天大树。然而，其中的酸甜苦辣，也许只有曾经身处其中的人才能真正体会到。

一篇论文开启的期货人生
——我所经历的中国期货市场三十年

朱玉辰

朱玉辰，1983 年毕业于东北财经大学，1998 年获得武汉大学经济学博士学位，1989 年在美国芝加哥商业交易所（CME）和芝加哥期货交易所（CBOT）工作研修，是中国期货市场最早的开拓者和创始人之一。先后担任大连商品交易所总经理、中国期货业协会会长、中国金融期货交易所第一任总经理，是第十届、第十一届全国人民代表大会代表，第十二届中国人民政治协商会议全国委员会委员。2012年，担任上海浦东发展银行行长。2016 年，在新加坡设立亚洲投资有限公司。2018 年创立新加坡亚太交易所，成为新加坡金融管理局批准设立的第三家交易与清算全牌照交易所。

今年是中国改革开放四十周年，也是中国期货市场启航三十周年，我与期货市场建设结下了不解之缘，从理论构思到创办市场，从创办期货公司到创办交易所，从商品交易所到金融交易所，从期货到银行再回到期货，从境内市场转战境外市场，有人说，我是期货市场的探索者、耕耘者、布道者。回首来时路，我想说，我只是有幸遇上了这个时代、遇上了期货，从而使期货成为我的 DNA，贯穿了我至今几乎全部的职业生涯，使我有幸完整见证了中国期货市场的建设和发展！

一篇论文定命运

回首过往，可以说，是一篇期货论文踩准了时代节拍，决定了我的人生发展轨迹。

1986 年，我在东北财经大学攻读商业经济学硕士学位，一次在图书馆翻阅资料，华生、王小强等前辈关于建立中国市场经济体系的一篇论文引起了我的注意，文中有这样的一句表述：市场体系包括商品市场、资本市场、现货市场、期货市场等。这是我第一次看到"期货市场"这个名词，出于好奇，不知其意的我查阅了于光远所著的《经济学辞典》，找到了词条里对期货市场的几十字的定义。对于当时的我来说，"期货市场"是一个全新的概念，于是我又去图书馆查阅相关资料。最后，在一本台湾出版的市场学教材里，我查阅到了对期货市场功能作用较为详细的介绍。

在对这些有限资料的学习消化中，我突发奇想：中国是否也可以建立期货市场？我为自己的这一念头兴奋不已，并经过几个星期的空想臆断式思考，写出了题为《建立和发展我国期货市场初探》的论文，在中国社科院《财贸经济》杂志上发表。这是中国学术期刊中可查的第一篇以建设中国期货市场为主题的论文。这篇论文得到了时任商业部部长刘毅同志的高度重视，也让刘毅部长对我有了深刻的印象。由此，1987 年研究生毕业后，我来到商业部工作，担任刘毅部长的秘书。

加入期货研究小组

当时我并不知道，那篇关于期货市场的论文也得到了时任国务院发展研究中心常务干事、市场组主任田源同志的重视，因此我也受到了他的关注。1988 年 2 月 10 日，时任国务院总理的李鹏同志亲笔致函国务院发展研究中心总干事马洪同志，要求组织专门力量研究国外期货市场制度，解决大宗商品价格波动问题，保护生产者和消费者利益。马洪同志把这个任务交给了田源，田源随即组织了国家体改委、商业部等机构的部分同志，成立了期货市场研究工作小组（以下简称期货研究小组），田源同志作为发起者，任组长，杜岩、常清、廖英敏、刘俊英等同志都是骨干成员，我也成为其中的研究骨干之一。期货研究小组为中国期货市场的启蒙发端发挥了重要作用。这个小组对国外期货机制建设进行了深入研究，设计论证了国内期货市场试点方案，并向国务院正式提交了发展中国期货市场的建议，新中国期货市场发展历史从此起步，而我的期货生涯也从此正式开始！因此，可以说，是一篇论文奠定了我的人生轨迹，开启了我的期货人生！

李鹏总理批示研究期货

"北京烤鸭"将上期货

1989 年 10 月，经芝加哥 Sidley Austin LLP 律师行合伙人杰夫·哈里森先生介绍，我来到芝加哥商业交易所（CME）进行为期四个月的工作研修。CME 第一次接受这类访问学者，为我制订了详细的研修方案。我日常在研究部工作，中间穿插到各个部门轮流学习。

20 世纪 80 年代的 CME 很少有华人雇员，当时来自台湾的刘德明先生在 CME 研究部工作，他成为我在 CME 期间学习的师傅。CME 研修期满后，在芝加哥期货交易所（CBOT）张航先生的帮助下，我又来到 CBOT 以同样的方式学习了三个月。

中国人第一次在期货"圣地"芝加哥 CME 和 CBOT 两家期货交易所接受系统培训，这在当时的芝加哥成了新闻。当地的记者感到很好奇：中国是社会主义国家，为什么对美国资本主义市场经济高度发展的代表产物——期货交易所感兴趣？他们在报刊上刊登了我在交易池里的大幅照片并报道：一个中国人在 CME——看来"北京烤鸭"将上期货。

研修期间，所观所感良多，最让我无法忘记的是第一天来到 CBOT 时的情景。当我站在交易池中体验着公开喊价交易的沸腾热烈氛围时，带我参观交易所的美国朋友自豪地说："Mr 朱，你的脚下就是世界谷物交易中心，这里统治着世界谷物贸易秩序，全球谷

当代中国期货市场口述史

1990 年 2 月 15 日作为商业部公派学者到芝加哥商品交易所学习并登上当地《太阳报》——被解读为"中国或将推进市场经济改革"

1990 年 3 月《期货》刊发"北京烤鸭上期货"

物贸易活动都围绕着这里展开。"这句话深深地触动了我，中国是全球第一人口大国，农产品的生产、流通和消费都排在世界前列，然而在国际贸易定价中却没有发言权，要以 CBOT 为定价基准，中国为什么就不能建立自己的避险中心和价格中心，使中国在国际贸易秩序中有与现货市场地位相匹配的发言权？这激励我在美国期间认真学习思考，不耻多问。

1990 年 5 月份，我回到北京，开始参与中国期货市场建设实践。1990 年下半年，期货市场由研究规划阶段进入试点阶段，我的相关工作也转到了商业部。商业部成立了全国粮食批发市场管理办公室，设在中国粮食贸易公司。我担任办公室副主任一职，具体负责全国八大粮食批发市场引入期货机制工作。时任商业部常务副部长的白美清同志高度重视此事，亲自部署完成了试点中的很多具体工作。

当时商业部还主管粮食工作，粮价处于计划价格和市场价格双轨运行时期。在这样的机制下，直接开展期货交易显然有一定的困难，但可以通过引入期货机制（譬如保证金制度、标准化合约、竞价机制等）建立远期市场，以改造我们传统的粮食批发市场。在这样的思路下，当时国内八大批发市场被纳入试点，包括郑州粮食批发市场、上海粮油批发市场、湖北粮食批发市场、长沙大米批发市场、芜湖大米批发市场、山东威海花生批发市场、吉林玉米批发市场、黑龙江大豆批发市场。其中，在河南省和郑州市的大力支持下，郑州试点推进速度很快，1990 年年底，新中国第一家具有期货机制的市场——中国郑州粮食批发市场鸣锣开市，1993 年又成立了郑州商品交易所。

为推进中国郑州粮食批发市场试点工作，期间我奔赴郑州十余次，牵头并执笔起草了中国郑州粮食批发市场主要交易、结算规则。岁月已往，当年一起试点的建设者们多已退出市场，但回首过去，这一期间的许多工作细节仍历历在目！

50万元创办上海中期

1992年，物资部对外经济合作司田源同志提议，由物资部与商业部合作设立期货公司。1992年年底，由物资部和商业部直属企业为主要股东，联合投资成立的中国国际期货公司（以下简称中期）在人民大会堂举行了盛大开业典礼。田源任董事长，卢建任总裁，我和王新政、张新华任副总裁，我们这个管理团队，是由受小平同志南方谈话鼓舞，走出红墙，从国家机关司长或处长岗位上下海的一批年轻人组成的。在规划完成中国期货市场创设任务后，我们这一批规划设计者，也希望能亲自投身市场经营的洪流，开始新的社会实践。当时社会上有一批离开党政机关的下海者，人们称为"92派"，田源同志由此也成为"92派"的典型代表人物。

中期成立时即确定了集团化发展方向，成立后迅速开始在全国各地布局经营机构。1992年春节刚过，我从中期总部领取了一张50万元支票，单枪匹马来到上海，开始创办上海中期。创业是艰苦的，但新成立的公司业务迅速崛起，那时我担任公司董事长、总裁，带领公司人员白天从事国内期货交易，晚上从事国际期货代理，使公司业务蒸蒸日上，成为中期体系内最大的期货公司，也是当时国内期货公司中单体规模最大的期货公司。

1994年、1995年，我又陆续接管了深圳中期、武汉中期、沈阳中期、辽宁中期四家期货公司。当时，中国期货市场法律制度环境尚不完善，市场正处于规范进程中，期货公司经营风险极大。那时三十出头的我，同时管理着五家公司，500多名员工，拼的是青春热血，博的是不负所托、不负未来的激情；那时的我夙兴夜寐，攻城拔寨，迎着风雨，勇往直前，在创业中锤炼着自己！

大连商品交易所"保卫战"

经过第一轮清理整顿后，90 年代中后期全国仍有 15 家期货交易所，市场竞争激烈，由于自律管理体系尚未建立，规则体系不完善，各地逼仓频频，狼烟四起，风险事件频发，整个市场处于"春秋战国"状态。经历了市场早期的研究规划和经营实践，身在其中的我深深地感到，市场发展与建设初衷出现了背离，二者之间渐行渐远，而其关键，在于作为市场龙头的交易所。带着新的思考与探索，我告别中国国际期货公司，于 1996 年 10 月转战大连商品交易所（以下简称大商所）。

大商所是由大连市物资局和粮食局于 1993 年创办的，早期由原大连物资局副局长姜丽华同志任总经理。1996 年姜丽华同志调任大连保税区任管委会主任后，我来到大商所担任副总经理主持大商所工作。但到任不久，我即面临着中国期货市场的第二次清理整顿——国家将进一步裁撤期货交易所的数量，大商所面临着是否能保留下来的严峻挑战。这次交易所裁撤，不单是某一项或几项指标的简单比拼，而是交易规模、功能作用和管理能力等全方位的角逐。上海是全国金融中心，上海的多家交易所合并后保留下来没有悬念；郑州商品交易所作为新中国第一家期货交易所，是一面旗帜，又是当时市场规模最大的交易所，被保留下来理所当然；按当时传出的最终保留三家交易所的方案，这次清理整顿实质上是其余 10 多家交易所对仅有的 1 个生存指标的竞争，其激烈程度可想而知。而当时大商所优势并不明显，深圳有色金属期货联合交易所、北京商品交易所、天津联合期货交易所、苏州商品交易所、广州联合期货交易所无论从区位上还是市场规模上都有很强的竞争优势。大商所最后的胜出，超出大多数人的预料，也令当时不少市场人士大跌眼镜。

而我深知，这一次的生存"保卫战"大商所最终能够保留下来的主要原因，关键在于对"公开、公平、公正"这一原则的坚守，在于抓住了服务实体经济这一根本。

15家交易所时期，为了生存和发展，一些交易所将目光盯在交易量上，而忽视市场风险的防控，当时一些交易所市场风险事件频发，临时通知满天飞。美国期货市场的发展经验告诉我，期货市场源于套期保值的需求，期货市场是管理风险而不是制造风险的市场，风险防范是期货市场的生命线。大商所地处东北一隅，东北是玉米、大豆的主产地、大粮仓，大连是东北粮食外运的中枢，在中国社会主义市场经济条件下建设和发展期货市场，我们要时刻不忘市场建立的初衷，要基于地区实体经济的基础，发挥期货市场服务实体经济的功能。

在这样的思路下，大商所耐住了寂寞，专心于"做事"而不是"做市"。那时大商所交易量并不突出，但却被称为发布临时通知最少的交易所；市场运行中，玉米、大豆、大米的期货价格与现货保持着密切的联动，价格波动与交易量表现出的风格一样温而不火；在市场的推广中，我们不是拉大户来炒交易量，而是讲期货服务产业的功能，在当时的粮食贸易商中树立了良好的形象，成为混乱市场中的一股清流和行业中的一道独特风景线。

当然，大商所得以保留下来，关键还在于有一支能征善战、甘于奉献、专业精良的团队，在于各级政府和社会多方的大力支持！

从1996年来到大商所主持工作起，我已与脚下的那块土地、与大商所的同事结下了深厚的情谊，在内心，我不断地提醒自己：如果交易所保留不下来，我就是大商所的罪人！于是，面对激烈竞争，我立下军令状，背水一战！我与同事们紧紧抓住"服务粮改"这个砝码，一起制定了周密的方案，打好规范管理市场和大品种功能作用发挥这两张牌，向各级领导和各有关方面积极汇报工作，取得市委市政府的大力支持，努力争取国务院清理整顿工作组每位成员对大商所的理解和支持。1998年8月，那是一个令人终生难忘的、火红的夏天，我们得到通知：大商所成为被保留下来的全国三家期货交易所之一！

1998年11月，时任国务院总理的朱镕基同志来大连视察工作，我顶住总理可能批评期货市场的压力，向地方政府表态，希望总理能来大商所视察。1998年11月26日上午11点左右，朱镕基总理一行来到大连商品交易所交易大厅。当一位出市代表从交易席位上站起，向朱总理赠送印有1998号的红马甲时，朱总理幽默地说："我现在还不想改行呢"，听得我心中一紧。当总理来到交易厅中央的铜锣前，我拿起鼓锤递向总理，请他为市场鸣锣。总理迟疑了一下，很冷静地问："市场已经开市，还敲什么锣？"我马上回答道："总理为市场敲锣，是对我们行业莫大的鼓舞，大家期盼已久！"朱总理于是接过鼓槌，重重地敲响了铜锣！交易厅顿时沸腾起来，交易员们纷纷热烈地鼓起掌。总理开心地笑了起来，向全场挥了挥手说："你们应该感谢我！我把其他的交易所关掉了"，并指着交易厅回廊上的标语——"公开、公平、公正"几个大字说，"你们就按这几个字来做！"并在离开交易大厅时挥笔写下"朱镕基"三个字留念。

1998年11月26日，这是大商所人永远记住的一个日子，朱镕基总理那一锤，以金石之声，声动梁尘，为大商所的未来发展定了音！

两封信和一个"工程"

交易所保留下来了，但社会各界对期货市场的认识并没有改变多少。在人们的眼中，期货市场仍然是一个过度投机和市场操纵盛行的市场，是投机客分配、攫取财富的工具。在这样的背景下，我和当时的大商所人以"规范是生命、创新是动力、会员是基石、人才是根本"的理念，将"三公"原则体现于交易所的规则制度完善和自律监管中，并推动制度创新，在国内首创"厂库交割"等制度；提出服务会员，联合会员大规模开展市场培育服务工作；以"早礼"、"讲坛"为平台，营造和谐、进取的家庭式、班级式的集体文化氛围，使大商所保持了规范稳健发展态势。

在这一过程中，我们还一直在不断思索，如何能让期货市场有效服务产业和实体经济的作用充分体现出来，让人们看得见、摸得着，为期货品种上市和市场进一步发展营造良好环境。

2003 年，我们更加深入地走进产业，从"三农"服务切入，开启了一系列的产业服务探索。

2003 年 9 月，国际国内大豆期货价格启动了一波快速上涨行情，大豆期货价格很快由每斤 1.05 元左右涨至 1.25 元以上，创出 10 年来的新高。在这样的背景下，国庆节一过，我来到黑龙江，走进田间地头开展调研。那时东北农民已经开秤卖豆，但调研时发现，很多豆农还在根据去年秋天和当时周边商贩的收购价，以每斤 1.05 元甚至更低价格出售。看在眼里，急在心头，10 月 9 日，我给时任黑龙江省委书记宋法棠写了一封"关于确保种豆农民增收的紧急建议"的信，提出希望引导农民把握这次行情，把手中的大豆卖出好价钱。在宋法棠的批示下，黑龙江电视台等媒体连续播报国际国内大豆价格情况，产区大豆收购价格迅速与销区价格对接，持续上调，之后接近 1.50 元 / 斤。根据黑龙江当年大豆种植面积及售卖进度，新华社当时以《一封信值 36 亿》为题编发了一期内参清样，时任总理温家宝同志作了重要批示；2003 年 11 月 15 日，中央电视台《新闻联播》头条以《黑龙江：把脉期市、抢占商机》为题对黑龙江豆农看期货价格卖豆进行了报道，这也是央视首次对国内期货市场进行的正面报道。这一报道让社会大众对中国期货市场功能作用有了全新的认识，也极大地振奋了行业人士的信心！

2004 年 3 月，在国际、国内大豆价格达到十五年来新高之际，我借在北京参加"两会"的机会给国务院领导写了封建议信，呼吁引导东北豆农利用期货市场先卖后种，在扩种大豆的同时利用期市避险，促进农民增收。当时温家宝总理和黄菊、回良玉副总理均做出重要批示，黑龙江地区的一些企业开始积极与农民寻求合作，引导农民提前在期货市场卖豆。当年，黑龙江省部分地区豆农在春播时以每斤 1.35 元以上的价格与当地企业签订了一批订单，企业则通过期货市场提前卖出大豆。当年秋收，大豆价格跌至每斤 1.15 元左右，先卖后种的豆农则按约定的价格实现了增收，央视新闻联播当年对这一情况再次进行了报道，期货市场再一次以鲜明的事例证明了其功能作用。

在 2003 年的信息服务和 2004 年"先卖后种"两次有效尝试下，

2005 年 12 月大连商品交易所与芝加哥商业交易所
签署合作谅解备忘录

2005年，我和大商所人又开始了一个更为宏大的计划——开展"千村万户市场服务工程"，引导广大农民利用现代市场机制指导生产经营。"千村万户市场服务工程"的内容是通过"免费培训农民，推动信息下乡，推广'公司＋农户、期货＋订单'的流通新模式，引导农民转变观念，树立现代市场经营意识，利用现代市场机制种粮卖粮，规避风险，搭建农民进入市场的桥梁，实现'小生产'与'大市场'的对接，探索建立农民增收、农业可持续发展的长效机制。"

在工程推进中，仅2005年当年，大商所即面向东北种粮农民和农村基层干部举办各类培训班近百期，培训学员近万人。大规模市场知识培训增长了农民的见识，开启了产区农民的市场意识。在田间地头，随便找农民聊聊，都会听到关于期货的话题。"不仅要种好还要卖好"、"会种不如会卖"，这样的市场经营理念已经深深植入广大农民的心中。在东北许多地区，上电脑、看大盘，看着期货做现货，成为当地农民、粮食企业生产经营的新方式。在望奎县、黑河市等一些大豆生产集中地区，一些农民开始成立公司、协会，发展组织化生产，通过与期货公司协作，参与期货市场规避经营风险，同时也实现了农业技术、仓储、物流、市场等农业生产要素的优化配置，"公司＋农户、期货＋订单"的生产经营方式为当地粮食产业发展带来了新的活力。

与我们的服务探索相伴随，社会各界对期货市场的认识开始改变，发展期货市场、服务农民增收和产业发展成为共识。2004年，国务院发布了被称为"国九条"的《关于推进资本市场改革开放和稳定发展的若干意见》，提出"稳步发展期货市场。在严格控制风险的前提下，逐步推出为大宗商品生产者和消费者提供发现价格和套期保值功能的商品期货品种"。在经过前期清理整顿和规范发展阶段长达十多年之久的品种上市禁令后，国内期货市场开始恢复新品种上市工作。这一年大商所的玉米期货恢复交易，豆粕期货也因

2002 年厂库交割制度的创新而活跃起来，大连期货市场由此步入了稳步健康发展的快车道，"运作规范、品种齐全、功能完善、技术先进的国际综合性期货交易中心"这一目标也清晰地展现在当时的大商所人面前。

筹备中金所，四年才开业的"猪坚强"

2005 年，在多方研究、呼吁及国家金融战略推进下，中国金融期货交易所（以下简称中金所）开始破冰，首个金融期货品种——股指期货呼之欲出。当时上海期货交易所、上海证券交易所、深圳证券交易所、郑州商品交易所和大连商品交易所都希望能在本所上市股指期货和金融衍生品，证监会领导经过研究，认为金融期货具有一定独特性，将来发展空间也很大，应该独立成立金融期货交易所集中上市管理金融期货产品，各交易所可以以参股的方式共同建设这一交易所。

在这一思路下，在中国证监会直接领导下，中金所期货筹备工作于 2005 年下半年启动，2006 年 6 月中金所正式成立。

中金所采用股份制企业形式，由两家证券交易所和三家期货交易所共同出资组建，每家各占 20% 的股份。我则重回上海，被委任为中金所党委书记、总经理。中金所建立初期，证监会领导给我的指示是：抓紧筹备，争取半年准备好，最多不能超过一年。那个时期，中金所第一批创业团队充满了创业激情，以神圣的使命感，夜以继日，挑灯夜战，很快完成了沪深 300 指数期货设计，制定了金融期货各项规则制度，建立了完备的技术系统。当时，整个行业都为中国能破冰推出股指期货而欢呼雀跃，各期货公司积极支持配合，"万事俱备，只欠令下"。可是，这个"令"一等就是漫长的四年。这四年里，我和中金所的全体员工每天"撅着屁股"趴在跑道，做随时发令枪响就起跑的"预备"状。我们在"预备"的状态里一等就是足足四年，一千多个日日夜夜。

当时中金所已有200多人的队伍，且是一支充满激情与血性的年轻队伍，大家心气很高、期望很高。漫长的等待最易消耗人的信心，但这期间中金所的这支队伍意志没有消弥，几乎无一人离开团队，大家众志成城，愈挫愈坚，以至有老友见到我笑称我为"猪坚强"。

其实，在那漫长的一千多个日夜里，我和中金所的同仁们并不是被动地在"赋闲"。作为中金所的带头人，我知道，队伍闲下来就会涣散，因此需要利用各种机会把队伍锤炼好，带动大家成长。

交易所先是开展了仿真交易，让员工把仿真交易当成真实交易来对待，以至于一些不太了解交易所情况的外来参观者看着我们的员工紧张忙碌，还以为这是一家交易很活跃的交易所。

在开展仿真交易的同时，我们组织了轰轰烈烈的投资者教育活动预热市场。交易所发动全体员工到各期货公司、各培训班、相关高校去讲课，普及股指期货业务知识，宣传期货市场功能作用。那时候，每个星期五的晚上，在上海虹桥机场和浦东机场，你都可以看到成群结队的中金所人拖着拉杆箱，奔赴全国各地参加周末股指期货培训班。通过投教活动，锻炼培养了一批中金所员工。

交易所还组织大批员工到期货公司业务一线锻炼，打破交易所与期货公司之间的"楚河汉界"，使员工直接接触客户、了解客户的需求。可以说，那时候的中国期货公司是金融界最瘦弱的一个群体，但也是金融界最拼命的一个群体，他们"在水泥地上种庄稼"，培育着希望。同时，通过对期货公司艰苦奋斗的现场感受，员工们的心态也变得平和起来，磨炼了意志，增添了克服困难的勇气。

与专家学者、意见领袖、财经记者打成一片，积极宣传股指期货功能，共同营造推出股指期货的舆论氛围，也是当时我们未雨绸缪的一项重要工作。在国内，"3·27"国债期货事件阴影还在；在国际市场上，交易所筹备的当口美国爆发了2008年金融危机，金融衍生品被视为这场危机的元凶之一，脆弱的股市每每听到"即将上市股指期货"的消息，都会以指数的下跌来回应，这也影响着决策层推出股指期货的决心。为争取社会各界正确理解股指期货，取得大家的支持认可，中金所做了大量的宣传解释工作，广交朋友、广结善缘、锲而不舍，为股指期货的顺利推出营造了良好的舆论环境。

天道酬勤，漫长的四年过去了，2010年4月，我们把握住时间窗口，顺利推出了沪深300股指期货，清理整顿后中国第一个真正意义上的金融期货扬帆起航！

再出发、下南洋，创办新加坡亚太交易所

2012年8月至2015年4月，我接受组织安排，担任上海浦东发展银行行长。由浦东转到浦西，成为上海地方干部。浦发银行当时是中国第七大银行，在世界商业银行排名40名左右，有四万多人，四万多亿元资产，在资产总量和团队规模上，都是中金所的100倍。此前从未有过银行从业经历的我，在浦发做行长的近三年里，干得很辛苦，也很充实，这段经历不仅发挥了我的跨业优势，也大大丰富了我的金融阅历。

离开浦发银行后，我内心深处还是感觉期货是我的家园，交易所是我的心结。虽然有了境内商品期货交易所和金融期货交易所的经历，但当时的中国期货市场仍是一个对外封闭的市场，于是我想到国际市场上一试拳脚。此时，国家"一带一路"倡议的推进，使我将目光投向亚太区域的重要结点——新加坡。

期货交易所是重要的金融基础设施，是金融中心标志性机构，如果中国资本走出国门在新加坡投资设立交易所，其意义不亚于在东南亚修建铁路、公路等基础设施。作为金融市场的组成部分，交易所还可与物流基础设施建设相互呼应，共同服务于"一带一路"建设。同时，在国内市场尚未开放、亚太区域可参与的衍生品工具有限情况下，大多数投资者只能参与欧美衍生品市场。而亚太地区作为欧美时区之间经贸最为活跃的区域，应当有一个有高流动性的、向全球开放的衍生品交易所，让投资者不再有交易的时差。由此，在新加坡建设一家开放的衍生品交易所的愿望在我脑海中升起。

2016 年新春刚过，我敲开新加坡金融管理局办公室的大门，提出了建设新加坡亚太交易所（以下简称亚太交易所，APEX）的设想。新加坡金融管理局经过详细论证和严格尽职调查，于 2016 年 6 月开了交易所筹备绿灯。经过近两年艰苦而曲折的筹备工作，

新加坡亚太交易所开业典礼

亚太交易所终于在 2018 年 5 月 25 日鸣锣开市，第一个品种——精炼棕榈油期货合约平稳推出！仿佛一夜之间我又回到了 20 年前的大商所，又以粮油期货起步，踏上了蕉风椰雨的新征程！

亚太交易所具有交易和结算两张牌照，既可以做大宗商品期货，也可以上市金融衍生品。它是新加坡继新加坡交易所和洲际交易所之后开业的第三家全牌照期货交易所，也是我所执业的第三家交易所。

亚太交易所的股东均为中资企业，这是中国企业和中国资本第一次走出国门创办衍生品交易所。我们给交易所确立的使命是打造大宗商品亚洲价格基准，而且我们坚信我们的愿望一定能够实现。因为环顾当今世界，全球经济密码可谓是"1114"：即全球 70 亿人口，10 亿在美洲、10 亿在欧洲、10 亿在非洲、40 亿在亚洲。亚洲已经成为全球最为活跃的经济和贸易中心，全球大宗商品一半以上的生产或者消费发生在这一地区。美国、欧洲作为全球大宗商品和金融衍生品交易、定价中心的格局持续了 100 多年，随着全球经贸中心向亚洲转移，大宗商品的定价中心从西方转移到东方只是时间问题，特别是对于那些亚洲优势品种，其定价中心应该随着现货贸易格局变化而逐渐转移到亚洲。

多年来，我们一些期货人常常是晚上盯欧美盘交易，在客场"隔山买牛"，长期熬夜，过着黑白颠倒的生活。我们几位交易所发起人还有一个心结和愿望：有一天我们亚洲人能白天交易，欧美人半夜起来盯我们的大盘，这也是我们 APEX 简单而朴素的初心！在我们努力的同时，我们也欣喜地看到了中国期货同仁在不懈地奋斗，在市场稳步健康发展的基础上，内地原油、铁矿石期货开始迈出国际化步伐！依托全球第二大经济体的持续稳健发展，假以时日，中国期货市场成为世界最大的期货市场将是必然！

当然，在全新的市场格局形成中，亚太交易所与国内交易所之间是补充而非竞争关系——新加坡亚太交易所是中国期货市场国际化的试验田，为中国期货市场国际化打前站。未来条件成熟后，亚太交易所部分品种将直接采用人民币计价，以离岸方式服务在岸市场，从而为推动人民币国际化和服务国家战略作出自己的贡献！

再回首，从 1988 年中国开始研究规划期货市场，到今天中国期货市场蒸蒸日上，已经历了三十个春秋。我的期货职业生涯也走过了三十载，三十年韶华正茂，九万里风鹏正举！作为期货界的一名老兵，我为今日中国期货市场不可阻挡的勃发之势倍感自豪，当然也深感岁月峥嵘、时不我待，甚至感到连睡觉都是在浪费时间和生命。站在新的时代、新的机遇面前，我想，我只有继续努力，夙兴夜寐、只争朝夕地不断开疆拓土，不知疲倦、无问西东地驰跃在期货市场建设的前沿阵地，才能无愧于这个行业，无愧于这个伟大的时代！

从物资部到上海期货交易所

王立华

王立华，1953 年 5 月生，大学本科学历。1978 年 9 月至 1993 年 12 月历任物资部（国内贸易部）副处长、处长。1991 年参与上海金属交易所筹建，1994 年 1 月至 1999 年 5 月任上海金属交易所副总裁。1999 年 12 月至 2013 年 8 月历任上海期货交易所副总经理、理事长、监事长，在交易所宏观发展、战略规划制定、产品研发创新与上市、市场风险控制等方面做了大量基础性工作，积极推动期货市场发展。2013 年退休。

在郑州粮食批发市场建立，深圳有色金属交易所火热筹备之时，物资部也在着手建立一个国家级的有色金属交易所。1991 年 8 月，经过仔细调研之后，时任物资部部长柳随年致信国务院副总理邹家华希望开展订货会改革，其中提到：缩小集中订货规模，开展常年交易，逐步发展通信订货和期货交易……

1978 年，我大学毕业来到当时的国家物资部工作，被分配到金属司的有色金属供应处。1991 年，在物资部部长柳随年的指示下，我们开始着手在上海建立一家金属交易所，自此我与期货结下不解之缘。1993 年，我正式调到上海金属交易所工作，后来交易所合并，我又在上海期货交易所任职，一直到 2013 年退休。

从改革订货会开始

我 20 多岁大学毕业就在物资部金属司的有色金属供应处工作，一直和有色金属的上下游生产企业打交道。当时国家实行的是计划经济体制，生产资料统分统购，所有重要的生产材料生产出来后都要交给国家，由国家统配。当时，国家计委代表国家制订通盘的大计划，我们负责具体物资的调拨分配。有色金属产品品种非常多，我们每年都要做非常详细的计划，俗称"大表"。整个商品流通过程的价格都由国家制定，包括仓储费用、运输费用，那个年代没有"市场"的概念。

物资部提出建立交易所是在国家实行价格双轨制之后。20 世纪80年代,国家逐步实行价格双轨制。双轨制意味着一种商品既有国家的定价,又有市场价,两种价格在流通领域同时存在就出现了混乱情况。在完全计划经济条件下,一个铜厂生产的铜要交给国家,价格严格按照国家物价局制定的价格执行,铜厂需要的铜精矿等原材料也按计划价来供应,企业可以维持正常的生产经营。双轨制之后,国家合同的生产计划无法完成。比如说,铜厂需要的铜精矿,铝厂需要的铝氧及生产用电等都无法保障平价供应,而产出的产品还要按国家制定的价格上交,企业就会亏损,进而无法完成国家合同。那个时候上下游企业都跟我们诉苦,它们需要的各种原材料买不到或者价格太高,根本无法交出计划内的平价产品。

此外,双轨制中"轨外"的产品没有一个规范的市场来匹配供需。计划经济时期,物资部负责对接各品种的需求,每年都要召开两次订货会,每次都有几千乃至上万的人从全国各地赶来参加。在订货会上,各方提出需求,由物资部统一调配,所有的材料都在这个订货会上产需衔接。到了双轨制时期,市场上没有一个透明的价格,上下游企业都缺少信任,商品流通还用订货会的方式,就行不通了。市场上的产品需要一个更加灵活的、公平交易的场所。我记得当时国家合同中的产品在订货会上占了大概60%~70%,而且还在进一步放开,国家定价的产品越来越少。当时我担任有色金属供应处处长,我就觉得物资流通的很多问题物资部已经不能解决了。如何保证物资有序流通?如何保障国家合同完成?产品怎么定价?这是很大的问题。

物资部正式开始探索期货市场是在1990~1991年。1991年4月19日至21日,物资部在上海隆重举办了"国际期货交易研讨会",把伦敦金属交易所和国际上知名期货公司的专家都请了过来。会议提出我国建立期货市场十分必要,并且已经具备了一些可行的基本条件,虽然还有一些不利因素,但是"发展期货不能不讲条件,但也不能坐等条件"。会议内容被整理成文字材料作为研究市场机制的意见上报给国家体改委、国研中心、国家计委、国务院生产委四家单位。

当时物资部部长是柳随年，我认为他不仅是一个行政领导，而且还是一个经济学家，他研究经济问题很深，思维很超前。他提出，一年两次的订货会周期太长，跟不上企业生产需要。此外，双轨制导致了价格混乱，急需建立一个规范的交易场所。1991年8月，他致信国务院副总理邹家华，提出要开展订货会改革。信中说："改革订货会的目标是：固定地点，逐步稳定产需，缩小集中订货规模，开展常年交易，逐步发展通信订货和期货交易……"同年9月，邹家华批示：订货会改革的想法很好，要研究如何"物畅其流"，减少中间环节和中间费用。在物资部内部文件中，我还看到原体改委副主任高尚全的意见：支持产品订货会的改革。

上海金属交易所成立

得到高层回复之后，物资部的相关司局就马上开始筹备建立交易所。我认为当时柳部长已经有了思路，而且每一步的框架都已经制定好了，他希望尽快建立市场，而不是说再等等看，再研究研究，看看办市场的条件成熟了没有。其实，那个时候条件真是不成熟，不成熟在什么地方？一个重要的方面是我们的生产资料价格没有完全放开，有国家定价和最高限价，规定合同不能买卖，仍然有计划分配。其实早在1988年，国家领导人去美国访问时，就带回来几盘录像带，交给了当时的商业部部长胡平，让他们研究期货市场。后来国家体改委和国务院发展研究中心成立了一个"期货研究小组"，他们得出的结论是还不具备办期货市场的条件，先从批发市场入手。1990年10月郑州商品交易所的前身中国郑州粮食批发市场就是在这个研究小组的推动下建立的。在这种情况下，柳部长非常有远见地看到了改革的必然性，而物资部能做的就是建立市场，让市场来形成价格，让买卖的双方集中在这里订货、交易，让他们在这里产生价格信息，让生产运营有序进行。

1991 年 6 月 10 日，就在我们准备选定上海作为订货会改革试点，建立规范的有色金属交易所时，深圳有色金属交易所成立了。按柳部长此前的计划，我们筹办的交易所应该是"国家级"的，应由国务院来批准，让全国相关的产业都能集中到一个固定的市场来交易。

到江西铜业考察学习

然而，要建一个国务院批准的交易所是很不容易的，需要多方协调。1992 年初，物资部联合上海市政府一起向国务院提交了《关于试办上海有色金属交易所的请示》。报告的基本思路是，"先固定订货场所，进行现货交易……同时有重点地逐步引进期货市场机制，参照国际公认的现代期货市场模式，实行会员制……"虽然订货会改革的想法获得了邹家华副总理的初步认可，但是还有些部委不同意，他们不同意合同自由转让，不同意计划内有色金属进入交易所交易。而国务院的批准是需要每一个相关部委认可才行的，一个环节不行，就得去反复沟通。后来，柳部长觉得这样下去等待的时间太长，当即决定不等了。他给时任上海市市长黄菊打电话，商定由物资部和上海市政府两家共同筹建这个交易所。黄菊市长非常支持，1992 年 5 月 28 日，"上海金属交易所"在物资部和上海市政府的全力组织和支持下正式挂牌成立了。这个速度非常快，业内很多人都觉得很神奇。为什么没有命名为"上海有色金属交易所"呢？一是因为我们不想与深圳有色金属交易所英文简称 SME 重复；二是我们认为"金属"品种更广泛，可以拓展业务。

选择"有色金属"作为交易品种和"上海"作为交易所举办地是结合当时情况所做的决定。就交易品种而言，我们首先考虑的是大宗原材料，把"有色金属"和"木材"作为试点。但是经过调研发现，有色金属更加适合。选定有色金属作为交易品种后，我所在的物资部金属司就开始全面参与交易所的筹建。选择上海作为交易所的举办地，是因为华东地区是我国有色金属需求量最大的地区。以上海为代表的华东地区，工业最发达，周边有色金属生产加工企业最多，像安徽铜陵、江西铜业。同时，这个地区的加工业也是最发达的。上海周边不仅有地方企业，而且还有很多央企和军工在华东地区的分支，有色金属需求量很大。我们觉得把市场建在上海，可能会更好。

交易所建立需要资金，当时是上海市物资局借了一些资金作为交易所的"开办费"。在交易所开业一年后，我们就把这个钱还上了。交易所初期采用管委会和理事会制度，第一任管委会主任由上海市副市长顾传训担任，第一届理事会理事长由物资部总经济师、金属司司长朱德生担任。此外，当时交易所领导成员是由物资部和

代表上海期货交易所与 CME 签署合作协议

上海市政府委派，具体工作人员大都是来自上海物资局系统。当时我作为有色金属供应处的处长被派到上海金属交易所工作。

规范交易获企业认可

上海金属交易所开业当天成交量超过 50 亿元，并且当时我们率先采用计算机自动撮合系统，实行集中竞价交易。1992 年年底，交易所成立半年交易金额就达到了 480 亿元，取得了一个小成功。我觉得这里面一个最主要的因素就是参与人员广泛、交易规范。这得益于我们早期广泛吸引会员，我印象最深的一件事就是开业之前到处去拉会员，主要是到中央部委、物资局、各地方物资局下面的金属公司去游说，我现在还有一份当时草拟的五六十家单位名单。此外，还有有色加工企业、贸易公司等。其实对于期货大家都不懂，但企业觉得这是国家物资部办的市场，可以尝试，此外，此前的"三角债"已经令他们很头疼。

交易所的发展路径是从订货会开始然后发展到中远期交易，再逐步过渡到标准化的期货交易。在上海金属交易所之前，1991年物资部已经开始将订货会固定在上海了。交易所成立以后，我们从中远期现货交易起步，早期主要是买卖合同，合同中会标明产品的生产厂家、合同到期日以及产品数量等信息。这种交易方式在很大程度上解决了企业间的信誉和"三角债"问题，企业觉得在交易所交易值得信赖，并且"合同转让"占总交易量的比重不断增加，"实物交割"比重逐步降低，这说明交易者在理念和操作上开始向期货转变。1993~1994年，我们先后推出了铜和铝的标准化合约。此后，交易所开始逐步形成了一个具有公信力的价格，后来成了行业的指导价。1995年，国家计委给有色金属工业总公司和国内贸易部下发《国家计委关于1996年统配有色金属价格安排意见的通知》，当中就明确要求统配有色金属价格要按照上海金属交易所交割月第一周实物交割的加权平均价执行，一个月不得变动。

在上海金属交易所成立五周年庆典上讲话

当时交易所的信誉很好，交割履约率很高。交易所开业5个月共完成了5000余笔合同，到期合同都能履约，违约事件几乎没有。有一个关于交割的小故事，现在回想起来也很有意思。当时金川公司在交易所做了一笔交易，到了交割月要交割，但金川公司没有订到车皮，因为当时铁路运输都是由国家统一调配的，后来金川公司租了80辆汽车把货物运到上海，就是为了不违约。这个小故事，也说明当时企业的一个观念——"不能违约，违约要受罚"。我们交易所这么多年发生的违约情况不多，即便有几次违约事件，也都处理得很好。比如，有一次一家贸易公司要交割俄罗斯的铝，结果俄罗斯厂商违约了，没有给贸易商发货。卖方找我们去跟买方商量，能不能用国产铝代替，买方同意了，实现了交割。类似的情况当时是有一些的。但总体说，我们为有色金属行业建立了一个规范的、有信用的市场，并且获得了买卖双方的认可。当时有色行业大企业的领导有机会到国务院开会，时不时地向国家领导人汇报期货市场的好处。比如，江铜早期的董事长何昌明就曾给国务院总理汇报说，期货市场对企业发展意义重大。

交易所合并及新征程

1993~2000年，我国期货市场经历了两次清理整顿，这期间上海市期货交易所由7家减至1家。

1994年10月，中国证监会（以下简称证监会）经国务院同意批准了11家期货交易所试点作为国家试点期货交易所，其中包括上海金属交易所和上海粮油商品交易所。随后，上海建材交易所、上海石油交易所、上海农资交易所、上海化工商品交易所合并的"上海商品交易所"也被列为试点期货交易所，同期还批准了另外3家试点，至此，上海市拥有全国15家试点交易所中的3家。1998年8月，国务院下发《关于进一步整顿和规范期货市场的通知》（以下简称《通知》），要求只保留郑州、上海、大连三家交易所。其中上海将原有的 3 家试点交易所合并为"上海期货交易所"（以下简称上期所）。上海金属交易所能够被保留下来，我觉得一方面是交易所比较规范，另一方面是期货市场形成的价格能够为有色金属行业提供避险的工具，企业运行中已离不开交易所。

经过两次清理整顿后全国只保留 12 个期货交易品种，上海则只剩下原来上海金属交易所的铜、铝和上海商品交易所的天然橡胶。那时候期货市场很萎靡，而我们 3 家交易所合并为一家，要处理各种人、财、物的纠葛，那是上期所最困难的一段时间。当时 3 家交易所有 300 多人，人员要砍掉一半，资产加起来差不多 20 亿元，要分割一半给地方。从国务院《通知》下发开始，我们花了将近一年的时间把 3 家合并在一起，包括修改交易规则、会员清理、内部规章制度建设等具体工作。在合并过程中，为了不影响正常交易，我们把当时的办公大楼分成两个交易大厅进行交易，一边是有色金属，另一边是天然橡胶，然后逐步过渡到一个交易大厅交易。

3 家交易所合并后，上期所确立了以工业品为主的发展战略，并且在后期不断完善品种，以更好地服务实体经济发展需求。每一个品种的上市都将打破原有的行政计划壁垒，因此每个品种的推出背后都有很多故事，让我印象最深的就是螺纹钢、黄金和石油 3 个品种的上市。

螺纹钢的推出是一件艰难的事情。钢铁行业是一块难啃的"硬骨头"，上螺纹钢一开始钢铁协会最反对，他们担心由期货市场来形成价格会影响行业协会的"话语权"。但是钢铁行业发展需要一个更加符合市场供需的定价机制，钢铁协会也曾办过几个类似的交易市场，但因为有上下游利益参与其中，都失败了。所以当时我们就去跟钢铁协会副会长罗冰生说，期货交易所完全没有利益，我们

与中国钢铁协会副会长罗冰生（右）拜访 LME 主席

是国务院批准的，不以营利为目的，不管钢铁价格涨跌，交易所都没有利益。此外，企业对期货市场有需求，期货可以帮助行业发现价格，对冲风险。罗冰生副会长就把我们的话听进去了，他把我们制定的章程、规则都拿回去研究了一番，遇到不理解的问题就问。看过之后，他认为这个市场可以尝试。2009 年 3 月 27 日，在钢协的大力支持下，螺纹钢期货正式上市，罗冰生的作用很大。2011 年 5 月，罗冰生在第八届上海衍生品市场论坛上表示，"从螺纹钢、线材上市以后的情况来看，钢材期货价格较好地反映了现货市场的供需关系，期货价格的走势和现货价格的走势高度相关，价格发现和套期保值的功能已经明显地显现"。

黄金期货的推出，我觉得则主要是来自市场需求的推动。有色金属分为贱金属和贵金属，铜铝铅锌镍是贱金属，金银是贵金属。当时交易所的计划是先把贱金属发展起来，然后再推动贵金属上市，实现贱金属和贵金属的协调发展。但是贵金属的上市难度非常大，可能是所有产品中除了石油最难的，因为它起初就由中国人民银行管制，比其他物资管控得更加严格。2002年上海黄金交易所正式开业，次年央行正式取消黄金生产、加工、流通的审批制，这标志着黄金商品市场全面开放。黄金市场全面开放后，商品化的黄金需要一个发现价格、套期保值的市场，于是中国黄金交易所就酝酿上市黄金期货。但是早在1999年的国务院文件中就明文规定"中国证券监督管理委员会对期货市场实行集中统一的监督管理"。因此2007年9月，经国务院同意，中国证监会发布《关于同意上海期货交易所上市黄金期货合约的批复》，批准上期所上市黄金期货。2012年5月，在黄金期货的基础上，上期所又推出了白银期货。

原油期货是上市准备时间最长的一个品种，从最早的上海石油交易所开始就一直在探索，直到2018年才推出。1993年，上海石油交易所就推出了石油和成品油期货。1994年，国务院发布《国务院批转国家计委、国家经贸委关于改革原油、成品油流通体制意

在NYMEX石油交易厅摇铃

见的通知》，对原油、成品油流通体制改革，对进口配额、价格、销售全部实行国家统一管理，于是石油期货就慢慢沉寂了。后来我国市场化改革进一步推进，我们就一直想把原油作为重点品种来推出，这期间我们推出了燃料油期货和石油沥青期货，都是为原油期货做准备。当然上市原油是一件非常艰难的事情，为此这么多年我们一直与石油体系、发改委、外管局等方方面面保持密切的沟通。在各方的积极努力下，原油期货成功推出，我感到非常自豪和高兴。

巩固现有品种服务实体经济

1995 年，交易所会员制改制的时候，物资部领导问我要不要回去。我的回答是，我要留在市场上，因为对期货市场有感情。但同时我也提出如果上海期货试点不成功的话希望还能回到物资部。当时的领导是欣然应允的。没想到后来物资部撤销了，上期所的发展却日趋稳健。从物资部到交易所，我经历了从计划经济到价格双轨制的转轨，再到后来的市场全面放开。在这个过程中，期货市场发挥了规范市场、发现价格的功能，为企业、行业发展起到了很大作用。改革开放 40 年，我国宏观经济越来越好，我认为期货发挥了重要作用。在期货市场近 30 年的发展历程中，最困难也是最精彩的阶段就是研究探索期货、开辟新天地的那几年。那是我国市场经济从无到有，期货市场从无到有的时期。回首过往，我们在品种上、制度上做了很多工作，但要说服务实体经济，市场仍需努力。

比如铜这个品种，从生产到消费我国都是世界第一，上期所的铜在世界上影响力很大。但这个市场仍然是一个区域性市场，还不是一个国际化的市场。如果国外交易者能直接进来，我们的企业可以"走出去"，交易所可以在全球设立指定仓库，上期所形成的价格才有可能逐步成为全球的铜价格中心。这是我国期货市场的长远发展目标，也是历史责任，这二者都是相互影响和相互促进的，要实现这个战略目标就需要通过服务实体企业来逐步完成。但实现国际化不是一朝一夕的事情，需要有一个比较科学的安排，按照我国改革开放以来的实践经验，我建议以产品及关联行业成熟水平为依据，加快推动几个成熟品种的国际化，以满足实体企业"走出去"和逐步建立国际话语权的目标与长远战略需要。

当代中国期货市场口述史

有色金属行业的"期货嬗变"

张宜生

张宜生，1952 年 3 月生，毕业于北京钢铁学院。曾任大学讲师，1989 年 12 月起历任中国有色金属贸易集团总公司副处长、处长、总经理助理、副总、常务副总兼任中国有色金属进出口总公司法人代表。深圳有色金属期货交易所创始人之一，并担任理事会秘书长一职。曾任重庆商品交易所副理事长，北京、天津、沈阳、郑州等交易所理事；新华财经信息咨询公司董事长；深圳实达期货公司、天津鑫国联期货公司、上海东方期货公司、上海金鹏期货公司等公司董事长；中国期货业协会兼职副会长、中国期货业协会非会员理事；上海期货交易所理事等职务。

有色金属期货是我国发展时间较长、公认较为成熟的期货板块，价格发现、风险管理、优化资源配置等功能长期发挥较好。同时，我国有色金属产业的长期稳定盈利和长期稳健经营能力也较为突出，行业供求关系、杠杆率、库存和成本等结构性指标长期处于相对较合理水平。现在，我国是全球最大的有色金属生产和消费国，也是世界上最大的有色金属进出口国，这当中期货市场功不可没。然而，由于资源分布特性，我国有色金属企业往往位于边远贫困山区。在这种恶劣的区位条件下，有色金属行业如何率先试水期货，又如何成为其中的佼佼者？个中奥秘值得我们细探究竟。

改革开放后，有色金属行业作为我国经济体制改革的试点行业，积极探索市场化变革。1991 年，深圳有色金属交易所（以下简称金交所）在中国有色金属工业总公司（以下简称有色总公司）和深圳市政府的支持下成立，这为后来有色金属行业有效利用期货奠定了基础。1989 年年底，我从北京钢铁学院调到有色总公司任职，从此就一直在有色金属行业工作。时至今日，我更认为期货对企业发展至关重要，企业要做大、做强、做上市，一定要懂得利用期货市场。

有色金属行业的体制变革

我们国家的改革，往往是先试点，后推广。1982 年和 1983 年国家选择了两个城市——武汉和重庆，作为大中型城市综合改革试点；选择了两个行业，一个是石化行业，一个是有色行业，进行行业改革。有色总公司的前身是冶金部下面的有色金属总局，是个政府机构。市场化改革的重要措施就是把有色金属总局单独拉出来，成立中国有色金属工业总公司，这是 1983 年的事情。有色总公司除了管辖我国主要有色金属生产经营企业外，还管理一些行业相关企业和机构，包括研究院、高校等。有色系统有 70 多所高校，其中有大家比较熟悉的中南矿冶学院（现中南大学）。有色总公司当时有 126 万人，直属、控股、参股企业 2000 多家。简单来说，有色金属行业的改革过程是从政府先转成"政企不分"的企业化机构（代行行业管理职能），然后再转成企业，完全转成企业是在 2000 年。

有色金属行业资源特殊、品种多、差异大，发展很困难。过去我们写报告经常写的一句话，"有色总公司下属企业大多地处老少边穷地区（革命老区、少数民族地区、边远地区、贫困山区，人才匮乏），交通不便、信息匮乏……"。有色金属有 60 多个品种，除了铬、铁、锰之外的金属都属于有色金属。其中大概有 21 个是所谓的工业化必需品种，铜、铝、铅、锌、锡、镍、钨、钼、锑、钛、钴、硅、镁、铋、铟、镉、汞、铂、锇、钯、铱。除此之外，还有硫精矿和硫酸以及 14 个稀土品种（稀土品种里有 7 个重稀土、7 个轻稀土），还有铜材和铝材。这都是有色总公司管理的品种。

虽然有色行业和中石化同样被选作试点行业，但改革开放 40 年过去了，回过头来看，我们两个行业走了完全不同的道路。石化行业走的是相对垄断之路，而有色系统走的是完全市场化与国际化道路。这种变化与我们前期思路有关，也跟我们的行业特性有关。石油与其下游产业是一条集中的链条。有色体系则品种很杂，很分立，有的品种之间甚至完全不相干。不同品类金属的工艺、装备都有本质的不同。比如铝镁是轻金属，铅锌是重金属。铝是轻金属，需要露天开采，那就意味着它的规模都很大。重金属则完全相反，地底深部开采，工作面就那么大点地，你想增产也难。还有，很多有色金属相伴而生。铜镍不可分，镍里一定含铜，铜里一定含镍，而且铜镍都含黄金、白银。你懂了铝镁不一定懂铅锌，懂了铅锌不一定懂铜镍。所以，当时每个品种下面都有对口院校、研究院所的相关专业，分工很细，每个都可以是产业链，都可以自成体系，也都有自己的科研以及教学队伍。由于有色体系的复杂性，它无法像石化系统一样实现高度垄断，市场化、国际化是唯一出路。而在有色金属行业改革进程中，20 世纪 80 年代末 90 年代初出现的"三角债"经济现象，在一定程度上加速了它的市场化进程。

有色行业发展遇瓶颈

1985 年，国家物资局发布《关于放开工业品生产资料超产自销产品价格的通知》，取消属于企业自销和超产部分出厂价格不高于国家定价 20% 的限制，实行市场调节。价格双轨制开始推行。

双轨制之前，我们的产品由国家统一定价，我们的客户只有一个——国家，生产完国家就拿走了，也就是统购包销模式。物资部代表需方，我们代表供方，他们给我们提供一个单子，说军工企业要什么、农业口要什么、机电口要什么、冶金口要什么，大概涉及40 多个行业，每个行业汇总后上报给我们。我们所谓的"按需生产"就是按这个单子来制订生产计划。但是计划经济有其弊端，就是计划赶不上变化，因为这些计划也都是各个归口的机关单位统计归纳出来的数字，与实际不断变化的需求差别很大。同时企业的供应始终追不上需求的发展。因此国家提出要改革，企业可以自筹资金上项目，上了之后产出可以按照市场价卖，不过国家要求的任务我们还要按照单子上交，这就形成了国家统配资源和市场资源双轨并存的实际状态。

1988 年 8 月 15 日至 17 日，中共中央政治局第十次全体会议讨论并原则通过《关于价格、工资改革的初步方案》。8 月下旬，各阶层群众认为新一轮大幅度涨价即将开始，各大中城市立即出现抢购风潮，人们甚至挤兑未到期存款以抢购商品。有色金属价格也出现了一轮暴涨，镍的市场价从每吨 2 万块涨到了 16 万元 / 吨，铝从 4 千多元 / 吨涨到了 2 万元 / 吨，铜从 7 千多元 / 吨涨到过 2.8 万元 / 吨，几乎所有的有色金属都是持续翻番地涨价，涨价还买不到。有色金属行业出现这个问题是致命的，因为我们的需求方有很多是必保的：比如说军工，它承受不了这么大的价格变动；比如农业，农药生产需要铜，铜价格暴涨它也接受不了，因为它利润薄，还是政策性行业。还有当时年轻人结婚，可以拿着政府发的票证去买铝壶铝盆，但有问题了，生产这些产品的企业买不起也买不到铝去生产，东西供应不了。当时有 14 家铝制品厂联名在《人民日报》给总理写公开信，说："救救我们吧，我们拿不到原材料，完不成生产任务，人家拿着票来找我们，我们没有东西给人家。"

双轨制下的市场价格暴涨，就出现了双轨制下的寻租空间。市场能够卖两万多块钱，而给国家只能卖 3600 块钱，企业就赖着不交。包括各个管理部门，它们拿到资源也不想全都交给企业，想自己弄一点到经济特区合法卖，卖了以后发展自己。除了下游企业出现物资的倒买倒卖，我们的上游供应也出现了问题。我们生产 1 吨铝需要 1 万多度电，电厂说你们的铝卖这么高的价，凭什么我这么便宜给你电？然后，电厂的电价一高，煤矿就说你发电用我的煤，你的电能卖那么高的价，凭什么我这么便宜给你煤呀。在这个链条里，就出现了企业货币流动性不够，企业没钱支付不断上涨的高价原料，积累下来，"三角债"就出现了。后期甚至出现了"以物易物"的现象，1 吨铝可以换多少度电，几度电能换 1 吨煤，货币的功能越来越弱化。当时，国务院副总理朱镕基兼任着中国人民银行行长，他拿出了部分资金，从源头煤炭行业开始注入资金解决"三角债"问题。但是他表示只给一次钱，再欠就不管了。

1989 年，有色总公司的东西开始卖不动了，卖了也拿不到钱，企业就不卖了，出现了大量的库存积压。我是 1989 年 11 月离开高校，调到有色总公司的，我去的第九天，有色总公司领导就把我叫去说，你是大学老师，学过经济吗？我说学过一点，他说你能不能解释这是什么现象，写个报告出来。我熬了九个日夜，写了个大概 20 多万字的报告来分析说明这个现象。我认为，这是从"通胀"转为"通缩"的现象，在我的报告中我提了八条对策，四条刚性对策和四条柔性对策。刚性对策包括减产、国家战略收储、增加出口、与下游签订长单。在柔性对策中我提出要办期货交易所，以便解决有色企业在"三角债"环境下面临的客户、信用、价格三位一体的问题。其实我当时提出办交易所并不只是为了"发现价格"，更多的是为了增加中间社会库存，让大量社会闲散资金持有产品，起一个"蓄水池"的作用。由于交易所采用保证金制，跟订金差不多，这样就大致建立了一个信用体系。领导觉得很好，并且指派我负责办交易所。当时由于国家对铜、铝、铅、锌、锡、镍这 6 个有色金属大品种实行最高限价政策，看来看去，只有深圳特区对最高限价可以政策性突破，所以就选择了靠近香港的深圳作为兴办金交所的最终地点。

有色总公司的支持直接促成了金交所的建立，也使有色金属行业开始大范围参与期货市场。

有色总公司引导下属企业参与期货

在有色总公司的支持下，1991 年 6 月 10 日金交所正式建立。有色金属企业在有色总公司的指导下愿意率先探索期货交易，则主要源于有色总公司的一步步引导和扶持。

第一，一些大型有色金属企业拥有金交所股权，一定程度上提高了其参与积极性。成立金交所时，我们就引入大型有色金属企业作为股东。其中，江西铜业、大冶铜业、铜陵铜业、金川镍业、云南锡业、青海铝厂、郑州铝厂、葫芦岛锌厂、白银有色等10多家大型有色企业参股，每家占股2%。交易所早期交易很活跃，主要是因为大家都是有色总公司的下属公司，交易结算起来没有后顾之忧。这就是我国期货市场早期建立的"民办公助"模式。

第二，帮助企业培养期货人才，解决了后顾之忧。参与期货业务，企业没有专业人才怎么办？有色总公司组织培训给它培养。1991年至1994年，我每两周就会在有色总公司的北京管庄管理学院青年干部班讲一次期货的课；每月双周的周二下午，都给有色总公司司局长以上干部做期货市场与供求关系变化的情况汇报；每半月就会带着我们的市场分析团队（新华财经资讯公司）按照区域和品种，一个区域一个区域地去走访企业，给他们讲什么是期货市场、市场的供求关系，企业怎么做套保、怎样交易结算等。

我们是最早完成产业期货培训的行业。从1993年开始，有色总公司成立了中国有色金属工业总公司期货业务管理领导小组，由有色总公司一名副总担任组长，下设期货业务管理办公室，我担任办公室主任。1994年有色总公司就颁布了企业参与期货业务管理办法，其中就有期货业务管理要前后台分开，企业开展期货业务的决策程序与管理、企业的财务要求有"结算岗"等规定。实际上，我们有色金属行业还是有做期货的基因，从有色总公司成立开始，我们的有色金属进出口企业就在伦敦金属交易所（LME）开展期货套期保值业务了，每年我们都送人员到伦敦金属交易所和境外投行机构培训。我们有这个基因，也不缺人才。自提出办交易所这件事后，从1991年开始，我们让中南矿冶学院企业管理专业班转办成"期货专业班"。有了人才，就可以马上投入管理和交易。金交所、上海金属交易所以及后来各地交易所上的有色金属品种，套保第一大户都是我们有色总公司下属企业。

第三，定期提供市场分析报告给有色总公司和各下属公司使用。当时有色总公司成立了3个信息公司：新华财经信息资讯有限公司、深圳金中讯信息有限公司、北京安泰科信息资讯有限公司，这些信息公司的数据、报告，下属有色企业都可以免费使用，以供决策参考。

此外，有色总公司还成立了多家期货公司和交割公司，服务企业期货交易。我们最早有两家交割公司（天津元丰交割有限公司、北京海勤物资交割有限公司）、十几家期货公司。因为当时证监会规定期货公司设分支机构不能超过4家，我们有色金属行业企业遍布全国，所以要想覆盖全国的企业，我们就必须多设期货公司。此外，还有一个现象就是当时我国参与外盘交易的企业大多数也是有色企业。早期证监会审批的有外盘资格的企业里边，几乎都是有色企业去申请境外套保。从中可知，当时有色企业参与期货交易的积极性是比较高的，也反映出有色企业的经营管理是两头在外，国内外两个市场融合的。

期货市场的建立从根本上改变了企业间的信用体系，让企业更愿意采用期货交易方式。比如说江西铜业，它附近有一个厂是铜材厂，本来它俩距离很近，只有几步之遥。但当时"三角债"盛行，江铜担心给它货收不到钱，就不愿意供货。江铜就利用期货市场，把它的铜拉到上海金属交易所去交割。这个铜材厂没办法，也只好去期货市场买铜，把它拉回来用。虽然这在一定程度上增加了成本和无效物流，但是它解决了企业间的销售与供应问题。在企业间信任还没建立起来之前，很多企业就把期货市场当一个现货客户对待，充当一个交易池。通过期货市场运作，企业逐步建立了信用，"三角债"问题就解决了。经过几年实践，江铜与这个铜材厂达成共识，与其我们拉来拉去，不如我直接不间断供应给你，价格按上期所的价格结算，你觉得不划算，就去期货市场套保，由于省掉了运输和库存及财务成本，对双方都有利。这就使企业运用期货市场进了一步。

期货市场让有色行业焕然一新

从 1991 年金交所成立，有色金属企业参与期货交易可以分成五个阶段。

第一阶段是 1991~1996 年。这一时期最显著的特点是解决企业的瓶颈诉求，有色企业把期货市场当成现货集中交易的场所，目标是建立客户群，恢复信用，解决"三角债"问题。与此同时，发展期货市场的另一个目的是服务政府价格改革，对有色行业来说，就是确立行业产品的市场合理价格。1995 年，国家计委给有色金属工业总公司和国内贸易部下发《国家计委关于 1996 年统配有色金属价格安排意见的通知》，当中就明确要求统配有色金属价格要按照上海金属交易所交割月第一周实物交割的加权平均价执行，一个月不得变动。

第二阶段是 1996~1998 年。这个时期企业开始普遍利用期货价格和运用套期保值，而不再以交割为主了。厂家拉货到交割库的少了，直接套保交易的多了，期货市场发挥了资源优化配置的作用。企业间物流配送开始出现，配送可以说是代表企业资源配置最优化的水平。

第三阶段是 1998~2004 年。这个时期我们的外贸企业开始在国际市场上拿长单，也是在这段时间中国完成了从有色金属出口国到进口国的巨大转变。虽然外贸企业开始运用期货市场的价格体系签长单，但是由于国内没有稳定的客户群，只能现货现卖。1999 年，

国家计划委员会文件

计价格[1995]2374 号

国家计委关于 1996 年统配
有色金属价格安排意见的通知

中国有色金属工业总公司、国内贸易部:

为适应社会主义市场经济发展的要求,加强统配有色金属价格管理,规范企业价格行为,经商有关部门,现对1996 年统配有色金属价格作如下规定:

一、1996 年统配有色金属价格原则上参照市场价格执行。为保持价格的相对稳定,具体按上海金属交易所每月第一个星期实物交割的加权平均价格执行,一月内不得变动。

二、为扶持农业、军工生产,体现国家对这两个行业的政策支持,农业、军工等国家重点行业所需统配有色金属(铜2万吨,铝5万吨)的价格按上述平均价格下浮2%执行。

三、中国有色金属工业总公司根据上海金属交易所公布的价格,负责核定每月第一个星期的加权平均价格并下发企业执行,同时抄报国家计委备案。

四、各级物价部门要加深对统配有色金属价格执行情

国家计委要求参照期货价格作为统配有色金属价格

我国提出西部大开发战略，因西部最主要的资源是有色金属，但都被有色总公司下属企业垄断。2000年，有色总公司按照国务院"17号文"，即《国务院关于调整中央所属有色金属企事业单位管理体制有关问题的通知》，将有色企业下放给地方。同时，也把有色行业利用期货市场的经营与运作方式，全部带了下去，推动了整个有色产业和地方企业的市场化国际化进程。正是在这个阶段，外贸企业与生产企业开始签订长单。大型企业同时也"走出去"直接同境外生产企业签长单，完成了初始的国际化进程。

第四阶段是2004~2012年。这个时期有色金属生产和消费企业开始成为国际市场上拿长单的主角。江铜现在所有矿的供应全部是国际10年以上的长单，还有国内有色的精矿、氧化铝都出现了3年以上的合同，这是非常了不起的事情。这会使整个产业链之间以持续稳定的平均价格获得原料和产品供应，从而大幅降低企业的原料采购和销售成本。也是从这个时期开始，有色金属企业的经营机制开始转化，整个产业的供销体系开始改变，企业的人、财、物、产、供、销开始围着期货市场的基础均价转，这意味着企业的资本收益率和劳动生产率成为主角，走上了完全市场化国际化的轨道。

第五阶段是从2012年至今。这个时期有色金属期货市场库存很多都是私募基金的，这些私募基金已经介入有色金属期货市场，成为市场不可或缺的机构投资者，有色金属市场壮大了，同国际市场融合更紧密了，金融属性已经很明显。这个时候的有色企业有了使用多种衍生工具的欲望，比如期权和场外产品，而且普遍都建立了自己的队伍。成本管理和经营决策职能也分离了，这对企业来讲非常重要。工厂只负责生产，不用考虑价格，因为它只是成本中心，市场风险与它没关系，工厂节省的每一分成本，公司都给予它奖励，这是非常重要的现代企业制度。

有色金属行业经历了这五个阶段的发展后，已经从一个最封闭的行业成为我国最开放、最市场化的行业。现在有色行业是一个完全与国际市场接轨并且在全球配置资源的行业；是一个利用资本市场最高效的行业；是一个从经营管理、业绩管理和战略发展都高度透明的行业；是一个流通效率非常高的行业，能做到配送，几乎实现零库存，整个产业链中物权买卖转移十分简练高效。如今，有色企业运用期货市场的价格体系辅助决策、套期保值就如同人们吃饭一样，必需、普及并且方便。在 2017 年的有色金属行业年鉴中，还专门把期货市场作为一个重要内容单独写了一章，也得到了上级主管部门的充分认可，体现了实体行业充分肯定期货市场在经营变革和发展中的作用。

建设更好的市场为实体服务

回顾我国期货市场发展历程，当初也有很多反对的声音。垄断对企业是好事，垄断才能卖好价，但是难以持续发展创新。要想国际化、市场化，垄断是天敌。破除价格垄断，全面拥抱市场，需要有很前瞻性的思维。我在有色总公司的第一次考评有很大争议，就是因为办金交所这个事，说我不务正业，天天出差，还净跑特区好地方，还老坐飞机，那时候坐个飞机很难得。此外，当时的市场环境也很混乱，参与者不认账的情况很多。我记得有一次大冶集团套保了 4000 吨头寸，因价格变动剧烈保证金追加慢了，被交易所强行平仓了（它也是金交所股东）。大冶就出来投诉，后来我们还专门开了理事会恢复这 4000 吨的套保，交易所承担了损失。包括后来的"株冶事件"，有色企业参与外盘交易付出了惨重的代价，当时有色企业 120 多万人，算起来人均亏了 1100 块钱，但我们熬过来了。我们认真分析总结教训，把提炼出来的风控精髓转化成管理理念与经营约束机制，培育成内部管理体制，沉淀为一种行业文化。

在论坛上发言

这么多年来，我们再也难以看到有色行业的风险事件了，这就是进步。

但不得不说的是，我国期货市场发展仍然有一些缺憾。为什么我们有色企业往往在国内市场做个 5~6 年，就开始转向国外了？这是我们要思考的。

首先，国外的交易成本比我们低。比如，伦敦金属交易所的保证金制度更吸引企业。很多企业在 LME 交易是不用交基础保证金的，比如一个期货公司在它那里有大量的远期盈利，它就会给这个公司一定的信用额度，不用交保证金。还有现在国内企业在芝加哥期货交易所（CBOT）进行大豆套保，国外的银行会给它们额度，这些企业不用自己掏钱，大大降低了企业的现金压力和成本。当年"株冶事件"时期，我被派去处理。因为进出口公司在 LME 有 2.2 亿美元的信用额度，株冶的问题一出现，我马上用了大量的信用额度入场接手。株冶当时 40 多万吨锌被平成 17 万吨，我接手大概

11万吨头寸，这些头寸在后来价格回归后反而挣了很多钱。

当然，LME制度也更有利于交易所自身发展。比如，它实行每日到期有负债的结算制度。这种制度是你的合约平仓清算后不马上给你钱，要到合约到期才给你钱，这中间它可以把钱放贷给其他人，只要付利息就可以，实质是拿远期利益进行质押。就这么个制度，对交易所会员来说非常有利，同时实体企业也很容易接受。因此，在国际上很多经济学家认为LME并不是一个标准的期货交易所，而是一个远期合约市场。我不是说国内交易所要学LME，从期货市场发展上来说，我们的模式某种意义上已经超过它了，关键是我们如何通过制度和规则创新，实实在在地支持实体行业的发展。这实际上是一个对长远发展认识高度的问题。

其次，我国期货市场在满足企业个性化需求方面还有所欠缺，需要更多的视角审视我们的发展。期货市场定价模式相当于一棵树，树干就是期货场内市场，叶子就是现货市场，叶子和躯干之间缺一个东西，就是大树的枝干和枝杈——"场外市场"。企业急需场外市场，解决全新的期货市场定价模式与旧的现货市场定价模式之间的差异，也就是价格传导机制与价格弹性问题。对企业来说，地区基差、品质基差、品牌基差、时间基差、特性基差等，在现实中是永远存在的。我们的市场管理者应该意识到，在整个价格形成体系上我们只做了一半的工作，还有一半没有做，那就是场外市场。场外市场产品，需要利用场内产品开展各种对冲。比如说黄铜，它的应用广泛而且量大。黄铜由30%的锌和70%的铜构成，锌和铜都是上市品种，可以在场内对冲。期货公司场外报价可以报出黄铜材的价格，但是越往下游这个产品规格品种越多，不可能全都有上市品种价格，但是企业又有需求。期货公司怎么办？就要同交易所一起通过创新产品解决这个问题，来满足个性化需求的场内对冲。管理者需要鼓励与引导期货公司和金融机构去干这件事。

最后，中国的金融没有扎根实体经济。这是中国金融业发展后继乏力和屡出问题的原因。国外非常重视实体经济地位，中国金融行业则还没有融进实体企业。金融产品作为一种工具是让人用的，但很少有人从使用者的角度来评估看待它。从产业变革和发展的进程来看，应该是扎根在实业的人来研究期货。当年我们公司就规定期货公司副总以上级别的人不在企业任职锻炼，就不得提升。企业对期货市场的运用，是能够实实在在改变实业生产经营模式的，所以期货市场建设与实体挂钩至关重要。总而言之，当交易所选择一个品种上市的时候，对相关产业的冲击是非常大的，它会颠覆原有的竞争方式和价格传导机制，产生一种全新的商业运作模式，并帮助企业保持在全球范围内的竞争力。因此，一定要有牢牢扎根在实业的人来钻研期货，运用丰富的金融工具，才能让期货更好地扎根实体经济，并同我们强大的实体经济一起，在发展中逐步建立我们应有的话语权。

发展篇

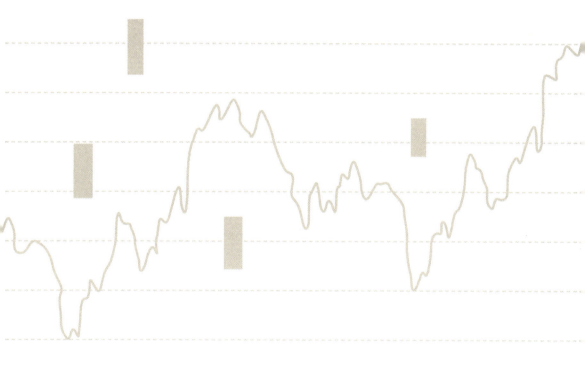

期货市场规范发展良性互促的 "再启程"

杨迈军

杨迈军，白族，1956年10月生，哲学博士。曾任全国人大民族委员会办公室副处长、处长、办公室副主任（副局级）；国务院证券委员会办公室副主任、清理整顿场外非法股票交易办公室主任；中国证监会咨询顾问委员会办公室主任（正局级）兼证监会办公厅副主任；中国证监会期货监管部主任。2006年开始，先后担任上海期货交易所总经理、党委书记、理事长，上海国际能源交易中心董事长，中国金融期货交易所执行董事，中国期货保证金监控中心董事长。其间任上海市党代会代表，上海市政协委员、民族宗教委员会副主任、第十二届全国人民代表大会代表。2016年11月退休。

2000 年，完成了第二次清理整顿后的期货市场单边交易额仅 0.8 万亿元。期货市场如何再发展，监管如何更有效，成为当时期货市场监管者和参与主体面临的头等大事。2001 年，第九届全国人大第四次会议将"稳步发展期货市场"写入《国民经济和社会发展第十个五年计划纲要》，这八个字为低迷的期货市场增添了信心，也指明了方向。

当代中国期货市场口述史

1997 年，全国金融工作会议召开，提出对证券和期货市场进行清理整顿。这一年，我调任国务院证券委员会办公室副主任，开始参与证券期货市场的规范和发展工作，直到退休。我认为我国期货市场从 2001 年开始了新一轮的"再发展"，形成了规范与发展良性互促的新格局。

规范发展的良性循环新理念

1997 年 11 月 17~19 日，中共中央、国务院召开了全国金融工作会议，要求对金融资本市场进行清理整顿，实行集中统一监管。清理整顿主要是针对证券、期货市场出现的非法股票交易、缺乏集中统一监管等突出问题。当时，证券交易所、期货和商品交易所在全国遍地开花，这些在 20 世纪 90 年代初改革开放、探索市场经济过程中生发出来的交易场所大多由地方政府主办，各自为政，没有统一的法规，没有集中、统一的监管，不利于证券期货市场的长远发展。

这次清理整顿涉及金融资本市场的方方面面，我记得有 12 个方面，主要由国务院证券委员会组织制定方案，协调清理整顿工作。

经过三年艰苦工作，清理整顿基本完成。期货市场清理整顿完成的标志一是交易所归并为郑州、上海、大连三家，交易品种、期货公司及期货从业人员一起全都纳入证监会统一监管，形成了期货市场统一监管的格局。二是 1999 年 6 月 2 日国务院颁布了《期货交易管理暂行条例》，期货市场有了统一的法规。2000 年，全国期货市场单边交易额仅 0.8 万亿元，保留下的交易品种名义上有 12 个，真正挂牌的是 7 个，但实际上三家交易所有交易量的品种各只有一两个。期货市场出现重大挫折，主要原因是 20 世纪 90 年代初市场经济运行条件还很差，物价双轨制，社会信用环境、法制基础都比较薄弱，加上缺乏集中统一监管，所以市场投机过度，欺诈、操纵价格等行为很多，致使市场功能没有得到正常发挥，导致从上到下对期货市场有一些批评和对在中国发展期货市场的质疑。我参加了清理整顿中的多次重要会议，最后思想统一到了小平同志对于资本市场改革发展探索的意见上："允许看，但要坚决的试，试了不行，再关闭。关也可以留个尾巴，再看看。"因此，国务院确定的期货市场清理整顿、规范发展的基本方针是"有限度试点"。

1998 年，国务院证券委员会撤销，我来到证监会担任办公厅副主任。2000 年，我出任证监会期货部主任。2001 年 3 月，九届人大四次会议把"稳步发展期货市场"写进了《国民经济和社会发展第十个五年计划纲要》，期货市场"再发展"的问题引起重视。在"十五"计划中能有这样的一句话，那是很不容易的。因此，这一句话自然就是证监会今后对待期货市场的基本态度，从证监会到各交易所都开始思考和探索"如何实现稳步发展"。大家当时共同的想法是：要吸取 20 世纪 90 年代市场探索的经验教训，走出一条"期货市场规范发展，争取各方理解、信任、支持，然后再发展、再规范以获得更多理解、信任和支持"的良性循环之路。具体的操作应该是：先加强现有品种的市场监管，发挥一些市场功能，总结一些发展经验，再把这些作为案例拿出去宣传，让各方面认识到期货市场的作用，赢得市场主体初步认可后，争取批准推出新的品种。一旦推出新品种，更要"小心呵护"，在持续规范监管的同时保证功能发挥。从规范现有品种到发展新品种再到规范新品种，循环往复，从而让整个期货市场规范有序地向前推进。如果说眼前的都搞不好，就着急推出新品种，那就是在走前十年的老路，会出很多问题。规范和发展是一个天平的两端，平衡好才能持续地发展前进。如果没有严格的监管，发展再快也是靠不住的。但是如果监管不得法，甚至监管过度，致使发展停滞，那监管也就失去了意义。

2001 年，经过清理整顿的期货市场秩序规范，交易量开始恢复。当年，三家期货交易所的商品期货双边交易量达到 1.2 亿手，同比增长 120.59%；成交金额 3 万亿元，同比增长 87.44%。我们和各交易所积极筹划在促进现有品种功能充分发挥的条件下，争取推出新品种。

积极争取上品种

期货市场"再发展"很不容易，克服了很多困难，其中最大的困难是当时社会上对期货市场有不好的印象。20 世纪 90 年代，大多数人都看到了期货市场的过度投机、市场操纵、欺诈等，但很少看到期货市场价格发现、套期保值的成功案例。因此，期货部和各交易所在推出新品种的过程中做了大量的筹备、解释工作，直到2004 年才取得阶段性成果。2004 年，各期货交易所分别推出了棉花、玉米、燃料油、黄大豆 2 号等新期货品种。

这几个品种推出的过程中，我有两个印象深刻的小故事很能说明问题。2003 年前后，大连商品交易所（以下简称大商所）积极争取玉米上市。但当时正是我国粮食产量连续下降相对短缺的时期，而玉米是重要的战略物资。它既是主要的粮食品种，又是重要的工业原料，所以国务院各相关部委很重视，态度很谨慎，不希望因为开展玉米期货影响玉米价格的正常表现，影响生产流通。大商所做了深入细致的研究，形成了一个方案，去国务院各部委汇报，但都没有得到明确的表态，只说可以考虑。当时我和大商所时任总经理朱玉辰商量，能否让玉米主产区地方政府主动去向国务院提出需要玉米期货。玉米最主要的产区是东三省和内蒙古，我们想如果能得到这四个地方政府的支持，会非常有利于玉米期货推出。于是我和朱玉辰一起去找这四个省、自治区的主要领导，一个个去拜访，一个个去沟通，做了一圈工作。当时我们主要就是去说现有的大豆期货怎样服务农业和相关产业，玉米期货推出又会对玉米产业和产区带来哪些作用等。这样一圈下来，这件事真的就做成了，四个省级政府联合给国务院写报告，要求国家支持推出玉米期货。拿到这个文件，我们再去做各部委工作，玉米期货终于成功推出了。这件事情到现在我也是印象深刻，在当时的形势下，能够说服四个省级政府联合写报告要求推出期货品种，真的不容易。

郑州商品交易所（以下简称郑商所）争取推出白糖期货，又是不同的情况。之前我们国家已经有两个白糖远期批发市场，类期货功能发挥比较好，一个是广西柳州的糖业批发市场，还有一个在云南昆明。听说郑州想上白糖期货，广西、云南两个省级政府写报告到国务院反对郑商所上白糖期货。所以，我和郑商所时任总经理王献立就去找广西和云南两地的主要领导做工作。我们主要从三个方面去争取：第一，虽然白糖期货在郑州推出，但是我们把服务全国，包括广西和云南糖业发展作为首要任务；第二，郑商所是一个全国性的期货交易所，受国家统一监督管理，未来它会是走向世界的交易所，这样一个国际化的交易所会有利于我国白糖产业更好发展；第三，期货交易需要在尽可能广泛的范围内集中交易，白糖交易所设在某一个白糖主产地，其他产区也不会满意，因此在郑州是更好的选择。我们就这样把这个道理"掰开揉碎"了去讲，才得到广西、云南省政府的支持，它们又重新给国务院打报告，支持郑州推出白糖期货。

在中石油调研

在期货市场"再发展"的过程中，我们丝毫也没有放松监管，始终把市场秩序的规范、市场监管和投资者保护的基础建设作为获取社会支持、促进功能发挥，赢取市场长远发展的前提。2004年，按照证监会党委的要求，范福春副主席组织期货部和儿家交易所开始筹建中国期货保证金监控中心，并在2006年成功建立。这项制度在全世界都是首创的，实现了对全市场投资者实名制开户、资金、持仓等基础数据的即时监管，大大提升了期货市场的监管水平和运行效率，赢得了市场参与者的信任。同时还建立了期货市场投资者保护基金，能够很好地起到保护中小投资者利益的作用。这些基础建设极大地提升了市场各方参与者的信心，赢得了社会各界对期货市场的支持。各交易所也加大了促进市场功能发挥的工作力度，短短几年，交易品种逐步增加，市场交易规模大幅度提升。2006年中国期货市场双边交易量近4.5万手，是2001年交易量的近4倍；双边成交总额逾21万亿元，几乎是2001年成交规模的7倍。市场秩序规范，我国期货市场开始步入良性循环的轨道。

因地制宜谋发展

2006年，我来到上海期货交易所（以下简称上期所）担任总经理、党委书记。我来到上期所之后，按照证监会的要求，继续遵循着规范发展的理念，和上期所的同志们一起努力工作。上期所的定位是以工业品为主的交易所，我们在新品种研发上会借鉴一些国外经验，但是我们不会因为国际市场上某些品种不成功我们就放弃，国际市场某些品种成功就去盲目效仿，而是从国情出发去考虑。钢材期货就是一个例子。钢材在境外期货市场上不是成功的品种，因为钢材很复杂，有螺纹钢、线材、卷板等，某一个标准化的品种规模都很有限，比如说汽车钢板总量很大，但会有若干种不同的标准和规格，或者说很难说哪一个品种市场更需要。为了调研钢材期货的可行性，我们做了很多的研究。后来我们发现，欧美国家钢材期货做不起来主要是因为它们大量应用钢材的大规模工业化和基础建设的时代已经过去了，而且它们各个产业对钢材都有很特殊的需求。但是我们国家正处在大规模开展基建的时期，当时我们预测，我国大规模城镇化基础建设和工业化至少还会持续二三十年。因此，我们认为推出钢材期货在中国是可行的。在具体品种选择上，我们选择了螺纹钢和线材，因为这是建造房屋、桥梁、隧道、港口等都要用到的基础材料。同一标准的螺纹钢市场规模很大，对期货市场的需求很强烈，适合开展期货交易。我们推出这两个品种后，螺纹钢交易量很大，线材不太好，推两个同类的品种也是我们经过考虑做出的决定，我们想让市场来做选择，由于螺纹钢和线材的同质程度高，参与螺纹钢期货就可以完成市场对线材的价格发现和套期保值，市场选择了螺纹钢集中交易。

钢材期货推出的时候也有一个很有意思的小故事。为了获得钢铁行业的支持，我请上海证监局的领导帮助联系一位在钢铁协会任职的宝钢集团主要领导，这是一位非常好的领导，对我国钢铁产业的健康发展很有责任心，但是当时她对期货不是很了解。在2007年的一次上海市党代会上，我们碰见了。我们相距还有七八米时，远远地她就对我做了一个停止的手势，意思是你要说什么我都知道，但是现在让我支持开展钢材期货不可能！后来我们持之以恒地与钢铁协会的多位领导真诚沟通，把大家的认识都统一到规范开展钢材期货交易，为我国钢铁工业在社会主义市场经济条件下健康发展保驾护航这个共识上，钢铁期货上市才获得钢铁行业的支持。原油期货的推出，也经历了基本相同的历程。从事钢铁、石油等实体经济各行各业的许多老同志都非常好，他们对国家有很强的责任心，对自己的事业都有很深的感情，一点也不允许他们认为不适合中国国情的"创新"来破坏行业的发展。但是当他们真正了解之后，了解了期货市场功能和监管规范的情况之后，他们就会真诚地支持期货市场为相关产业发挥功能。

黄金期货的推出和引入商业银行参与，也是期货市场"再发展"历程中的一个重要进展。当时国内所有商业银行都有黄金的现货交易，它们也参加由央行主管的上海黄金交易所的远期交易。参加黄金现货交易的商业银行，都有很强的套期保值需求。因此，当时上

上海期货交易所白银期货上市典礼

海黄金交易所也酝酿要推出黄金期货，但是在 1999 年《期货市场管理暂行条例》中明确规定，期货交易只能在期货交易所进行。因此，2008 年证监会和人民银行、银监会沟通协调之后，上报国务院，批准了在上期所推出黄金期货交易。随后，银监会规定商业银行可以通过成为交易所会员的方式从事境内黄金期货交易，这是我国银行业首次获批从事境内期货业务。因为当时在金融业有一句玩笑话叫"防火防盗防期货"，就说明期货始终被认为是风险程度最高的金融工具。国有企业的主管部门，金融机构的各监管部门对参与期货交易一直是严监管，当时不仅银监会不让银行参与，就连证监会也不允许自己监管的证券公司参与期货交易。银监会能批准商业银行参与黄金期货交易是一个重大的进展，一方面说明我国金融资本市场的广度和深度在迅速发展，规避风险的需求显著提升；另一方面也说明我国期货市场的规范发展上了台阶，已经可以为国有资本和金融机构提供可靠的风险管理服务。

深化服务促开放

除了争取有更多新品种的推出，我们也重视对现有品种功能的优化，这是良性循环发展中不可或缺的部分。中国期货市场是在这 30 年发展起来的，与国外 100 多年的演变发展有很大的不同，是突然在计划经济的土壤里生长出来的，所以实体经济有很多不适应、不理解。一方面，参与和利用期货市场功能的认识和能力比较弱；另一方面，市场中介发展不充分，交易所提供的功能服务与实体经济的具体情况有差距，也就是"不接地气"。所以，即便交易所把一个品种推出来，很多实体企业也不会用。再加上有些合约和规则与实体企业需求不相匹配，因此，许多中小实体企业运用期货的就更少了。举个例子，铜合约一手是 5 吨，这个合约应该说并不大，但是对于早期的乡镇企业或者一些商品加工企业来说，这个量就太大了。这些企业每天都用铜，有套保的需求，但是合约与它们的需求不相符。江浙一带的很多加工企业，做个衣服扣子，做个拉链，做个小商品，都要用到铜，但它可能一年都用不到 5 吨铜，它们也不具备参与期货交易的能力，那它们的套保需求如何满足？如果期货市场不能为千千万万这样的经济细胞提供服务，那就不能说期货市场很好地实现了为实体经济服务的宗旨。我认为这始终是交易所和期货公司等中介机构和机构投资者应该合力解决的问题。

交易所怎么去深化服务实体经济的功能，我觉得直到今天也还是任重道远。我的体会是，我们应当从市场最基本的功能入手，期货市场最基本的功能是价格发现。过去一般说期货市场基本功能是"价格发现、套期保值"八个字，是平行地说。而我认为，价格发现是基础功能，套期保值是在这个基础之上衍生出来的。因为"价格发现"不论对参与市场的交易者，还是对不参与交易的社会各方面来说都有意义。就像天气预报对每个人都有直接或间接的意义一

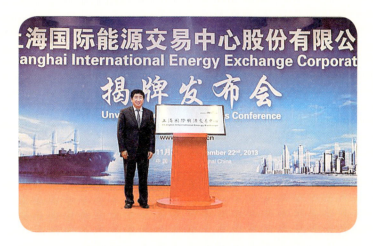

上海国际能源交易中心股份有限公司揭牌发布会

样，期货也应当考虑如何对不同层次的实体企业产生作用。现在美国、英国的期货市场应该说已经发挥了这样的功能。要让每个市场主体都能够利用或者参考期货价格，要做的工作还有太多太多，而且可以说永远都做不完，任何时候都有深化的空间。

期货市场进入规范发展阶段以后，上期所和其他兄弟交易所以及各期货公司都从不同的角度来做这个工作。上期所还从促进国际化方面来做这个工作，因为我们交易品种的现货生产流通已经基本国际化了，但期货还没有跟上。期货要为国际化的现货生产流通服务，就必须加速提升国际化水平。这方面我们做了很多工作，比如对境外交割品牌的认定、保税交割和连续交易等。这些制度创新带来的业务深化和对外开放，在经济全球化过程中，大大提高了期货服务实体经济的能力，满足对外开放风险管理的需求，为推出原油期货搭建国际化平台打下了基础。

随着我国期货市场的进一步发展，良性循环自然应该衍生出"期货引领现货市场发展"的作用。现货是基础，期货是在现货上衍生出来的，但期货在适应并服务现货发展水平的同时，也应该引领现货市场的发展，比如期货市场的标准化、规范化对现货市场的品牌效应、集约化生产流通、环保水平的提升都有重要作用。比如，在铜产业发展中，铜期货交割的品牌效应就起到了很大的作用；还有铅，铅淋雨会造成污染，所以我们对铅的交割提出了很高的要求，要保证不能产生污染。利用期货市场对现货生产、流通提出要求，从而促使国家的环保法规落实，促进产业质量和环保节能不断升级。

加快立法赢未来

回顾我国改革开放 40 年，期货市场探索发展 30 年的历程，我们走到今天可以说成就巨大，但依然任重道远。计划经济时期，我国凡是政府派出去的出国考察团都规定不能去证券交易所和期货交易所参观，交易所被认为是投机和资本主义的典型代表。我国市场经济的发展一直伴随着姓资姓社的争论，思想观念的改革开放，艰辛而曲折。所以小平同志的伟大就体现在这里，他提出市场经济也讲计划，计划经济也要用市场，股票期货这些市场经济的东西允许看，但要坚决尝试。有赖于他对改革开放的坚强卓越领导，才有了今天中国各行各业 40 年的惊人成就。随着我国期货市场的稳步发展，期货的功能发挥也开始越来越多地获得各方的认可，市场规模不断扩大，实践日益丰富，社会各界就越能深刻地感受到市场的功能和作用。现在，你基本听不到还有人说期货市场是一个"赌场"，大多数人都认识到期货有投机性，但这把"双刃剑"也有其不可或缺的重要作用。

放眼未来，我国期货市场将继续加强市场化、国际化、法制化建设。在当前，法制化尤为重要。2013年，我作为全国人大代表，在十二届全国人大一次会议上提出制定期货法的议案建议，列入了全国人大的立法规划。过去近20年，我们一直依靠国务院的《期货交易管理条例》来规范、发展市场，而现在我国已经具备了制定《期货法》的市场基础。首先，期货市场的长足发展提供了丰富的市场规范经验，也指出了一些重要制度的完善方向；第二，期货市场20多年来的制度建设为《期货法》的制定打下了扎实的法治基础；第三，我国期货市场已具备了制定《期货法》的监管基础。为加强期货法治建设，上期所还组织做了很多《期货法》相关的研究工作，我们起草了一部"山寨版"《期货法》。我鼓励大家说，不要小看"山寨版"的《期货法》，如果以后全国人大正式通过的《期货法》中有一条出自我们这里，我们就值了，我们就为期货立法作出了贡献。而且我们也应该把这个研究过程作为一个学习法制、学习市场管理的过程，为未来做好准备，因为《期货法》迟早都会推出。

为什么《期货法》的制定值得高度重视？因为对于期货市场这样一个高风险市场来说，有很多深层次的问题必须要通过《期货法》来解决。国务院行政法规没有权力对解决这些问题作出规定。我们出国考察国外期货市场的监管，会发现其实国外的监管更加严格和高效，就是因为它们有《期货法》。一般来说，一个市场如果发展得好，它的法律法规一定是比较健全的。现在在金融资本市场领域，只有期货市场还没有制定出法律，仅有行政法规层级的"条例"。我们在市场上经常听到"国内监管过严"的说法，指的是有时候随意性更大，或者阶段性更强，有些政策可能朝令夕改。当然《期货法》迟迟无法推出也有很多客观原因，现在《证券法》还在修改过程中，期货和证券又有关联，因此《期货法》可能要等到《证券法》修改确定之后才能落地。

市场化和国际化就很好理解了。市场的有效性已经在改革开放40年的实践中得到充分验证。从国际化方面来说，中国经济已经与全球经济密不可分，我们作为全世界最大的生产消费国，产品大进大出，在这种情况下，一个封闭的、只允许国内投资者参与交易的期货市场，功能发挥会始终受限制。总之，我们一定要继续加强期货市场的法制建设，这是我国期货市场今后能否保持长期稳步发展的关键。

期货市场清理整顿亲历记

张邦辉

张邦辉，1953年11月生，籍贯浙江海宁，中国人民大学经济学博士，中共党员。主编了国内第一部期货交易大词典和第一套期货交易丛书，撰写了中国第一篇期货博士论文。1993年2月加入中国证监会期货部，先后在期货部任副处长、处长和副主任。2006年2月调至郑州商品交易所，先后任副总经理、理事长、监事长，直至2014年退休。参与了中国期货市场的清理整顿，处理了大量的风险事件，为中国期货保证金监控中心和期货投资者保护基金的建立做了大量的工作。

我认为，1993 年至 2002 年是中国期货市场长达 9 年的清理整顿阶段。在我国改革开放历史中，只有期货行业经历了如此长时间的全行业清理整顿。这场整顿，不仅对于规范期货市场发展，建立全国垂直、统一的监管体系起到了重要作用，而且为期货市场稳定健康发展奠定了基础。

我 1994 年博士毕业分配到证监会期货部工作，直至 2006 年调任郑商所，其间一直未离开过期货部，分管过综合处、交易所处以及公司处。可以说，我参与了期货市场清理整顿的全过程，对此记忆犹新。

博士论文和我的新岗位

我接触期货起于博士论文。1991 年，我在中国人民大学经济系进行博士学习，专业是社会主义经济理论，也就是现在的政治经济学。当时想确定一个新颖的博士论文题目，在舍弃了房地产、证券之后，发现在已有的博士论文中，唯缺期货。因此，就把期货市场作为我的博士论文选题，从此开始了我的期货人生之路。

当时比较困难的一点是，材料非常有限，参考文献太少。即使国外的著作里也没有单独讲期货的，大多只作为《投资学》中的一部分。为此，我暗暗下决心，一定要为中国期货市场研究贡献自己的力量。功夫不负有心人，经过三年的研究和积累，终于在博士毕业前夕，我交出了三张合格答卷：一是顺利完成博士论文《中国期货市场研究》。这篇论文是中国期货市场的第一篇博士论文，随后在红旗出版社出版。二是编写了"期货交易致胜丛书"。此丛书为五本一套，1993 年由中国经济出版社出版。这是中国第一套有关期货市场知识和基本技术的丛书，从实务的角度对期货的定义、功能以及操作手法和方式进行了详细介绍，为在国内普及期货交易发挥了作用。三是编写了《期货交易大辞典》，1994 年由中国物价出版社出版，这是中国期货市场上第一本有关期货交易的大辞典。这"三个第一"的完成，不仅加深了我对期货的认识，也成了我进入期货行业的"敲门砖"。

1993 年博士毕业前夕，我开始找工作，出于对期货的初步了解，就将找工作的目光投向期货领域。恰逢此时，证监会期货部正在组建。1993 年 11 月，国务院下发了《关于坚决制止期货市场盲目发展的通知》（以下简称 77 号文件），正式明确"对期货市场试点工作的指导、规划和协调、监管的具体工作由中国证券监督管理委员会（以下简称证监会）执行。"于是，我的恩师宋涛就推荐我去证监会期货部。我就这样机缘巧合地进入了期货行业，一干就是 20 年，直到 2013 年底退休，一生未离开过期货。

期货市场早期乱象丛生

20 世纪 80 年代后期，随着改革开放大门的打开，期货进入了中国大陆。在最初阶段，一些港台商人以招商引资的名义开办的期货代理机构也随之进来。但客观地讲，这批人里面大部分是奸商，并未进行真正的期货交易，而是通过欺骗和虚假交易来进行非法盈利，这也是我国期货市场乱象丛生的重要原因。

当时最风行的就是炒外汇。有一次我到沿海某个城市考察，夜里 12 点了，一栋大楼里仍然灯火通明，细问才知原来都是港台的

在 2012 年农产品期货大会上发言

期货代理机构在进行夜盘交易，也就是炒外汇。因此，中国大陆最早开始的期货交易是境外期货，即俗称的"外盘"。

期货最初进入大陆时，无论对于政府还是老百姓来说都是一个新鲜事物。期货咨询、期货代理、投资顾问这些名称更是闻所未闻。看到期货如此盈利，争相加入，一时间各种名义的期货代理机构遍地开花，乱象丛生。

究竟乱到什么程度？真实的场景让人触目惊心。通过电话报单短短几分钟，轻松进账几万元。为什么会这样？因为当时是电话报单，国际线路无法保证，时间上外盘又有时差。于是，这些期货代理机构索性在隔壁房间放个电话，这个房间打，另一个房间接，自炒自卖，佯装进行国际下单，这就是现实版的"外盘下单"。如此一来，不仅佣金，就连手续费都被商家全部收入囊中。当时国内还没有期货交易所，国内期货代理机构的境外期货代理手续费很高，比如做一张香港的恒指，手续费是 600 元人民币。有一次，我到一个正规的期货公司调研，当时还是以博士生的身份去查找论文资料，期货公司的经理就直白地告诉我，"期货行业日进斗金"，兴奋之情溢于言表。

这是期货代理机构的情况，可散户的情况却大相径庭。心怀叵测的境外投机商，带来了让 90% 散户亏损的"对赌"。他们利用期货代理机构同客户进行反向操作，不把交易指令实际下到境外的场内，占用客户保证金、侵占手续费，致使大多数投资者亏损严重，而自己却赚足了腰包。之所以这样，都与当时市场管理极为不规范密切相关。当时在温州出现了一个案例：为了诱骗散户投资，一些港台期货代理机构播放过期的视频录像欺骗散户。当时国内民众文化程度普遍不高，不熟悉英语。利用这个弱点，这些代理机构把国外的过期行情进行录像，伪装为当天的交易行情，欺骗投资者。比如，播放昨天的交易行情（录像带左下角有英文日期），显示下午价格要涨。于是，机构借机哄骗投资者卖出。待下午涨起来了再让散户平仓。如此一来，散户必然亏损，经营机构大赚，屡试不爽。直到有一个大学生偶然的机会陪他爸爸一起来交易大厅，他看出了其中的端倪，发现了问题。当时散户气急了，把这些不法商人围了起来，索要赔偿，这才把散户们辛辛苦苦种田、打鱼积攒的钱给要了回来。但这只是个例，大量不法港台商人听闻此风都卷款私逃了。由此可以看出，当时中国期货市场的乱象大部分集中在境外期货交易上，这也是当时期货乱象的一个突出特点。

据不完全统计，当时在国内做境外期货的机构达 1000 余家，这个数字肯定不夸张。其中相当部分都是港台商人开的，他们打着做境外期货的招牌，行欺诈之实。有次去深圳调研，看到代理机构大部分业务都是做境外期货，欺诈成风，乃至当地的一份财经报纸的标题就是《期货＝欺祸？！》，可见当时人们对期货的印象。

除了外盘，当时国内期货的情况也不尽如人意。20 世纪 90 年代初，大家对期货还比较陌生。"摸着石头过河"是对当时行业的一个生动写照。会干的、不会干的都一窝蜂加入，再加上彼时的交易所运作不规范，品种上市无规矩可循，常常是交易所自行决定哪个品种上，哪个品种不上，导致市场乱象一片。同时，在期货代理机构方面，自营、代理业务不分开。那时候还未成立保证金监控中心，客户的钱与公司的钱混在一起。期货公司既做现货，也做期货，还代理客户。如此一来，客户的利益得不到保证，公司的利益也得不到很好的保证，交易所更是摸索着来，一切杂乱无章。

面对如此乱象，国家决定开始整顿期货市场。1993年11月，国务院下发了关于整肃中国期货市场的第一个里程碑文件，即上述77号文件，由此拉开了这场长达9年的清理整顿。如此长时间整顿，在中国改革开放以来还是首次。

值得一提的是，中国期货市场发展的顺序与发达国家不同，如美国和日本的期货交易平台和经纪机构几乎同时产生。中国则不同，是先有期货经营机构，后有期货交易所；而且是先有境外期货，后有境内期货。

清理整顿的前前后后

1993年，根据国务院授权，中国证监会设立了期货部，专门进行期货市场的清理整顿和监督管理。从此，大陆期货市场有了统一的政府监管者。

期货部的第一任主任是耿亮，后来的证监会副主席。耿主任有着丰富的政府工作经验，面对盲目发展、极度混乱的市场，耿主任组织的第一个大活动就是联合相关部委开展了一个全国性的调查，分赴全国各大省区调研期货市场的运行情况，掌握了大量的第一手材料，拉开了清理整顿的序幕。

首先，对数目繁多的交易所和期货经纪公司进行规范。据统计，经各部门和各级政府批准开展期货交易的商品交易所（或批发市场）达50多家，还不包括正在筹建中的。一个省，甚至一个市里成立两三家交易所的情况都有，一时间，期货交易所和代理机构遍地开花。交易品种更是五花八门，曾达百种之多，甚至连西瓜、蔬菜这些不宜保存的鲜活产品也跃跃欲试。其次，期货经纪机构的数量更是没有准确统计，但超过1000家是大家公认的。而当时经国家工商局注册的只有144家，可见大部分都是各地方政府批设，没有履行工商注册登记手续的。

在这种情况下，对交易所的规范管理首当其冲。一是审核交易所的资质。上述77号文件中指出：已经成立的各种期货交易机构，应按照国务院发布的期货交易法规重新履行审核手续，由证监会审核后报国务院批准，统一在国家工商行政管理局重新登记注册。二是提高交易所的审核条件。根据1994年5月16日《国务院办公厅转发国务院证券委员会关于坚决制止期货市场盲目发展若干意见的请示的通知》，审核试点期货交易所的条件包括期货合约交易额占本所交易比重、实物交割率、日均交易额、会员数量。三是合并、整合地方交易所。1994年10月，《关于批准试点期货交易所的通知》（证监发字〔1994〕150号）发布，明确天津联合期货交易所、成都联合期货交易所、上海商品交易所和长春商品交易所分别由同一城市的几家交易所合并组成。当时，经国务院审批的试点交易所一共15家。1996年4月23日，长春商品交易所并入北京商品交易所。至此，第一阶段试点的交易所减至14家。

与此同时，对期货经纪公司的清理整顿也紧锣密鼓地开展起来。在这一阶段，我先后担任期货部公司处的副处长、处长，负责期货经营机构的清理整顿。在期货部同事们的共同努力下，当时主要做了四件事：第一件是实行双证制度，提高了期货经纪公司的审核条件，所有的期货公司都要经过中国证监会和国家工商总局的双

2012 年在郑州商品交易所国际论坛上发言

重审核。需要先拿到证监会审核下发的经营许可证，再拿到国家工商总局下发的工商许可证，才可进行期货经纪业务。未批准的，一律停止期货交易和经纪业务。至此，期货经纪公司从 1000 多家减至 330 家，其中注销了 120 余家不合格的期货公司，取消了 600 余家期货兼营机构资格，改变了大陆期货市场初期期货经营机构"劣币驱逐良币"的局面，净化了市场。第二件是自营与代理业务分开，取消了期货公司的自营业务。当时公司和客户使用同一个账户，公司又自行结算。如此一来，赚钱的交易就声称是公司的自营业务，赔钱的就扔给客户，客户利益无法得到保证。第三件是客户的钱公司不能随便挪用。那时公司赔了钱，随意从客户账上划拨，导致资金混乱。那时还没有保证金监控中心，此规定在一定程度上对公司的财务进行了规范。第四件是对期货公司实行年检制度。由中国证监会确定年检的文件，主要侧重检查期货公司注册资本金、财务状况以及运作规范程度等方面情况。当时一些资质较差、经营不规范的期货公司率先挑起手续费大战，把整个期货经纪行业拖入恶性竞争，弄得经营规范的期货公司反而处境堪忧，出现了"劣币驱逐良币"的现象。我带领期货公司监管处的同志，用了大约5年时间通过风险处置、年检、提高注册资本金等方法，注销了120余家期货公司，净化了市场，维持了交易秩序。

尽管如此，1993年到1998年，在棕榈油、橡胶、红小豆等品种上还是出现了几次影响较大的商品期货风险事件，仍然暴露出监管经验不足、市场不规范等问题。为了促进市场健康发展，1998年国家又开展了对期货市场的进一步清理整顿。1998年8月1日《国务院关于进一步整顿和规范期货市场的通知》（国发〔1998〕27号）发布，确定了中国期货市场的新格局。试点交易所数量由第一次整顿后的14家减为上海、郑州、大连3家。上海期货交易所是按照同城合并的办法，由上海金属交易所、上海商品交易所和上海粮油商品交易所3家合并成立的。其他未被保留的期货交易所或转型为证券公司，或转型为期货经纪公司。在品种调整方面，23个商品期货交易品种被取消，除套期保值功能发挥较好的铜、铝、大豆3个品种交易保证金保持5%以外，其他9个品种的保证金均提高至10%。

在交易所的清理整顿中，令我印象深刻的是2001年郑商所发生的严重风险事件。当时我任期货部副主任，被证监会委派为郑商所工作组组长，带领魏峰、杨光、邱刚等同志，历时60天圆满完成任务，调整了郑商所的领导班子，原班子只有纪委书记王献立留任，其他全部免职。这是期货部成立至今，证监会向交易所派出的唯一一个工作组。

这场长达9年的清理整顿遏制了期货市场初期的盲目发展，清除了当时大肆泛滥的港台以及境外不法期货交易商的流毒，在高达几十家的期货交易机构和千余家的期货经营机构中最终确定了3家期货交易所和180家期货公司；制定了《期货交易管理暂行条例》和《期货交易所和期货公司管理办法》，所有这一切从市场结构、法规建设、高管及从业人员管理等方面规范了我国期货市场的发展，为期货市场稳健发展创造了条件。此外，在 1998 年 27 号文明确提出将期货交易所划归证监会直接管理后，中国期货市场集中统一、垂直管理的模式也正式建立。这种模式进一步理顺和加强了中央政府对期货市场的监管，为期货市场的健康发展奠定了组织和体制基础。

实现结构和质量的双提升

2002 年以后是中国期货市场结构和质量发生重大提升的阶段，其成果主要体现为三件大事。

第一个是建立了期货保证金监控中心。当时我们向时任证监会副主席范福春汇报期货市场运行情况，他问我们目前期货监管遇到的最大问题是什么？我们回答说："保证金监管。"尽管当时市场运行比过去规范很多，但是仍然存在期货公司挪用客户保证金，个别公司卷跑客户保证金的现象。当时范福春副主席表态说："你们可以借鉴证券市场的经验嘛，一定要想办法把客户的钱看住，那都是老百姓的血汗钱。"

于是，我们开始了保证金监控中心的建设。首先要考虑钱从哪里来。经过讨论，决定由各交易所每年出一部分。既然是国家财产，就要征得财政部的同意。期货市场不是很大，当时财政部对于是否有必要专门成立监控中心有不同意见。为了得到他们的支持，我、鲁东升、张晋生等在大连和杭州召开了座谈会，邀请多家期货公司共同参会。在会上，财政部问期货公司代表是否需要监管保证金。期货公司代表很如实地回答：如果没有专门的保证金存放和监控机构，现实中确实存在挪用和操作的空间。后来了解到，如果没有专门的保证金监控机构，期货公司的老总也担心内部交易人员挪用客户保证金。财政部同志看到有这么大的需求，就同意了成立保证金监控中心的申请。

第二个是建立期货投资者保障基金。除了保证金的问题，其他损害投资者权益的事件也屡屡发生，是期货市场规范发展的又一个顽疾。在此情况下，成立期货投资者保障基金，切实保护投资者权益迫在眉睫。为此，范福春副主席又多次同财政部有关领导沟通协调。"保证金监控中心还没成立，又来了个投资者保护基金。"财政部同志打趣道。后来，经过讨论，将投资者保障基金并入保证金监控中心一同管理。

第三个是成立中国金融期货交易所。2006年9月8日，经国务院批准，中国金融期货交易所正式挂牌成立，标志着我国向兼具商品和金融的综合性期货市场建设迈出了重要一步。当时为了申请中国金融期货交易所，范福春副主席亲自带领我们调研写报告，最终使得中金所顺利成立，成了我国第一家股份制交易所。

回顾我的期货经历，从2002年到2016年，参与最重大的就是这三件事情，这三件事都是在范福春副主席的领导、期货部同事们的共同努力下完成的，它们对期货市场整体结构的提升发挥了重要作用。监控中心的成立使得客户的钱真正保住了，切实提高了期货市场的运行质量；投资者保护基金成立，保障了投资者的权利，使得投资者赔偿"有钱可依"；中国金融期货交易所改变了我国期货市场结构，形成了既有商品期货又有金融期货的格局。而这些结构和质量的提升才能真正带来期货市场的稳定和繁荣。

期货经历二三事

王献立

当代中国期货市场口述史

王献立,1950年8月生,河南省南乐县人,经济学硕士,中共党员,高级经济师。1970年从农村参军入伍,1976年复原当工人。1982年读硕士研究生。曾任河南省委政策研究室财贸处长,郑州商品交易所副总经理、纪委书记、党委书记总经理、理事长。著作有《支配价值论》《期货经济学教程》《中国期货市场问题研究》等。退休后被聘为郑州大学、河南大学兼职教授。

1990 年 10 月，经国务院批准，中国郑州粮食批发市场作为我国第一家期货市场试点单位正式成立。我于 1994 年 7 月担任郑州商品交易所副总经理，2010 年退休，在交易所工作了 16 年，历任副总经理、纪委书记、党委书记总经理、理事长；主持了《期货日报》的筹办、"延津模式"的探索与推广以及在郑商所最艰难的时期临危受命，与全所同志共渡难关、走出低谷。作为我国期货市场发展的亲历者，我深知期货行业能够取得今天的成绩来之不易，凝聚着各级领导以及所有期货同仁的智慧和心血。回忆起那段奋斗岁月，至今令人难以忘怀。

为行业鼓与呼：《期货日报》的艰辛创业路

　　国内唯一的期货行业报纸《期货日报》（初期叫《期货导报》1995 年更名为《期货日报》）的诞生，是改革开放大潮催生的结果。1990 年，国务院批准中国郑州粮食批发市场（后来的郑州商品交易所，以下简称郑商所）作为中国第一个期货交易试点，探索期货交易。当时交易所总裁李经谋提议，创办一份期货行业的报纸，以便更好地对期货行业进行宣传和引导。这个建议得到了当时河南省省长李长春的赞同与支持。就这样，郑商所作为主办单位向国家新闻出版署提交了申请。1993 年 12 月 7 日，国家新闻出版署（现国家新闻出版总署）批复同意，河南省新闻出版局 1993 年 12 月 31

1994 年 9 月 26 日《期货导报》创刊号

日下发通知，同意郑商所作为主管与主办单位，创办《期货导报》，面向国内外公开发行。

郑商所考虑到办报不属于交易所的核心业务，决定成立期货导报社，作为交易所下属单位独立运行。经费一部分由交易所拨付，另一部分通过广告等收入自筹，以后逐步过渡到完全自收自支。1994 年初从交易所抽调 2 人成立了报社筹备组，一位是当时信息部经理毛合营，另一位是信息部的员工郭明霞。

1994 年 7 月，我从河南省委政策研究室财贸处长岗位调任郑商所副总裁（当时交易所领导职务是总裁与副总裁，1999 年改为总经理与副总经理）。我分管交易所研发中心，同时交易所发文由我担任《期货导报》社长兼总编辑。

当时办报难度很大。一是我们都是新闻报纸的外行，缺乏办报的专业知识，更谈不上办报的经验了；二是任务紧迫，计划要求 1994 年下半年出版发行报纸。也就是说，从我担任社长开始，三四个月左右就必须出版发行报纸。

我们采取三项措施奠定了报纸发行的基础，确保报纸如期出版发行。一是健全报社领导班子。报交易所领导同意，聘任了副社长毛合营和副总编辑庞勇（曾经担任《南阳油田报》副编辑）。二是确定了报社两部两办机构设置：编辑部、广告部、办公室、北京办事处。三是通过报社筹备组面向社会招聘工作人员。当时招聘了 20 多名员工，一部分是应届大学毕业生，还有从事过记者、编辑工作的人员。这样，报社下属部门和北京办事处的负责人都配齐了：编辑部主任王伟筠，广告部主任邱清龙，办公室主任郭明霞，北京办事处主任杨云。所有工作，包括租用办公场地，购买办公设备等，都是在一个月内完成的。大家工作非常努力，《期货导报》的出版发行工作就这样有条不紊地开展起来了。

1994 年 9 月 26 日，《期货导报》创刊号发行。我清楚地记得，头条是"中国加快期货立法进程"，是全国人大首次在全国范围内征集《期货交易法（草案）》的意见，同时配发了全国人大财经委主任柳随年、副主任董辅礽参加《期货交易法》研讨会的图片。《期货导报》的正式发行使我国期货行业拥有了权威的信息载体。

值得一提的是，为了提高影响力，切实做到公平与公正，我们从办报初始就制定了明确的原则：宣传改革开放，坚持正面报道。

在郑商所主管主办期间，《期货导报》并未因此而偏袒郑商所，关于郑商所的报道也一直比其他交易所要少。

报纸出版发行以后，每期头版特别是头条都由我审阅，其他版面由副总编辑审阅，最后我签字后交付印刷。就这样，还是闹出了不少的笑话。例如，有一次报道朱镕基总理时，报道成了"朱镕基总经理"。此外，还有一些错别字问题也比较常见。从"门外汉"到"内行人"，当时确实需要有一个过程，以后就慢慢地好起来了。

为了扩大业务范围，1994年报社在北京建立办事处以后，又在期货市场发达的上海、大连、广州、深圳等八个地方设立了联络处，同时设立了分印点，设立分印点的地方可以当天看到报纸。当时报纸刚刚发行，资金有限，各地办事处条件非常艰苦。记得在筹建北京办事处时，办公地点选择在西单大木仓胡同内，编辑记者七八个人挤住在两间地下室里，地下室阴冷潮湿又没有暖气，条件十分艰苦，但大家有期待、有梦想、干劲十足，顺利渡过了艰难时期。《期货导报》出版发行两年以后，1995年更名为《期货日报》，由周三版改为周五版。

与英国伦敦国际金融期货期权交易所主席杰克·威格尔斯合影

由于国家关于新闻报纸政策的变化，《期货日报》在发展过程中多次更换主管主办单位。1995 年，国家新闻出版署发文件，规定利益单位不能办报纸。郑商所按照规定不能成为《期货日报》的主管主办单位。为此，我们提出两种方案：第一，交给《河南日报》。那是 1995 年，中国期货业协会还没有成立，只能交给地方报纸。第二，交给河南省委政策研究室。按照当时国家的政策和法规，省委政策研究室可以主管主办。考虑到政策研究室覆盖面广，利益交叉小，就选了后者。河南省委政策研究室主管了 4 年多，到了 1999 年，国家新闻出版署再发文件，规定党政机关和政府部门不准办报纸。

2000 年底中国期货业协会成立，经协商，《期货日报》由中国期货业协会主管主办，但因其属于二级协会，按规定不能主办报纸。尽管做了很多工作，但中国期货业协会主管主办《期货日报》的批复却一直办不下来。于是，2003 年，《期货日报》的主管主办单位变更为河南日报报业集团。后来，河南日报报业集团又与证券时报社签署协议，合作经营《期货日报》。

《期货日报》从 1994 年创刊到现在将近 25 年了。在《期货日报》的发展历程中，虽有鲜花也有泪水，但为期货行业发展"鼓"与"呼"的初心始终未变。如今，《期货日报》作为唯一一家全面反映国内外期货市场发展动态的专业日报，已经成为中国期货市场权威的新闻中心和信息载体，肩负着维护和促进整个行业健康发展的重要使命。

创新发展理念：助力郑商所走出低谷

中国证监会垂直管理期货交易所以前，郑商所期货交易量占全国份额的一半以上。2000 年郑商所绿豆期货因提高保证金被停止交易以后，又在小麦期货交易上出现了违规质押问题，导致交易清淡，财务出现严重亏损，郑商所由辉煌陷入最低谷。

2001年7月我在纪委书记岗位上临危受命负责全面工作。当时领导成员有理事长张学仁、副总经理张晋生，还有总经理助理梅宏斌、邢汴光、张静。2002年4月汤庆荣调任副总经理。面对现实的困难局面，我们同心同德确立了发展思路，即通过开展粮、棉、油、糖等大宗农产品和能源、原材料、工业品期货与期权交易，把郑商所建设成为期货交易中心、信息中心和价格中心。

我清醒地认识到要实现这一目标，是一件非常困难的事情，必须树立新的理念、采取新的措施、形成新的机制。创新发展理念，就是以观念创新推动品种开发、机制完善和队伍建设等，夯实郑商所发展的基础。为此，我们主要做了四个方面的工作。

第一，初步确立粮、棉、油、糖等大宗农产品期货品种体系。小麦、棉花、菜籽油、白糖属于关系国计民生的大宗农产品，过去通过发放粮票、布票、糖票、油票实行计划管理。上市这些农产品期货交易，可以完善重要农产品价格形成机制，引导农业结构调整，促进农村经济发展，保护广大农民的利益。中国证监会和河南省领导都对这些期货品种开发上市给予了大力支持。我们学习借鉴国外期货市场的经验，结合我国农业经济发展实际，先后设计出了优质强筋小麦、棉花、白糖、菜籽油的期货合约及相关规则制度。2003年3月上市了优质强筋小麦期货；2004年6月上市了棉花期货；2006年1月，上市了白糖期货（赵争平接任总经理后于2007年6月上市了菜籽油期货）。在这些大宗农产品期货上市交易的过程中，当时河南省委、省政府领导李克强、马忠臣、徐光春、李成玉等多次调研，了解期货品种上市工作进展情况，帮助协调相关国家部委，在推动期货品种上市交易方面发挥了重要作用。

第二，不断完善期货交易运行机制。我们围绕降低交易成本服务投资者，开发出价差指令，制定并实行了跨期套利交易制度。该制度是投资者可以根据同一个期货品种不同月份的价格差别，选择不同的投资组合，以提高市场效率，降低交易费用。此外，围绕方便实物交割，在实物仓单通用和无纸化基础上，开发实行了实物仓单转让系统。投资者可以通过这个系统，根据需要进行仓单买卖业务。期货市场实物交割顺利进行，有利于期货市场与现货市场的结合，增强期货价格的有效性。围绕期货市场运行机制完善，成立期权部门，研究制定商品期权交易制度，开发期权交易计算机系统，进行期权仿真交易。

第三，扩大开放加强同国外期货市场的交流合作。在中国证监会垂直管理期货交易所之前，郑商所已经加入了世界期权协会，并且与日本关西交易所、加拿大温尼伯交易所、芝加哥期权交易所等签署了友好合作备忘录。在此基础上，2002 年至 2005 年，我们先后与芝加哥商业交易所、纽约商品交易所、巴西商品交易所（现巴西证券交易所）、东京农产品交易所签署了友好合作协

访问巴西商品交易所并与之签订合作谅解备忘录

议或备忘录，进一步密切了与国际期货市场的交流合作。在交流合作方面，我们专门邀请美国金融期货之父、芝加哥商业交易所创始人梅拉梅德过来访问交流。当时河南省委书记徐光春亲自会见了梅拉梅德，郑州市副市长孙新雷与梅拉梅德进行了充分交流。他在郑州访问交流以后表示，郑商所将会成为世界上最具影响力的期货市场之一。

第四，苦练内功造就高素质员工队伍。郑商所在试点期间经历了辉煌，绿豆期货交易连续多年一枝独秀。实行垂直管理体制以后，郑商所期货交易一度陷入窘境，当时办公照明、汽车烧油、员工工资等费用，都是依靠银行贷款。在这种情况下，提高员工素质加强队伍建设成为事业成败的决定因素。经历了天堂和地狱的历练，全体员工苦练内功，拼搏奋进，团结协作，克服了前进路上一个又一个的困难，不断取得令人振奋的成绩。为了支持鼓励员工练好内功学习新的知识，对员工在职学习攻读博士、硕士获得学位的一切费用，单位全部给予承担。交易所制定的双向监督制约机制，在员工队伍建设方面发挥了积极作用。这个机制就是交易所领导成员全面接受员工和会员、投资者监督，交易所全体员工接受会员、投资者监督。实践证明，郑商所员工队伍建设取得了明显效果，在最艰难时期，没有员工离开，更没有业务、技术骨干流失，形成一支特别能战斗的员工队伍。

郑商所走出低谷得到了各级领导的大力支持，特别是时任河南省委书记李克强非常关心郑商所的发展，多次深入调查研究，建议我们上市棉花等大宗农产品期货。在他的关心和大力支持下，我们开发上市了棉花等大宗农产品期货。如果说河南省前任领导李长春创办了国内期货市场试点，开辟了中国期货市场的先河，那么，河南省后任领导李克强推动郑商所夯实了健康发展的坚实基础。

郑商所在郑州举行《利奥·梅拉梅德论市场》（中译本）首发式

服务"三农"：延津模式的创新探索

解决"三农"问题是党和国家工作的"重中之重"。河南作为农业和人口大省，更是始终将解决"三农"问题放在首位。创新农业生产方式、进行农业生产结构调整是农业现代化的重要课题。

就期货市场如何促进农业经济发展进行调研时，我们发现河南省延津县粮食贸易公司与农户签订收购合同，然后通过套期保值锁定价格，促进了全县强筋优质小麦种植面积扩大，增加了农民收入。我们把这种做法总结为"公司＋农户、订单＋期货"的延津模式。

"公司＋农户"是农业生产方式由传统向现代过渡的一种形式。当时，农户的生产与种植计划主要根据上一年供求情况及价格确定。由单个农户进行生产并直接面向市场销售，不仅规模小、效率低、质量参差不齐，而且难以规避市场价格波动带来的冲击。为了克服这种弊端，订单农业开始兴起。粮食经营企业与农户在种植前签订订单，不仅帮助企业锁定资源，而且稳定了农户的收入。但在实践中，订单农业面临着较大的价格风险。市场价格高时农户违约率高，市场价格低时企业不愿收，订单农业效果受到很大影响。

"订单+期货"就是将期货市场引入农产品种植、采购、加工、销售等生产经营过程。通过这种模式，粮食企业利用期货市场价格作为经营决策参考，更合理地确定订单价格，较好地解决订单农业中企业面临的较大农产品价格波动风险，弥补了订单农业的缺陷，促进了农业生产方式的转变。

延津模式就是分散的农户通过公司面向市场，公司通过套期保值规避市场价格波动的风险。2003年，交易所推出优质强筋小麦期货品种。由于当时实行小麦计划收购，农民种什么品种，当地粮食企业就收什么品种。优质强筋小麦则不同，它与进口小麦设定同一个标准，收上来之后可以直接替代进口小麦，当然价格也比一般小麦高得多，农民种植这种小麦收入会相应提高。延津县尝试种植优质强筋小麦的农民，尝到了甜头。随着订单农业的不断发展，粮

在优质强筋小麦交易培训班上讲话

食企业每年收购上来的优质小麦数量也在不断增加。如果农民以每斤小麦 1 元钱的价格签订订单，企业以每斤 1.1 元的价格在期货市场进行交易，当期货市场的价格下跌到每斤 0.9 元的时候，损失是由期货市场的交易者来承担的，而农民利益不会受到损失。当价格上升的时候，农民却可以得到分红。延津模式使公司与农户"小生产"与"大市场"联结起来，同时利用期货进行避险，在实现利润增长的同时，扩大了优质强筋小麦种植面积，提高了农民的组织化程度，推动了农业种植结构调整，实现"农民增收、企业增效、产业升级"的效应。

这种做法得到了中国证监会领导和河南、山东、河北等省领导的支持。2004~2005 年，交易所选择了河南的周口和商丘，山东菏泽以及河北衡水，开展了延津模式的宣传推广。由于当时期货还不为大众所知，尤其是广大农民，更是知之甚少。交易所选派中层业务部门负责人到地方挂职做市政府的副秘书长，专门为地方企业和农户做期货知识的宣传普及和业务指导工作。

"公司＋农户、订单＋期货"的延津模式，发挥了期货市场促进农业种植结构调整的作用，得到了当时省委领导的高度关注和肯定，并作为 2004 和 2005 两年的河南省委农村工作会议的经验交流资料印发，宣传推广。

一个时代有一个时代的使命，一代人有一代人的担当。现如今，中国期货市场已走过 30 年的风雨历程，走出了一条从无到有、从小到大的中国特色期货之路。我很庆幸自己经历了这个过程，眼看它从一棵"萌芽"成长为今天的"参天大树"，心里由衷地感到高兴。而这些所有的过往，也终将在昭昭青史上烙刻下深深的印记。

中国期货业协会创立发展亲历记
——十六载风雨兼程，为期货无怨无悔

彭 刚

彭刚，1966年9月生，硕士，中共党员，高级经济师，中南大学兼职教授。深圳有色金属交易所和中国期货业协会创始人之一。1990年至1998年，历任深圳有色金属交易所理事会秘书、总裁助理；1999年至2000年，任金牛集团副总裁、常务副总裁；2000年至2015年，任中国期货业协会副会长兼秘书长；2015年至2016年，任中国期货市场监控中心党委书记、总经理。

中国期货业协会作为行业的自律组织，在期货市场运行中有举足轻重的地位。自期货市场筹建伊始，行业协会就已经纳入市场建设的顶层设计方案中，并做了很多前期准备，后来由于清理整顿而中断，直到2000年底才正式成立。在我国期货市场发展的最低谷，中国期货业协会的成立犹如阴霾中乍现的曙光，为所有的期货人带来了希望。而中国期货业协会成立至今，也没有辜负大家的期望，在行业规范和创新发展中发挥了重要作用。

作为一名从研究生时期就从事期货的"老兵"，我见证了期货行业的起起落落，在近30年的期货从业经历中，我有一半的时间是在中国期货业协会（以下简称协会）度过的。从2000年任职到2015年调离，我经历了四届协会，与三任会长共事，参与了协会创建、探索、转型、发展的全部过程。因为热爱期货行业，我选择到协会工作；因为在协会工作，让我对期货行业有了更加深刻的认识，更加深了对期货行业的感情。应该说，这十六年是我职业生涯中浓墨重彩的一笔。

映日荷花别样红

早在加入协会之前，我就与期货结下了不解之缘。1989年，我被保送到中南工业大学（现中南大学）管理工程系攻读硕士研究生，我的导师是詹银水教授。当时中南工业大学强调要培养复合型人才，要求每名研究生要有一名校内导师和一名校外老师，我有幸被当时中国有色金属工业总公司供销运输公司总经理何玉良看中，成为了他的学生。

在我读研的时候，中国有色金属工业总公司正在研究在深圳办一个市场。1990年8月底，经何玉良老师推荐，我随中国有色金属工业总公司供销运输局副处长张宜生老师来到深圳，成为了探索和创办深圳有色金属交易所（以下简称金交所）的一员。1991年6月10日，金交所正式成立。一年后，我也顺利从中南工业大学毕业，分配到金交所工作。

我的硕士论文《建立中国有色金属期货市场的模式研究》就是基于筹办交易所的经验完成的。论文中的很多理论观点在后来都得到了验证。比如，全球24小时连续交易，建立金属行业伦敦、纽约和中国"三足鼎立"的市场格局，发展期货市场要防止盲目性等。论文中部分观点整理后在《经济日报》理论版发表。

1998年8月25日，金交所被国家关闭。在完成交易所关闭清算的工作后，经深圳市政府批准，原金交所改组成立了金牛集团，集团当时拥有六七个子公司，涉及证券、期货、投资咨询、现货远期交易、信息技术服务等业务。作为金牛集团的副总，我除了兼总部投资部经理外，也几乎在每个子公司都有任职，比如期货公司副董事长、投资咨询公司董事长兼总经理、证券公司董事。在金交所工作期间，我获得了荷兰特温特大学的录取通知书，准备攻读金融学的博士学位。

然而，正当我打算一边完成博士学业，一边在金牛集团大展拳脚时，一个电话改变了我人生的轨迹。2000年9月26日，在去香港的火车上，我接到当时在证监会期货部主持工作的康焕军副主任的电话。他跟我说，证监会汪建熙副秘书长要找我谈话，我问大概什么事，他说想问问你愿不愿意到北京来。于是，2000年9月29

日下午 1 点多钟，我在证监会见到了汪建熙副秘书长，他提出要我到北京来筹建期货业协会。

说起我到协会工作，很多人不理解。当时，大家都认为协会基本上是老干部养老的地方，没有什么实权，也没啥正经的事可以做。而我那个时候刚刚被提拔为深圳金牛投资集团的常务副总裁，可以说事业蒸蒸日上。如果说在面临这个选择时没有一点犹豫，那是骗人的话。而且我觉得自己刚刚被提拔为常务副总裁，马上就离开有点对不起领导，对不起董事会。但是当时我的老板——金牛集团董事长陈胜年和总裁郑元亨都非常支持我。他们认为，一是到北京去，平台更大，有利于我的发展；二是他们对期货市场感情很深，认为"证监会看上了你，说明你是个人才"，应该全力拥护支持，也算是为行业做些贡献。这里插一句，当时他们对我的支持不仅仅是"扶上马"，而且是"送一程"。到协会后的很长一段时间，考虑到协会刚起步比较困难，我的很多费用都是金牛集团解决的。思前想后，关键是我自己也热爱这个行业，所以就义无反顾地来北京了，也因此开始了一段完全不同的人生经历。

忆往昔，峥嵘岁月稠

今天，我们看到中国期货业协会作为期货行业的自律性组织，已经在期货市场的监管和发展方面发挥了重要的作用，获得了各方的重视和认可。但是回过头来看，无论成立还是发展，协会都经历了不少困难和曲折。

实际上，中国期货业协会早在 1995 年就已经在民政部注册了，那时候成立仪式的邀请函都发出去了，但是由于国家清理整顿期货市场，协会的设立就暂停了。直到 2000 年期货市场的清理整顿基本到位，《期货交易管理暂行条例》和配套的四个管理办法先后发布，期货市场的法律地位得到确立，协会的成立才又提上日程。在 2000 年的全国证券期货监管工作会议上，时任证监会主席周小川提出要促进市场自律组织发展。根据这一讲话精神，证监会期货部于当年 8 月重新启动了协会的筹建工作。那年 10 月 15 日，协会筹备领导小组成立，中国国际期货公司董事长田源任组长，成员包括证监会期货部主持工作的副主任康焕军、金鹏期货公司董事长常清、大连商品交易所理事长武小强和我。

按照证监会工作部署，协会要在 2000 年内成立，当时仅有两个多月的筹备时间，非常紧张。我们主要做了三件事：第一件是组建队伍。当时是从期货公司、交易所、证券管理办公室（证管办）借调人员，包括中期的赵建、金鹏期货的吴玉文、上期所的陆丰、郑商所的纪文如、大商所的朱林、上海证管办的陈益民，以及瞿小松、刘铁斌、王志勇、任辉等。我在常清董事长提供的临时办公室里与这些新同事一一谈话、分工并提出工作要求。协会成立后，他们中的大部分留在了协会，而来自交易所的同志都陆续回原单位了。第二件是找办公场所。最初我们在阜外大街租了解放军报社的三间房，包括我住的房间最早都是在解放军报社，离证监会也不远，在这里办公了大半年。后来我们又去了泰阳大厦，直到 2008 年才搬到了现在的通泰大厦，算是稳定下来。第三件是制定协会制度和筹备第一次会员大会。主要是起草协会章程、会员规则，以及两个月后会员大会的领导讲话稿。

当时为了宣传，12 月 26 日我们还专门在新浪网进行了筹备路演，筹备领导小组的成员全部参加。

2000 年 12 月 29 日，第一届会员大会在京西宾馆隆重召开，近 190 家期货公司代表作为会员参加大会。那届大会开得特别成功，我们请了时任证监会主席周小川去讲话，还请了当时证监会的首席顾问梁定邦，选举了协会的理事和领导班子。在协会第一届理事会第一次会议上，田源当选为第一任会长，常清、武小强和我当选为副会长，同时，我也被聘为秘书长。自此，我作为协会副会长兼秘书长正式开始主持协会工作。

中国期货业协会成立大会暨第一届会员大会

　　在协会筹建的过程中，还有两个小故事。第一个故事是关于开会地点的事情。2000年是期货市场最低迷的时候，搞期货的在哪儿都不招人待见，那一年全年的单边交易额才0.8万亿元。我们为了鼓舞大家士气，就商量要找一个能鼓劲的地方。那时候我们看中央首长经常在京西宾馆开会，我们就去联系看能不能在京西宾馆召开大会，一联系京西宾馆那天正好有空，就定在那里了。在京西宾馆开会的感觉真的不一样，平常一般人想进也进不去，所以大家都觉得这是个神圣的地方，是个要开启"春天故事"的地方。现在协会已经开了四届会员大会，有三届都是在京西宾馆。

　　第二个故事是当时证监会的首席顾问梁定邦在现场讲的一句

话，后来被很多媒体报道。梁定邦是香港大律师，当过香港证监会主席。他说，为什么期货名声不好？因为有人说，如果你恨一个人，想让他下地狱，你就让他去做期货。实际上，这句话只说了一半，另一半是，如果你爱一个人，想送他去天堂，你也让他去做期货。梁定邦这么讲，其实主要是说期货的两面性，也是为了给大家鼓劲。

当时，期货行业可以说是"哀鸿遍野"，极度低迷，大家都不知道期货市场前景如何。因此，期货业协会的成立，某种意义上反映了国家对期货市场发展的态度和政策风向，让处于困境中的期货行业重新燃起了希望。特别是周小川主席在协会成立大会上的讲话中宣布"期货市场规范整顿工作基本到位，期货市场初步步入了法制化、规范化的运行轨道"，标志着期货市场由清理整顿步入规范发展阶段，令行业人心鼓舞。现在回过头看，那就是行业最低谷，是行业转折点，此后行业可以说"一路飘红"。

创业艰难百战多

协会成立后，无论是监管部门，还是会员单位，都对协会抱有很大的期望。那个时候协会跟现在不太一样，当时协会可以说"一没钱，二没权"，职能比较单一，主要是考虑如何服务会员，反映行业问题和呼声，自律管理职能较弱。同时，体制上是秘书长负责制，会长、副会长都是兼职，不坐班。遇到重大问题了，开会长办公会研究决定。

协会如何打造在行业内的影响力呢？这也是当时我们面临的最大挑战。但是既然成立了，就要有所作为。于是，我们主要从助力期货行业、期货公司发展的角度，干了四件大事。

我们办的第一件大事就是帮期货公司从被关闭的交易所追回会员费。1998年国家保留了郑州、上海、大连3家期货交易所，其余 11 家则直接关闭。但是部分交易所以各种理由拖欠应当退还的会员费。所以我们决定从这一关系会员切身利益的事情着手。2001~2002 年，追回的会员费总额超过一个亿。现在看来，这些钱可能抵不上一家期货公司的净利润，但那个时候可是雪中送炭，因为当时整个期货行业净资产大概不到 60 亿元。

由于我跟这些交易所的领导私交都不错，所以当时事情解决得比较顺利，比如广东联合期货交易所就比较顺利地退了这个钱，海南中商期货交易所则因现金紧张最终商定用各方可以接受的方式灵活处理。海南中商期货交易所解散之后，会员说找不到交易所的人了，我就帮他们找到了交易所原总裁唐荣汉。我给他打了电话，还见了面，他表示理解和支持。但是他们资金十分困难，所以我们就与期货公司和海南中商期货交易所商量，最后采取了 60% 现金、40% 消费券的退款方式。

当然也有不顺利的，比如北方某家交易所，虽然涉及的金额不多，大概一两千万元的样子，但他们就是不退。我和协会的法律顾问于学会专程去当地与他们的领导进行沟通，结果他们不仅不愿意退，还红了脸，闹得很不愉快。回来后，我就去找证监会领导反映这个情况。后来证监会出面要求他们退回期货公司的会员费，不然就停了他们证券公司的资格，这样才把这部分钱要了回来。

说实话，交易所关闭是 1998 年的事，等协会成立后再来办这个事都过去三四年了，大家都没想到这个钱还能要回来。当时期货公司普遍困难，这笔钱也不是个小数目，所以这件事在期货公司中间赢得了普遍赞誉，可以说这件事的办成也初步确立了协会"行业发展促进者"的地位。

第二件事是编写《期货市场教程》，举办期货从业人员资格考试。根据《期货交易管理暂行条例》规定，期货从业人员必须通过资格考试才能从业。这个考试最早由证监会期货部负责组织，协会

协会主办全国高校期货教学与人才培养研讨会

成立后就移交到了协会。在我印象当中，这些年参加期货从业人员考试的队伍不断壮大，从最开始的每次考试一万人左右到高峰的时候十万来人，现在算算，总数应该接近三百万人·科次。从业考试的完善不仅为期货市场源源不断地输送了人才，也大面积宣传推广了期货市场。

说起编写《期货市场教程》，当时除了要作为期货从业人员考试基础科目的考试用书外，我们还希望把这本书提供给高校作为教材，正本清源。那个时候，关于期货的书也不少了，但有很多问题，比如关于期货的名词术语不统一、不规范。举个例子，我们现在说期货"持仓"，那个时候有叫"部位""头寸"等，各种各样。我们就想集行业之力编一本行业认可的、权威的期货专业用书。当时请了学界期货理论方面的专家朱国华、胡俞越和行业理论与实践结合方面的专家李强、姬广坡等，花费了很大的精力编写这本书。

向高校推广《期货市场教程》作为教材的一个好处就是培养行

业后备人才。事实证明这一点是对的，后来很多大学二、三年级学生或者是一些研究生都来参加我们的期货从业人员考试。2004年的时候，我们还专门在大连召开了一次"全国高校期货教育研讨会"，把全国五六十所高校涉及期货讲课的100多位老师都请来参会，效果非常好。

第三件事是着力解决手续费恶性竞争问题。协会成立后我领着各部门花了2~3年的时间走访了全国超过140家期货公司，占当时期货公司总数的70%，主要是了解它们的发展情况和遇到的问题。当时集中反映的问题有两个。第一个是生存问题。没有业务，交易量又不大，国家管得又很严，很多期货公司快活不下去了。第二个是恶性竞争。特别是手续费的恶性竞争，比如，做一张大豆单子本来应该是10块钱，但为了拉客户，降价到8块钱，最终导致恶性竞争，手续费越降越低。

这个问题的症结在于各期货公司没有差异化的业务和服务。当时的期货公司在经历两次清理整顿之后，只剩下经纪业务，无法为客户提供个性化服务。经纪业务就靠收手续费，想多拉客户、多做交易，只有一个手段就是降低手续费。为解决这个问题，协会召开了多次座谈会，这也成为每次协会理事会上的重要议题。最令人头疼的是，协会出了好多文件也解决不了，因为这是市场机制决定的。

第四件事就是着力解决期货从业人员的合规执业问题，培育期货从业人员的合规意识。那个时候的行业虽然已经结束了清理整顿，但是整个行业从业人员的职业道德素养和合规意识还比较低，违规或违反职业道德的事情还时有发生。怎么办呢？作为行业协会应该做些什么呢？所以我就想能不能把一些情况以案例的形式表现出来。这些案例怎么来？协会就利用每一次给从业人员搞培训的机会，要求开班以前每一位学员必须上交一份案例。这些案例要么是他们亲身经历的，要么是他们听说的，通过这种方式前前后后收集了大概一千多份这样的案例。后来，协会请李强同志组织了一个小组来进行分类归纳整理，最后编成一本小册子叫《期货从业人员执业行为准则案例汇编》。协会把这一本小册子分发给期货公司的每一位从业人员，要求各个会员公司组织员工学习如何勤勉尽责、合规执业。别小看这本小册子，对净化当时行业风气、提升从业人员执业素养，有非常好的效果。

协会成立以后，经费非常紧张，筹建时，我们向三个交易所分别借了300万~500万元作为启动资金，后来经费充足的时候归还了。日常的经费来源主要是会员费和从业资格考试收费，起初会员费是1万元，后来增加到2万元，考试是两科，每科70元。但是当时期货公司发展困难，从业人员很少，我们的经费也很少。2004~2005年是协会最困难的时候，我经常开玩笑地说，那时候我都准备卖房卖车去发工资了。还好在期货部的协调下，解决了暂时的困难。

协会真正解决经费问题还是2006年换届的时候。2006年6月6日，协会召开第二届会员大会，时任大连商品交易所的总经理朱玉辰当选为第二任会长。当时朱玉辰会长就正式提出采用美国期货业协会（NFA）的方式解决经费问题，这一建议得到证监会和会员大会的认可，这样经费问题就解决了。NFA经费一年大概是2亿美元，来源就是期货经纪公司每做一张单子，里面抽一定比例交给NFA，核心还是从市场来钱。每个月从每家期货公司收这个钱，大家都说太麻烦，所以后来决定从交易所手续费中抽一定比例，以特别会员费形式交给协会。

守正出新，精业笃行

2007年是协会发展的转折年。当时，朱玉辰会长调任中国金融期货交易所任总经理，要全力以赴筹备股指期货的上市，辞去了协会会长职务。在 2007 年 2 月 1 日召开的协会第二届理事会第二次会议上，原证监会期货部副主任刘志超当选协会新一任会长。时任证监会主席尚福林还专门到会讲话。

刘志超会长上任后，在证监会的支持下，协会职能进一步完善，特别是自律管理职能得到了强化，成为证监会"五位一体"监管体系的重要组成部分。半年之后，协会成立党委。从那时起，协会管理体制也由秘书长负责制改成了会长负责制。2007 年以后协会的主要工作可以用"强化自律，制订标准，促进创新"十二个字来概括。如果要详细介绍恐怕一两天也说不完，我想重点举几个例子。

一是期货公司高管人员测试。这是协会管理机制调整后，证监会交给协会办的第一件大事。我清楚地记得，刘志超会长在时任证监会主席助理姜洋那里领任务回来后对我说，他在姜助理面前立下了军令状，高管测试要做到万无一失，否则将辞去会长职务。但他又说，这事交给你，如果出问题，我辞职前也要先免掉你的"副会长"。可见当时压力之大。后来，我跟协会同事一起反复论证方案、设计流程、周密组织，特别注意保密和公开，最终形成了一套严密有效的高管测试方案。我主持了大概 20 次高管测试，没有出现一次事故。也正是高管测试这一仗打得漂亮，协会赢得了证监会和行业的信任，所以此后证监会又逐步把更多的工作交给协会来做。

二是制定行业技术标准。例如，2008 年协会根据证监会的安排，开始规范期货公司的信息技术体系。在刘志超会长的支持下，我和当时协会副会长兼信息技术委员会主任、中国金融期货交易所（以下简称中金所）副总经理胡政一起推进这件事。2009 年 7 月 9 日，协会正式发布了《期货公司信息技术管理指引》，要求各期货公司配备相应数量的技术人员，明确总部和营业部的 IT 系统标准，以及每年的最低投入标准等。

协会信息检查组到企业调研

　　标准出来之后，我们带着专家到各个期货公司开展检查评级，前后花了 5 个多月的时间，将它们按四类等级划分，并且这个等级与申请中金所的会员资格挂钩。如果要作中金所全面结算会员，期货公司必须达到三类标准。我印象中第一批符合三类标准的期货公司只有 18 家。之后，协会每年还要进行再检查评级。为什么信息技术标准这么重要？因为期货市场当时面临的一个重大风险是电脑"宕机"，平时所说的一些系统性风险、价格风险其实都没有那么可怕，因为当时国家管控得比较严，市场风险控制得比较好。但是交易出现停顿，这就是巨大的风险。期货公司当时经费少所以不愿意投入，或者说即使想投入，也不知道应该如何投入，因为没有行业标准。中金所筹备期间，他们就担心交易系统出问题。因此在一定程度上说，没有这个标准，股指期货也很难出来。

　　正是因为技术评级这件事涉及全行业每一家公司的切身利益，我们就想技术评级这件事一定要做到公平公正，不能让大家有意见。因此，我们设计了一套检查加审核的机制。首先我们从行业抽调专业人员组成检查小组对期货公司的技术水平进行检查，第一次就分了十个小组，每个组三个人进行检查。然后，邀请证监会相关部门、交易所技术总监和协会技术负责人组成专家小组来审核。最后，还要由证监会期货部、信息中心和协会组成的评审委员会审批通过。可以说是层层把关，确保公正公平。同时，对于参与检查评比的人员，我们还制定了严格的纪律，比如，检查人员在检查期间不能接受被检查对象"吃请"，所有的用餐补助都由协会按标准承担。大家知道，这在当时是非常严格的。我们派出去的检查人员都非常严格地执行了这个规定。到了各个地方他们要花三天的时间来检查一百多项指标，非常仔细，常常工作到深夜。最后，我们赢得了公司的信任，也赢得了证监会领导的信任。我记得当时证监会副主席桂敏杰到派出机构调研的时候听说了这件事，觉得我们协会做得很好，多次在相关会议上表扬。

三是推进行业创新业务试点。其中最重要的两项创新业务是进行"期货公司的风险管理子公司业务试点"和"期货公司资产管理业务试点"，这两项业务都是在证监会的支持下，以协会自律管理的方式开展的。2012 年 12 月 21 日，期货业协会发布《期货公司设立子公司开展以风险管理服务为主的业务试点工作指引》。2014年 12 月 4 日，协会发布《期货公司资产管理业务管理规则（试行）》，正式推出期货公司"一对多"资管业务。这两项业务的推出对期货公司的意义，现在看来，无论怎么评价都不为过。正因为这两项业务，期货公司才从根本上改变了单一业务模式，才从简单的通道业务，变成拥有自己的产品和交易能力，真正能够更好地将实体企业客户需求与自身业务结合起来。此外，早在 2012 年，协会就开始草拟推进期货行业创新发展的意见，数易其稿，多方论证，最终提交给证监会进行发布。2014 年 9 月 16 日，证监会发布《关于进一

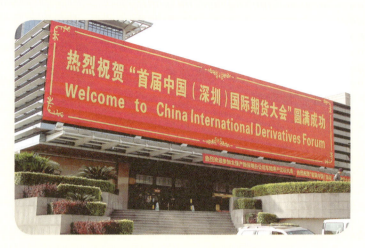

2005 年首届中国（深圳）国际期货大会成功召开

步推进期货经营机构创新发展的意见》。根据这一文件，协会还组织推出了期货公司互联网开户、发行次级债补充净资本等多项创新举措，切切实实为行业发展起到了推进作用。

此外，由于 2006 年经费问题得到了解决，协会也在服务会员方面加大了投入。例如，2012~2013 年先后举办了三期中国期货业赴美高管培训班、三期赴加拿大首席风险官培训班，协会承担全部培训费，让期货公司走出国门了解国际衍生品市场，这也为后来行业创新发展创造了条件。协会还打造了"中国（深圳）国际期货大会"和"中国期货分析师论坛（杭州）"两个行业大会品牌，享誉海内外，目前已经分别举办 14 届和 12 届。

上下求索，立信于市

　　中国期货业协会伴随着我国期货市场的发展而发展。作为行业自律组织，协会在建立之初就对行业发展起到了推进作用，后来由于我国期货市场发展形势以及中国体制的特殊性，其职能又得到扩充，开始履行对市场的自律监管职能，形成了协会发展的中国特色。

　　我国期货业协会的发展一定程度上借鉴了美国期货业协会的经验，但又有不同。美国期货行业有两个协会，分别叫 FIA（Futures Industry Association）、NFA（National Futures Association），这两个协会定位不一样。FIA 基本上是民间团体，主要任务是促发展，从某种角度看，主要是帮着行业跟监管机构，去争取权益的。NFA 从某种角度看，是政府支持的或者说政府在很多方面给予了它权力，所以它带有一定的监管职能。我们有一个详细的关于美国两个

2010 年证监会主席尚福林（中）出席协会第三次会员大会

期货业协会职能的介绍以及如何借鉴的研究，2005~2006年我们做过一次，到2012年、2013年又对它做了进一步的深入研究，包括美国期货业协会的自律规则，我们也专门找人翻译了。

应该说在2007年以前，中国期货业协会基本上是FIA的角色。2007年之后，我认为我们的期货业协会则更像是FIA和NFA的结合。它等于既有NFA的职责，又有FIA的职责。实际上中国的很多部门都是这样的，既要促进行业发展，又要进行行业监管。中国期货市场与国外有相似之处，但又有不一样的地方。国外期货市场本来就是自发形成的，像芝加哥期货交易所（CBOT）、伦敦金属交易所（LME）、德国的期货交易所都是这样的。日本20年前也有七八个期货交易所，发展一段时间后很多没有交易，自然而然就消亡了。以前东京红小豆很火的，现在也不行了。我们不一样之处在于我们很多事情是行政命令，它们更多的是市场手段。咱们讲期货服务实体经济，有的人觉得是空话，但在国外它确实是因为实体企业有规避风险的需要。中国期货市场的出现其实也是出于实体经济发展的需求，无论是郑州商品交易所从上至下的组建模式，还是深圳有色金属交易所从下至上的发展模式，最早的出发点都是为了解决实际经济生活中的问题。但是中国当时的发展有一个怪圈——"一放就乱、一乱就治、一治就死"，很多行业都是这样的。

回顾协会这些年的发展历程，可以说我们一直是在探索一条符合中国国情的自律组织发展模式和道路。尽管有曲折、有迷茫、有质疑，但终究协会通过近20年的不懈努力，树立了自己在行业中的地位，得到了监管部门的认可，更得到了广大会员和业界的信任。

最后，我想特别说说协会三位会长，田源、朱玉辰、刘志超三位会长虽然风格不尽相同，但有一点是相同的，他们都对这个行业充满感情。应该说，三任会长对协会都作出了突出贡献，田源会长解决了协会"出生"的问题，朱玉辰会长解决了协会"吃饭"的问题，刘志超会长解决了协会"成长"的问题。这个比方不一定十分准确，其实三任会长的贡献也远不止这些。我非常荣幸能够与三位会长共事，特别感谢他们对我的信任和支持。同时，我也要特别感谢一直以来关心、支持和帮助我的相关领导、协会同事以及业界的朋友们，再次说声感谢！

从四次诉讼高峰看中国期货市场法制建设

李 强

李强，1954年6月生，辽宁大连人，经济学博士，中共党员，金融学博士生导师。1982年8月毕业于东北财经大学贸易经济专业。曾任东北财经大学校长助理、深圳中国国际期货公司总经理、中国国际期货集团公司执行总裁、亿城集团股份有限公司（深交所上市公司）董事长兼总经理。2006年开始任中国期货业协会专职副会长兼秘书长。2014年6月退休后经中国证监会提名任中国期货业协会非会员理事，担任理事会人才培养专业委员会主任，并被聘任为北京物资学院经济学院名誉院长，《中国证券期货》杂志编委会主任。

从早期的艰辛探索到如今的规范发展，中国期货市场用 30 年的时间走过了发达国家百余年的道路，形成了一条具有中国特色的发展之路。法律制度是期货市场的基石，中国期货市场法规建设是在"边摸索、边建设、边完善"的过程中不断成熟的，与中国期货市场的发展相得益彰。

"官司"缠身的期货人生

回顾我的期货人生，"官司"两字常伴左右。因为我打过很多期货官司，单在深圳中期工作期间所打的期货官司就有 12 个。若从 1988 年时任国务院总理李鹏致函国务院发展研究中心主任马洪"请考虑是否能组织几位同志研究一下国外的期货制度"开始计算的话，到今年（2018 年）中国期货市场整整走过 30 年。在这个过程中，从法律诉讼角度来讲，我认为一共经历了 4 次高峰，我都亲历其中。

改革开放初期流行一个词叫"下海"，1995 年我在东北财经大学任教务处长，赶着"下海"的潮流来到了中国改革开放的最前沿——深圳，选择了最具挑战性也被称为"最深的海"的期货，一干就是近 20 年。

从 1995 年 7 月到 1999 年 4 月，我在中国国际期货公司（以下简称中期）深圳公司任总经理，这是我期货经历的第一阶段。第二阶段是从 2000 年 8 月到 2002 年 8 月，我担任中期集团公司的执行总裁，负责中期集团的期货业务。当时中期在全国有 8 家公司，被称为"八大中期"，分别是上海中期、深圳中期、北京中期、沈阳中期、辽宁中期（也叫大连中期）、河南中期、武汉华中和海南中期。这 8 家公司交易量占中国期货市场的 10% 以上。第三阶段从 2006年 6 月开始，当时中国期货业协会正在进行第二届换届，证监会提名我任协会专职副会长兼秘书长。从 2006 年 6 月到 2014 年 8 月，完成两届任期，退休以后又担任非会员理事近 4 年，合起来我的期货生涯正好 18 年，基本经历了中国期货市场早期成长到现在规范发展的全过程。

援引过去市场上的一句老话，中国用 30 年的时间走过了发达国家百年多的发展历程。尽管这个过程是"边发展、边规范"，也就是所谓的"摸着石头过河"，但这个路径却是适合中国国情的，形成了具有中国特色的发展模式。中国期货市场法规建设是在"边摸索、边建设、边完善"的过程中不断成熟的，与中国期货市场的发展相得益彰。

第一次诉讼高峰：外盘交易的订单是否下到场内

我国期货交易首先是从外盘开始的，第一次诉讼高峰主要是关于外盘交易的纠纷，纠纷的关键点是订单是否下到了场内。

1992 年，邓小平同志发表了著名的南方谈话，在广袤的祖国大地上掀起了改革开放的浪潮。随着开放的大门打开，期货交易开始进入中国大陆。在最初阶段，一些港台商人，先沿海后内地，引进外盘期货开展交易。这个阶段的期货市场有两个显著的特点：一是对于交易主体没有限制，各类机构和企业、个人都可以参与进来；二是这些早期进入的港台公司主要做外盘期货交易，但不少公司并未进行真正的外盘交易，而是制造虚假交易欺骗客户。

早期流行的期货小说《罂粟花》形象地描写了当时外盘乱象：第一个字是"诱"，引诱人来做期货，以虚假夸大的方式诱骗客户，说做期货可以赚大钱。第二个字是"宰"，以交易为例，假如有个客户的初始资金是 50 万元，不法公司初步判断这个客户经济实力较好，利用当时行情信息不对称的特点让他的第一笔交易获利，使其尝到期货甜头后，便诱骗客户加大投入，这时再利用虚假交易把他的资金全部吃掉。当时所谓的告知客户一波大行情来了，建议做多做空的提示其实都是这些不法公司诱骗的伎俩。第三个字是"骗"，这些不法境外机构，通过对赌，即公司与客户反向操作，并未将客户交易指令实际下到境外的交易所场内，导致许多期货投资者是"假做期货真赔钱"。后来，当人们发现这些诈骗手段的时候，这些境外不法商人竟干脆卷款逃走，最终把"期货就是诈骗"的恶名贴在了中国期货市场油漆尚未干透的新大门上。

1995 年以前，全国约有 400 多家期货公司，2/3 以上从事境外期货交易，其中多数国内期货公司是正规经营的，但 1993 年前后出现的南京"金中富"、深圳"百事高"、上海"润丰"、河南"财鑫"等，皆是因期货诈骗而臭名昭著的，也成为了第一次期货诉讼高潮的导火索。

令我记忆犹新的是，1995 年一个大连客户起诉某港台期货代理机构进行虚假外盘交易。当时大连市公安局局长曾咨询我关于判定虚假交易的标准，我说有两点可以参考：第一是否有通信设备。20 世纪 90 年代初的通信设施远没有如今发达，当时要想获取国外期货行情，就必须在公司外面架一个信号扩大器，类似于"大锅盖"。如果这个楼里面连大锅盖都没有，它是无法及时获取行情信息的，借此基本就可以判断这个期货代理机构不正规。第二是交易单据信息是否匹配。一张完整的客户单应该包括交易时间、交易品种、交易方向、数量等，而这些应与国外交易所的即时行情相对应，若不

在中国期货分析师大会上发言

匹配显然是做假单。当时的实际情况是，国内的期货公司中只有少数几个像中期这样的大型期货公司在国外主要期货交易所有席位，多数期货公司在境外没有席位，交易都是通过境外交易所会员代理，也叫转委托交易。

当时证监会还未成立，早期的诉讼又无法可依，只有根据双方合同由法院自行裁断。不同法官有不同的裁决尺度，缺乏统一的标准，多数期货公司因无法提供相关证据，只能以败诉收场。一个客户赢了公司，其他客户纷纷起诉，公司只有关门一个办法。1994~1997 年，全国有很多的期货公司被这类外盘交易官司搞垮倒闭，浙江和广东一带的期货公司倒闭的数量最多。

整个诉讼高潮的转折点是最高人民法院（以下简称最高法）对长沙中期的判决。

1994 年，湖南一些客户提起诉讼，控告中期长沙分公司外盘交易的单子没下到交易所场内，对此法院要求长沙中期举证。当时法院判案的依据是谁上告谁举证，但是专门做了一条规定，如果客户控告期货公司单子没下到场内，则需要期货公司举证，因为法院认为，客户无法获知期货公司是否将单子下到场内。长沙中期确实按照客户委托进行了外盘交易，但单子只下到了境外委托二级代理公司并不是交易所。这种操作究竟是否合法？当时官司打得非常艰苦，一审长沙中级人民法院判长沙中期败诉，长沙中期不服，随即申诉到最高人民法院，最终最高法认定，只要单子下到了持有正规牌照的合法境外代理机构，便与下至期货交易所一致，视为真实的外盘交易，期货代理机构无责。这件事成为了中国期货历史上第一个诉讼风潮的转折点，使得一批期货公司得以存活，也为现如今期货市场的规范发展留下了空间和余地。

1995 年，最高人民法院在成都召开了一次座谈会，出台了《关于审理期货纠纷案件座谈会纪要》（以下简称《纪要》），这是中国期货市场法规建设的一个里程碑事件。它虽然被称为座谈会纪要，但在法律效力上相当于司法解释，成了此类案件判定的法律依据。

这里面最关键的是四条基本原则，成了此后多年期货纠纷案件审判的依据。第一个原则是坚持正确适用法律的原则。因为早期的期货市场既没有法律，也没有相应的行政法规，甚至连部门规章都没有，处于完全无法可依的状态。因此，审理期货纠纷案件应以《民法通则》作为依据，同时依照有关行政法规和地方性法规。但是在此原则中明确提到一个问题，对期货纠纷案件不宜直接引用上述规定，在处理客户与经纪公司之间的期货代理纠纷时不能使用《经济合同法》和《民法通则》中关于委托代理的规定。"涉及港澳台的案件要参照国际惯例"，因为我们的《民法通则》并不适应于国际范围。

第二个原则是坚持风险和利益相一致原则。这是一个大原则，因为期货交易的风险性很大。期货交易者必须具备风险意识，无论是期货公司还是客户，任何一方均不能只享受利益而不承担风险。人民法院在审理期货纠纷案件时要处理好风险和利益的关系，要按照期货交易的特点，既要依法保护期货交易双方的合法利益，也要正确确定其应承担的风险。

第三个原则是坚持过错和责任相一致原则。在案件审理中，要认真分析各方当事人是否有过错以及过错的性质、大小，过错和损失之间的因果关系。有过错需承担责任，没有过错就不需承担责任，这点对于期货公司来说非常重要。以往无论期货公司是否真正有责任，往往都是期货公司败诉。但《纪要》明确，期货公司把单子下到境外交易所或二级代理，客户的盈利或亏损期货公司都不再承担责任。

第四个原则是坚持尊重当事人合法约定的原则。我是公司，你是客户，只要我们的约定不违背法律和行政法规，我们的约定就是有效的，受法律保护。

这四条基本原则成为当时处理期货案件的指导思想。现在回头来看，这些原则听起来似乎很简要，但当时打官司是非常艰难的。每一起官司的背后都是大量财力和时间的耗费，期货公司在此阶段吸取了大量的经验和教训，为后来期货公司的风险控制与管理积累了大量经验。每一部法律法规、每一条司法解释、每一个政策条文，可以说都是从整个期货市场血的教训中得来的。

第二次诉讼高峰：混码到一户一码交易

我国期货市场建立之初，对交易编码制度并未有统一规定，借鉴国外惯例，普遍实行混码交易。如此一来，期货公司就可以利用一个交易编码为多个客户进行期货交易，反映在交易所交易记载中，就是若干个客户的交易记载在同一个编码下。一旦出现纠纷，就会因混码而造成责任不清。混码交易存在三个弊端：第一个是老鼠仓。混码交易给一些居心不良的操盘手提供了可乘之机。他们可以以公司或个人名义开户，同时向看涨和看跌方向下单。待结算时，把亏钱的单子都计入公司，而把赚钱的单子收入个人囊中。

第二个是责任不清。混码交易有时分不出来什么是开新仓，什么是平仓。比如说客户在一个码里面做了一个多单，这叫开新仓，那么将来又做了一个空单把它平掉了，这叫平仓单。但若是混码的话，就可能造成平仓单时，把单下到另一个码，造成原来的仓单并未平掉，潜在风险很大。

以深圳中期为例，1995年苏州红小豆曾一度行情火爆，一个上海大客户，他在深圳中期的一个编码里面下单2799手，本来客户自己平掉了，但是由于是混码交易，平掉的单子又在公司另一个码里体现为开新仓。由于交易所以编码为基数进行风险处置，为了避免连续几个跌停板将会导致的巨大亏损，期货公司需要再平掉这2799手单子。于是我就和客户协调，请他再次平单。但客户认为，我已经平掉了为什么还让我平？沟通的过程极为艰难，与客户谈了整整一夜，单咖啡就喝了十六七杯。我清晰地记得，为了平这笔单子，深圳中期亏了790多万元。此后又有客户因同类案由起诉，公司均败诉，因混码交易公司损失合计近900万元。

第三个弊端是一旦有法律诉讼，期货公司往往以败诉收场。因为一码多户，客户就可以以无法证实该笔交易是我一个人做的为由进行赖账，因而引起的纠纷层出不穷。

为了解决混码交易带来的问题，1999年发布的《期货交易管理暂行条例》（以下简称《条例》），明确规定要实行一户一码，即一个投资者在交易所内只能拥有一个交易编码。无论在几家期货公司开户，只要开户资料是同一身份证或者同一企业营业执照，那么该投资者在交易所内只能拥有唯一一个交易编码。交易编码专码专用，不得借用、混用。一户一码制度对规范期货市场交易行为意义重大。2003年最高人民法院出台《关于审理期货纠纷案件若干问题的规定》，期货市场的案件审理有了法律依据，这两个文件都是应当载入期货市场发展史册的里程碑文献。

值得一提的是，正是由于1995~1997年混码交易引发的大量纠纷，政府才会去研究解决对策，进而从法律上去完善，其中有的从法规层面解决，有的从行政条例上解决，有的从最高人民法院司法解释解决。这种"一边发展，一边规范"的模式贯穿期货市场发展的始末。

第三次诉讼高峰：透支交易和强行平仓

第三次诉讼高峰源自透支交易和强行平仓。透支交易指期货交易所会员或者期货经纪公司的客户在保证金水平不足的情况下所进行的期货交易。强行平仓也称斩仓，是指当会员或客户的交易保证金不足并未在规定时间内补足，或者当会员或客户的持仓数量超出规定的限额时，交易所或期货经纪公司为了防止风险进一步扩大，强制平掉会员或客户相应的持仓。1999年以后的官司大多集中在什么是透支交易、如何认定、责任在谁、什么情况需要强行平仓，以及期货公司如果不给客户强行平仓的话，法律责任如何认定等问题上。

1999年《期货交易管理暂行条例》以及2012年的第一次修订稿，均对强行平仓做了修改。此前对于强行平仓并没有统一标准，由交易所或期货公司自主决定。判断是否透支和强行平仓的依据是风险度，它等于保证金占用除客户权益乘百分之百。风险度越接近100%风险越大，等于100%说明客户可用资金为零。

由于斩仓的裁量权在期货公司，那个时候期货公司的总经理实际上非常不容易。你究竟斩不斩？不斩，有可能损失无限扩大，今天损失100万元，明天可能就是300万元了。但若斩，后面的行情很可能马上就反转。若这个客户没斩仓的话，人家现在不但没有损失，而且还赚钱。在这种情况下，斩仓的客户定会对你不依不饶，诉讼和官司也因此而生。有一家期货公司的老总，同学在他的期货公司做交易，而且还是个大户。有一次行情波动很大，同学的账户快要穿仓了，于是这个老总就给老同学打电话要求他斩仓。客户同学这时正要上飞机，就在电话里对他说你千万不要斩，斩了咱俩就断绝情谊，你一定要给留下，如果造成损失的话，我自己承担。结果行情一直不断下探，后来斩仓损失接近700万元。当老总要求老同学遵守承诺，偿还前期期货公司帮其垫付的保证金时，老同学拒不认账，不承认做过这样的口头承诺，期货公司一怒之下将客户告上了法庭，结果公司败诉。判决后公司总经理对他同学说："我们同学朋友一场，你真不是人。"该同学回应说："谢谢你，这时候还把我当人看。"

这仅是因透支交易和强行平仓引发的大量期货诉讼案件中的一例，此类案件数量甚多，举不胜举。对此，我国《期货交易管理暂行条例》明确规定，期货公司不得允许客户在保证金不足的情况下进行期货交易，严禁透支交易。对比以往由交易所或期货公司制定保证金标准来判断是否强行平仓，最高人民法院的法规条例则更加具体。根据《最高人民法院关于审理期货纠纷案件若干问题的规定》，一是该斩仓的时候，若客户坚持要保留，由此造成的损失由客户自行承担。二是该斩仓的时候期货公司不斩，最后造成损失的，期货公司承担责任不超过损失的80%。如果期货保证金不足，期货公司履行通知义务，但是客户答应在要求时限内补交保证金而要求保留持仓，并且经双方书面协商一致，对保留持仓造成的损失由客户承担。

这次诉讼高峰在《期货交易管理暂行条例》和《最高法院关于审理期货纠纷案件若干问题的规定》出台后就基本上过去了，法规对交易所、期货公司透支交易和强行平仓的责任和后果认定具体明确，此类诉讼已越来越少了。

在期货大会上发言

当
代
中
国
期
货
市
场
口
述

史

第四次诉讼高峰：居间人法律责任与期货公司全权委托

　　1999年，《期货交易管理暂行条例》（以下简称《暂行条例》）颁布后，在期货从业人员为客户做单方面明确了两个问题：一是期货从业人员不能为客户做单。过去不少客户委托从业人员做单亏损了以后不认账，由此引发了很多的法律纠纷。因此，《暂行条例》明确，期货公司从业人员一律不能给客户做单，做单就是全权委托，期货公司要承担法律责任。二是《暂行条例》将期货经纪人限定在期货从业人员的主体范围里。在这种情况下，为委托人和第三方提供中间服务的准期货经纪人逐渐兴起，也就是居间人。

　　2003年6月24日，在《最高人民法院关于审理期货纠纷案件若干问题的规定》中引入了"期货居间人"这一概念，明确了居间人的独立主体资格。当时期货公司对于居间人制度是认同的，因为他虽然不是期货公司的人，但可以为公司拉客户，倘若客户亏损，期货公司不承担责任。根据中国期货业协会关于居间人的课题报告，2009年我国期货市场有20817个居间人，其中自然人20002个，专职居间人约6000人，而当时的期货从业人员一共只有13593人，同年居间人的佣金所得高达36968.56万元。

尽管居间人是成本较低的期货拓展模式，但也带来了诸多副作用。一是少数居间人侵害客户利益。居间人的主要报酬来源于按客户手续费收入返还的佣金。在居间人被客户指定为代理下单人的情形下，有的居间人为了自身利益，在客户不知情的情况下恶意炒单，致使客户利益受到侵害，引发了大量诉讼。另外，居间人能把这个客户开发进来，这个客户肯定会相信他，往往操盘的人是他，资金调拨人也是他，负责结算的还是他，客户实际上将期货交易全权委托给居间人了，承担的风险更大。

二是表见代理。期货市场上关于居间人的诉讼会导致表见代理法律风险，即客户有理由认为居间人是公司的人，尽管实际上居间人不是公司的员工。比如一些居间人私自印制名片，谎称其为期货经营机构工作人员，甚至以期货经营机构的名义在当地设立非法网点，聚集客户进行期货交易，混淆了客户对其真实身份的认知。尤其是一些居间人在期货经营机构拥有办公场所，更容易造成客户对其身份的误解。一旦客户亏损严重，或居间人的获利承诺没有实现，客户极易向期货经营机构而非居间人提出诉讼，期货公司将承担表见代理的诉讼风险。

三是财税隐患。因为居间人从期货公司领取佣金，如果正常纳税，居间人的税后收入就会大幅减少，这会引起居间人的不满。为此有的期货公司为居间人进行非法避税，造成财税隐患。

根据《关于审理期货纠纷案件若干问题的规定》，居间人代客做单发生亏损，客户上诉，法院通常会判定期货公司对客户的亏损要承担一定比例的赔偿责任。为什么居间人的过错还要期货公司分担呢？一个重要的原因就是佣金机制中返佣约定的存在。在居间人为了追求个人利益而进行不必要的交易中，除了居间人本身，期货公司也获得了好处，因为居间人的佣金是从为期货公司带来的收益中按一定比例抽取。法院的出发点是既保护客户的利益，又保护期货公司的利益，但客户利益要高于公司利益。因此，在居间人的责任中，期货公司也要承担一定比例的赔偿责任。为了明确责任，期货公司在和客户签订委托协议的时候，一定要尽到提示义务，明确公司、客户、居间人三者的关系，在期货公司已尽到提示义务的前提下，期货公司可不承担责任。

这就是因居间人问题而引发的第四次法律诉讼的高峰。回顾中国期货市场30年来法规建设的过程，我有四个深切体会。

一是任何新生事物的成长都是艰难曲折的，期货市场也不例外。期货市场是我国市场经济发展的内在要求，也是改革开放的产物。"先有交易和市场，后有规范和立法"是中国期货市场法律建设的一个显著的特点。整体来看，尽管在中国期货市场发展过程中，规则和法律相对滞后。但在这个过程中，无论是政府还是法律部门，针对市场诉讼案件，都坚持问题导向，在认真总结实践经验教训的基础上，充分借鉴国际经验，吸收了法律界、监管部门、交易所、期货公司、投资者方方面面的真知灼见。可以说，中国期货市场法规的建设和完善凝聚了多方的智慧，在这个过程中，中国证监会、最高法院、国务院法制办等部门功不可没。

早期的期货市场有"两怕"：一怕风险事件；二怕打官司。单我在深圳中期那4年，公司经常处在起诉和被起诉状态，很少有精力去发展业务。当时给我最大的感受就是往往有理也打不赢官司，因为没有统一的依据和标准，法官判案自由裁量权很大。现在的期货市场境况截然不同，有关期货诉讼的案件寥寥可数。因此，法规的建设和完善在我国期货市场的发展过程中起了重大作用，尽管是滞后的，但是切实解决了实际问题。

二是 30 年来中国期货市场法规建设成就显著。现如今，我国期货市场已形成了比较完整的法规体系，在行政法规方面，有《期货交易管理条例》；在部门规章和规范性文件方面，有《期货投资者保障基金管理办法》《期货交易所管理办法》《期货公司监督管理办法》《期货从业人员管理办法》等 13 个文件；在行业自律方面，有《期货从业人员执业行为准则》《期货经营机构投资者适当性管理实施指引》。此外，还有《刑法修正案》《最高人民法院关于审理期货纠纷案件若干问题的规定》（一）、（二）。可以看出，这些法规和规章无论从保障期货市场"三公"（公开、公正、公平），还是从交易主体和从业者上均都做了具体的规范，为期货市场健康发展提供了法律保障。

三是期货市场法律法规体系建设促进了我国期货市场的稳步发展，主要表现在两个方面：其一是基本上能守住不发生系统性风险的底线。我个人认为，在我国金融市场中，对风险监管最好的就是期货市场，由于监管到位，制度规则健全，期货市场发生系统性风险的可能性相对较小。其二是期货市场是目前中国各行各业中法律诉讼最低的。也许将来围绕期货风险管理业务、资管业务还会有一些新的情况，但是目前关于期货市场的诉讼案件非常之少。

四是期待《期货法》尽快出台。中国期货市场需要高层面的立法，原因有三个：其一是我们现有期货法律法规当中，没有把金融创新和金融融合发展包括进去，比方说现在包括银行系统、保险系统都有大量的衍生品需求，但并未包括在现有法规中。其二是场外业务发展非常迅速，现有的相关法律法规缺少对场外业务的规范。其三是国际化。中国期货市场过去是封闭的，但对外开放是大势所趋，期待《期货法》也能将对外开放和外盘业务涵盖其中。

筚路蓝缕下的中国期货公司

当代中国期货市场口述史

党 剑

党剑，1967 年 6 月生，经济学博士，中共党员，目前供职于上海复星高科技（集团）有限公司。长期从事期货公司管理工作，曾任中国国际期货有限公司副总裁、上海中期期货经纪有限公司总经理和上海东证期货有限公司总经理。2012 年之后，任上海期货交易所总经理助理、中国期货业协会专职副会长等职。

我国期货市场经历了初创期的懵懂探索，也经历了草莽时的野蛮生长，在一系列清理整顿后最终走出平稳发展势头。"慢即是快"是我国期货市场发展的哲学。而作为在期货大海中"扬帆"的期货公司，又有着怎样的发展历程、怎样的发展哲学呢？

　　我国期货市场发展近 30 年，20 年前我总结了这么一个经验：期货公司没有做大的，只有等大的；没有饿死的，只有打（官司）死的；作为期货公司的董事长或总经理，不要想着一开始把它做大，做大离死就不远了。国内有好多期货公司早年疯狂炒作，都做得很大，比如广东万通、浙江金马、中农信等都很知名，最后全部倒掉了。我从 1992 年加入海南信托从事期货投资，直到 2012 年到上海期货交易所（简称上期所）工作，这期间一直在期货公司任职。以我 20 余年期货公司从业经历来看，我国期货市场在不断探索发展过程中，从参与外盘起步，经历国内期货市场初创、野蛮生长，到外盘被全面清理、国内市场整顿规范，逐步走出了一条具有中国特色的期货市场发展之路。

早期国内贸易企业参与外盘交易

　　我国正式提出探索建立期货市场是在 1988 年，但我国企业参与期货市场交易要早得多。其中一个知名案例就是陈云同志对华润在国际期货市场买糖的指示。

1973 年到 1974 年，陈云同志主抓外贸工作。1973 年 4 月，中国粮油食品进出口总公司布置香港华润公司所属五丰行，尽快购买原糖 47 万吨，要求年内到货。当时国际市场砂糖供不应求，货源紧张，价格趋涨。五丰行认为，如果立即大量购糖，必将刺激价格上涨，可能出了高价不一定能按时买到现货。为了完成购糖任务，五丰行采取委托香港商人出面，先在伦敦和纽约砂糖交易所购买期货 26 万吨，平均每吨 82 英镑左右。然后立即向巴西、澳洲、伦敦、泰国、多米尼加、阿根廷买现货 41 万多吨，平均价格 89 英镑左右。后因市场传出中国大量买糖消息，糖价大涨。五丰行购买砂糖现货任务顺利完成，还多赚 240 万英镑。五丰行当时为了完成任务，破例采取了这样的措施，但怕违反政策，事后主动向陈云请示。陈云听取汇报后，当即指出，"我们可以利用交易所"。交易所是有两重性的：一是投机性；二是商品大宗交易的场所。过去我们只看到它投机性的一面，忽视了它大宗交易场所的一面，因此有片面性。我们不要怕接触交易所，要在大风大浪中学会游泳。后来，陈云专门就这件事向国务院写了报告，提出："对于商品交易所，我们应该研究它，利用它，而不能只是消极回避。"

当时的外贸部经常利用国际期货市场来规避现货市场风险。据当时在外贸部工作的陈宝瑛老师回忆，早在 20 世纪 70 年代，他们就认识到期货市场的套期保值作用。当时，我国在与法国人进行贸易的时候，对方在洽谈会议间隙就打电话在期货市场进行买卖从而锁定价格。久而久之，陈宝瑛老师也逐步在后来的进出口业务中，经常利用期货市场套保。1977 年，外经贸部还在香港筹建了一家专门从事期货证券投资的公司。

2002 年中国国际期货经纪有限公司成立十周年庆典

从外盘"火热"到全面禁止

尽管当时我国国内期货市场一片空白,但已经有一些企业参与海外期货市场套期保值,也有一些机构代理外盘业务。国内第一家真正意义上的期货经纪公司是 1992 年 9 月成立的广东万通期货经纪公司。它主要代理境外期货,从事境外期货交易。同年 12 月 28 日,中国国际期货经纪有限公司(以下简称中期)在人民大会堂宣布成立。它是国内首家大型期货经纪公司,其中田源(时任物资部对外经济合作司司长)、卢建(时任国务院研究室工业交通司副司长)分任董事长和总裁,朱玉辰(时任商业部政策法规司调研处副处长、全国粮食批发市场管理办公室主任)、张新华(时任国务院研究室副处长、处长)等出任高级副总裁。中期成立之初主要也是从事外盘交易,基本是 24 小时运作,早晨起来开日本的东京盘和香港的恒指,下午 3 点伦敦金属期货开盘,晚上 8 点左右美国期货开盘。最鼎盛的时期，中期公司在美国购买了三大交易所的席位，其收入一天能"开进一辆奔驰"。

然而，在从事外盘交易的期货公司中有一部分却是在利用期货进行诈骗。当时，香港、台湾地区的部分商贩依靠地域和语言优势，利用改革开放政策，在广东等沿海城市成立了很多咨询公司，开展欺诈性境外代理业务。当中有的非法期货公司用"放录像"的方式来行骗，他们通过经纪人把客户拢聚之后，给大家放的期货行情却是延迟的行情，或者说是前一天的交易录像。放了录像之后，大家就去下单，凡是做对的单子，他都说没成交，凡是做错的单子，都成交，因为行情他是知道的。这种方式是彻头彻尾的欺诈，对国内期货市场造成巨大的伤害。由于这些非法期货公司的存在闹出了很多官司，影响比较大的是"南京金中富案件"。

金中富是一家台资背景的期货经纪公司，它在苏州、南京、厦门、福州等多地开设期货公司，代理外盘业务。1993 年，南京金中富由于"以欺诈手段诱导开户下单、私下对冲侵吞保证金"产生了一起诉讼，持续时间非常长。当时港台商人去做法院的工作，法院一审驳回了投资者的诉讼。后来二审打到省高院，高院又维持了原判，于是下边就有人上访到南京市政府、江苏省政府，最后政府干预这起诉讼，因为受害群众比较多，最终把高院院长给抓起来判了刑。针对这起案件以及一系列类似的期货纠纷，1995 年，最高人民法院印发《关于审理期货纠纷案件座谈会纪要》的通知，业内称为"成都纪要"。其中指出："一般应当贯彻《民事诉讼法》第六十四条规定的'谁主张、谁举证'的原则，但是如果客户主张经纪公司未入市交易，经纪公司否认的，应由经纪公司负举证责任。如果经纪公司提供不出相应的证据，就应当推定没有入市交易。"也就是说期货公司被诉讼，需要"自证清白"。而且，自从那一段时间港台人作乱引发大量诉讼之后，国内期货案件基本上都是期货公司败诉。所以当时一些利用期货进行违法犯罪的行为很大程度上诋毁了期货的"名誉"，并且造成市场投资者"输者不自负"的心态。1998年，作为国内贸易部赴台参访团的一员，我在台中见到了一位自称是南京金中富总经理的台湾商人，他甚至还自吹对国内期货市场起到了启蒙作用，我觉得他就是不法商人。

因为金中富等一些不法商人的存在，大家又对期货一拥而上，工商局、公安也搞不清楚外盘究竟是怎么回事。因此，1993年第一轮清理整顿就主要集中在外盘交易。其实你可以稍微类比传销，传销在美国是合法的，因为法制比较健全，有很多比如安利、玫琳凯，它的营销方式就是这样，但是到中国它就变味了，上家传下家，东西越卖越贵，变成了中国式"传销"。所以早期的乱象根源不在于期货本身，而在于利用它赚钱的人的不法行为。

1993年4月28日国家工商局发布《期货经纪公司登记管理暂行办法》，其中明确指出"从事国际期货业务的，应提交与相应的国际期货交易所会员公司签订的有关期货经纪业务的协议意向书"。此举大大肃清了当时的外盘欺诈乱象。同年11月4日，国务院发布《国务院关于坚决制止期货市场盲目发展的通知》（以下简称《通知》），其中规定，已经成立的期货交易机构需重新审核，外资、中外合资期货经纪公司，原则上暂不予重新登记注册。也是从这个时候起，期货公司开始收归证监会管理。1994年5月16日，国务院办公厅转发《国务院证券委员会关于坚决制止期货市场盲目发展若干意见请示》的通知，并批转全国各地区各部门贯彻执行，其中规定，"各期货经纪公司均不得从事境外期货业务"。当时已经注册登记的144家期货经纪公司中有110家可以从事境外业务，现在被强制要求履行注销境外业务的变更登记手续。此举完全禁止了国内市场主体参与境外期货交易。

值得一提的是，期货公司外盘交易被全面禁止后，出现了很多期货经纪公司倒闭、公司老板跑路的情况，一时间诉讼案件大量增加。全面禁止外盘对合法投资者和期货公司影响很大，突然不让做了，之前亏的钱没有翻本的希望了，各种纠纷就开始浮出水面。

国内市场初创和期货公司野蛮生长

在监管政策不允许做外盘期货之后，包括中期在内的很多期货公司纷纷转向国内市场。原来称为期货公司的都从外盘转到内盘，此外还有大量跟着交易所生长的交易所会员单位，也就是所谓的兼营机构，它们是从内盘起家的。中国的期货行业和中国的证券行业、保险行业、信托行业不一样，因为中国的证券行业、保险行业、信托行业都来自银行。而国内的期货公司主要来自于物资流通系统，当时有交易的交易所就有50多家，而冠之以交易所名称的至少有100多家，围绕着这些交易所都有一些会员单位。比如说苏州商品交易所是苏州物资局办的，沈阳商品交易所是沈阳物资局办的，物资局上下游的企业都是它的会员单位。

当时在中期，做日本盘的郭晓利很快转换到内盘，因为日本盘交易本就不活跃，而此前做欧美盘非常成功的曾键则不适应，于是在国家禁止代理境外期货交易之后，他便加盟路透集团，而后移民加拿大。1993年，郑州商品交易所挂牌。我开始替海南信托做自营，我们最早只有两个人。在做自营的过程中，我们每年交给交易所的手续费将近2000万元，所以，1994年海南省信托投资公司成立了"海信商务代理公司"，一边做自营，一边做代理。后来各地交易所纷纷成立，推出各种商品期货，我们就代理各交易所品种。然而，伴随着我国宏观经济的变化，"一拥而上"的国内期货市场暗藏危机。

首先，各地兴办交易所成风，相应地期货公司及其兼营机构数量猛增，同业竞争激烈。交易所之间竞争也非常激烈，经常靠期货公司去"拉大户"。还有两个交易所上同一品种，更是带来恶性竞争。比如当时上海商品交易所和苏州商品交易所均上市胶合板，交易所互相竞争，造成了很大损失。期货公司方面，我在 2000 年左右的时候做过一个统计，在 1992 年到 1994 年，地方政府批准了 300~400 家期货经纪公司，另有期货兼营机构 2000 多家。有些期货公司到比较富庶的地级市、县级市盲目开展业务。还有一些期货公司代理、自营账目不分，挪用客户保证金现象极其严重。

其次，我国期货市场的建立更多的是出于价格改革的"政治需求"，而不是市场需求。我国建立期货市场的背景是现货市场不发达和现货市场的不统一，因为地域太大了。在美国，基本上农产品期货交易就是以五大湖地区为中心形成价格，因为那里是美国的粮仓。期货到最后要求期现价差为零，这是期货本质的东西，但是我国往往找不到一个统一和公认的现货价格。我们是在现货市场不太成熟的前提下，把期货市场给建立起来了，我认为期货市场一定程度上为现货市场"背了黑锅"。

基于这两大背景，期货市场集中爆发了很多风险事件。我曾经参与撰写过一个期货市场十大风险事件，其中大概有三四篇是我写的。比如"海南咖啡"，这个没有人比我更清楚当时的情况，因为操纵者我就认识，他们的一些做法我比较了解。"3·27"国债期货事件是我和巴曙松一起写的。

总之，由于当时国内对期货认识不足，真正参与期货套期保值者极少，甚至有些一开始是套期保值的后期也变成了投机。于是，在治理外盘交易的同时，监管部门也开始着手国内期货经纪公司的清理整顿。

国内市场治理与期货公司规范发展

刚才我提到的 1993 年国务院《通知》明确，已经成立的期货经纪公司需重新审核，并且开始颁发"期货经纪业务许可证"。1995 年 3 月 9 日，证监会联合工商局发布《关于期货经纪公司审核批准和登记注册若干问题的通知》，要求重新提交期货经纪审核的公司于 1995 年 4 月 15 日之前完成材料提交。也就是在这个时候，我所在的海南信托正式注册了海信期货，开始正式持证监会颁发的"期货经纪业务许可证"开展代理业务，同期还有一大批期货公司成立。除期货经纪业务许可证外，期货公司的注册资本门槛进一步提高，1993 年《期货经纪公司登记管理暂行办法》要求注册资本 1000 万元，到了 1998 年则提高至 3000 万元。2002 年之后，对期货经纪公司开始酝酿分类评价的指标体系，注册资本金越高、净资本越高、抗风险能力越强的公司能拿到的业务就越多。

1998 年 8 月 1 日，《国务院关于进一步整顿和规范期货市场的通知》发布，将 14 家试点交易所减为上海、郑州、大连 3 家，同时要求"取消所有非期货经纪公司会员的期货经纪资格"。这意味着期货市场实现了由证监会到交易所到经纪公司的垂直统一监管。

1998 年，我到中期担任副总裁，主要分管各分支机构。中期旗下有很多分支机构，最多的时候有近 20 家。我在任时，全资分支机构有 7 家，2 家控股，还有一些参股期货公司。在清理整顿期间，中期有个别分支机构因一些风险事件被关闭，如海南中期因在 1998 年的"咖啡事件"中参与操纵被关闭。另外，在我任职期间还有一些分支机构因为经营不善主动关闭，如长沙中期和珠海中期。

此外，在 1998 年清理整顿过程中，各交易所要求要有持仓限额制度、大户报告制度，特别是持仓限额制度导致我们不得不将中期各分公司独立注册。比如，郑州商品交易所的绿豆，每个会员最多持仓 3 万手，但是，仅中期上海分公司可能都需要 5 万手，各分支机构加起来可能需要 30 万手。所以，中期各分支机构就都独立成为公司，去申请"期货经纪许可证"。当时监管部门形容中期是"八个瓶子七个盖"，因为分支机构太多，中期资本金无法满足每个分支机构都有 3000 万元注册资本金的要求。所以，当时我主要的工作就是每年年检的时候去各地协调，解释资本金的问题。

截至 1999 年 12 月底，我国获得期货经纪许可证的公司仅剩 179 家，同时，期货市场交易量也大幅下降。1995 年是我国 20 世纪 90 年代期货全年交易量最高的年份，双边交易额为 10 万亿元左右。经过清理整顿，期货市场交易量逐年下降，2000 年我国期货市场跌入谷底，双边交易额仅 1.6 万亿元，这也就是现在上期所交易量比较大的时候 4 天的成交金额。

此外，《通知》中关于"对国有企事业单位参与期货交易，要从严控制"和"严禁银行贷款从事期货交易"等规定也重创了期货公司业务。

市场稳步发展但仍任重道远

在期货市场的发展进程中，宏观经济发展演变是一个重要因素。20 世纪 90 年代初，我国宏观经济形势严峻，面临商品价格紊乱、"三角债"、通胀紧缩交替等一系列问题和经济"硬着陆"危机。时任国务院总理朱镕基大刀阔斧展开改革，大幅收紧货币流动性。所以，90 年代期货市场清理整顿的另一个原因其实是当时整个资本市场都处于一种紧缩的态势。记得 1998 年"两会"结束后朱镕基总理答记者问，说"蹚地雷阵"，"鞠躬尽瘁，死而后已"。

国企下岗、体制转型，只不过期货比实体经济反应慢了一点，实体经济可能 1998 年是最低谷，期货到 2000 年才跌到谷底。期货市场的清理整顿措施也是为了配合当时的一系列紧缩改革，国债期货是1995 年关的，武汉和天津两个证券交易中心是 1996 年、1997 年关的。就像现在一样，我们叫供给侧结构性改革，那个时候金融体系也在做供给侧结构性改革。

同样地，进入 21 世纪，伴随着我国宏观经济过去十多年的飞速发展，社会融资体量增加、流动性增强，期货市场也走出了稳步发展的轨迹。2003 年，我国期货市场双边交易总额回到 1995 年最高值 10 万亿元，同比增长 174%；至今我国期货市场每年交易额总体呈现持续增长趋势。

但我个人认为在我国过去经济飞速发展中，期货交易所扮演的角色或者起到的作用是不充分的。2012 年底我到上海期货交易所工作，2016 年底来到期货业协会工作。随着我个人工作角色的改变，我对期货的看法也越来越深刻。在我国，期货市场是一个政治产物，是一个"早产儿"。成立之初，期货被赋予价格并轨的重任，现在也有一些人经常过度拔高，恨不得期货在中美贸易战中也来帮个忙。但我认为期货市场的一个最主要功能是让从事生产经营者少亏钱或者不亏钱，这应该是期货市场的初心。此外，期货的机制其实非常简单，就是通过市场投机者来平滑地分散风险。

然而，目前我国期货市场的结构和制度完全不利于套期保值者参与。首先，成本过高，我国现在完全没有"信用保证金制度"，套期保值者参与国内期货市场交易需要支付大量的保证金。这就是为什么很多国内机构更愿意到伦敦金属交易所（LME）从事期货套期保值。其次，我国现有的"交易所—经纪公司—投资者"的期货市场结构极不利于培养期货套期保值者。因为生产机构往往有很多的个性化需求，我国期货市场结构中缺乏一个"风险管理公司"来满足它们的这个需求。为什么现有的期货公司做不了这件事情？因为一是不能自营；二是没有专业技能来从事风险管理。实际上，现在就有一些类似的公司在做套期保值者的风险管理，比如热联中邦产业链服务公司，江西铜业、云南铜业、铜陵有色给上下游点价，再比如中粮替大连商品交易所做仓单串换业务。我觉得这些都是值得鼓励和推崇的，这些风险管理公司是期货市场服务实体经济不可或缺的部分。所以，在我国期货产业链中应该加入风险管理公司这样的机构，实现"交易所—期货公司或风险管理公司—投机者或套期保值者"的完善结构。

总而言之，在过去的两次清理整顿中，我们的监管系统非常好地控制了风险，对期货市场的发展起到了保驾护航的作用。那个时候产生了一些问题，后来的制度都是针对这些问题的治理手段。交易所也都建立起一系列的制度，如保证金制度、每日结算无负债制度、大户报告制度、持仓限额制度、保证金累计增长制度等都是那个时候针对市场乱象制定的。还有保证金监控中心的建立也是一种统一监管的手段，可以防止挪用客户保证金。这些都是我们在过去治理乱象中所取得的一些经验。但是，在今天我国金融体系不断发展健全的大背景下，我国期货市场发展任重道远。期货市场应该是一个再分配的过程，再分配是把现货市场上不能解决的风险平均、平滑地分散在投机者头上。期货公司起到一定的专业中介作用，交易所组织这个市场，保证公平、公正、公开地将风险平均分到投机者身上。期货市场上不应该只有交易所、期货公司和客户三类主体，应该是"期货交易所—期货公司或风险管理公司—投机者或套期保值者"的结构，分别由期货经纪业务中介机构和风险管理中介机构去服务投机者和套保者，这样才能更好地服务实体经济。

期货市场正迎来最好的时代

王化栋

　　王化栋，1966 年 3 月生，南开大学经济学硕士，复旦大学 EMBA，中共党员。现任宏源期货董事长、中国期货业协会副会长、北京期货商会会长、上海期货交易所理事、中国农业大学 MBA 导师。从事期货行业二十余年，期货公司高管任职二十年，曾参与早期国内期货交易所筹建，主持多项期货研究课题。曾获"突出贡献人才——金融英才""期货二十年杰出贡献奖""十大期货杰出掌门人"等多项荣誉。

1998 年第二次清理整顿后，15 家试点期货交易所仅余 3 家，其余 12 家交易所因清理整顿被关闭，证监会给这些关闭的交易所颁发了证券牌照。这些"被转业"的期货行业开创者中，一部分人离开了期货行业，而另一部分人转入期货公司，继续为期货行业发展作贡献，原天津联合期货交易所的王化栋就是后者中的一员。由交易所转至期货公司，王化栋经历了期货公司从规范到创新、业务模式由单一经纪业务到今天多种业务综合的曲折历程，这段历程恰好是我国期货市场发展的一个缩影。

1999 年 11 月，我从刚撤销的天津联合期货交易所（以下简称天津联交所）来到北京京物期货有限公司（现一德期货）担任总经理。刚到任不久，《期货日报》的记者余晓丽来看我，我们简单地聊了一些对期货市场的看法和刚到期货公司的感受。没想到第二天我就看见《期货日报》头版有一篇关于我的专访文章《期货，让我永远保持激情》。这是我刚刚开始期货公司事业时的心情，直到今天，尽管我在期货公司担任了 20 个年头的高管，但这份激情依旧没有退去。

从大学任教到筹建期货交易所

1990 年，作为大学老师，我在国家教委南开大学政治经济学助教进修班学习，进修班的学术导师是杨玉川教授。他是当时我国积极主张市场化改革的学者之一，在计划和市场的关系、价格改革等前沿问题上有着深入的研究。在那个时代，一谈到商品经济和市场，大家首先想到的是批发市场，当时各部委、各地方政府都在筹建批发市场。我第一次听杨玉川教授讲课时，他讲的内容正是关于市场的。他说，国外的大宗商品生产资料的定价中心并不是批发市场，而是期货市场，期货市场采取标准化合约、集中竞价的交易机制。第一次听到期货市场这种特别的交易机制，我就被深深吸引了。1992年，我正式考入南开大学，在杨玉川教授门下攻读研究生。入学的时候导师就告诉我，邓小平南方谈话已经讲清楚了中国要搞市场经济，要建设社会主义市场经济就要发挥市场机制的作用，就必须研究怎样建立一个有效的市场。杨玉川导师上课的方式是由他指定书目和问题，我们几个学生自己先行阅读和研究，然后课上导师、学生一起讨论。当时期货市场是我们讨论的主要题目，也是师兄弟们最感兴趣的题目。当时市面上可供阅读的材料很少，大概就几本小册子。我们去南开大学经济学院找英文资料，还好图书馆里有一本关于美国期货市场的书，这本书此前唯一的借阅者是一位庚子赔款留学回来的老先生。

就在我们开始研究期货市场不久，天津市政府在我导师杨玉川教授的建议下开始计划在原有的批发市场基础上建设期货市场。当时天津已经陆陆续续建起多个批发市场，有北洋（天津）钢材批发市场、中国（天津）钢铁炉料交易市场、中国北方食糖批发市场、天津纺织原材料交易市场等，这些批发市场大多是国家部委与天津市政府合办的。运行一段时间以后，批发市场暴露出了交易流动性不足、价格连续性不好的问题，他们想了很多办法包括采取远期合同、计算机撮合交易、计算机点买点卖交易等，却没有多少起色。这时，几个主要批发市场就请我的导师作为顾问，研究市场机制的改进。于是，我们几个师兄弟在导师的带领下，开始研究如何在批发市场中引入期货交易机制。当时引入期货机制的批发市场主要有

3 家，由天津市政府颁发期货交易所的牌子，这就是当时天津的主要期货交易所：北洋（天津）商品交易所、天津金属交易所、天津商品交易所。1994 年，我正式被"红头文件"任命为天津金属交易所交易部负责人。说实话，在当时，社会上的研究生还非常少，凤毛麟角，所以批发市场的人相信我们，让我这个研究生参与了交易所合约设计、制度建设，并委以职务。就这样，我被市场化改革的浪潮"裹挟"到了当时最前沿的期货市场。

1993 年我国期货市场开始第一轮清理整顿。这里有一个小故事，当时天津 3 家交易所都是由不同部委和市政府不同部门筹建的，3 家交易所各自都想保留自身的牌照。当时，证监会监管会议在天津大礼堂召开，时任证监会主席刘鸿儒在大会上表示，如果天津走"联合之路"，将批准天津联合后的交易所为我国第一个试点的期货交易所。于是，天津 3 家期货交易所提交了合并方案，命名为天津联合期货交易所（以下简称天津联交所）。1994 年 12 月 28 日，

访问美国商品期货委员会

天津联交所被国务院正式批准为试点期货交易所。但是，天津联交所合并之路并不顺利，3家交易所继续以3个交易厅的方式各自经营。这时候，我的职务是天津联交所信息中心主任，负责统一信息。

1995年5月，3个交易厅中的"天龙厅"红小豆被操纵，出现了风险事件，也就是"天津红5·07事件"。这件事情之后，证监会就要求天津联交所必须实质合并。1995年，天津联交所正式合并运营直至1998年。这4年间，我先后在交易部、稽查部担任负责人。1998年，国务院发文进行期货市场第二次清理整顿，天津联交所被关闭改制成天津一德投资集团，证监会给每一个被关闭的交易所一个证券牌照，我们又成立了一德证券。此外，由于交易所的人对期货比较熟悉，所以我们决定成立一个期货公司。但是当时期货公司也在清理整顿，注册期货公司不容易，所以1999年11月，一德投资集团投资控股了北京物资局旗下的"京物期货"（2001年1月更名为一德期货），并任命我为公司总经理，自此开启了我的期货公司高管职业生涯。

冬天里卖雪糕

1999年11月，我正式入职期货公司。入职的第一周北京下了大雪，我从天津开来的轿车第二天就打不着火了，车在雪地里停了一个礼拜。那一年寒冬的天气与当时的期货市场状态可以说是如出一辙。

此前我在交易所也接触过一些期货公司的高管，在我印象中，期货公司应该是比较高大上的。但到北京之后，我去期货公司拜访一圈才发现期货市场有多"冷"。记得去百福期货拜访，百福期货在当时来说业务量是比较大的，我想它应该是在比较高档的写字楼里办公，结果我过去一看，它就在亚运村的一个公寓里面，只有几间办公室。我到了总经理办公室，没见到总经理王志彬，却看见一个南开大学数学系校友正坐在总经理办公室做交易。我问他，你怎么坐在总经理办公室，总经理不是王志彬吗？他说，总经理办公室给我了，因为我是他们公司最大的客户。我问，你有多少资金？他说，我有800多万元。原来800多万元已经是期货公司的最大客户了，我当时就感觉，期货公司处境真的很艰难。我还走了好几个公司，都是类似的情况，在公寓楼里办公，几十个人的规模，一两千万元的保证金。期货公司靠自有资金打新股炒股票维持运营。

一德期货的前身"京物期货"是一个老国企，如何在这样冷清的期货市场生存和发展是当时摆在我面前的大难题。为此，我对企业机制进行了一系列改革。第一是打破平均主义，建立市场化选人用人和薪酬激励机制，采取公开竞聘的方式上岗，裁除冗员，引进年轻骨干，调动员工积极性。向中国国际期货、金鹏期货等专业期货公司学习，打破国有企业的固薪模式，业务人员采用提成工资制度。这在当时是一个比较大的改革，在原有国企员工看来，拿业务提成是不合规的。第二是加大公司投入，搭建计算机交易系统，提升公司运营和服务质量。我一到任，就去大连商品交易所和上海期货交易所拿了交易席位，之前京物期货只有郑州商品交易所的席位，此外，我还清理掉全部二级代理。我们还搭建了计算机交易信息系统，当时我们是北京第一家采用客户电脑自助报单交易的期货公司，利用IT技术大大提高了公司运营和服务质量。

除了公司自身提升，我们在当时做的最多的事情是开发市场。那时我国市场经济还处在发展初期，市场主体对期货市场风险管理的需求比较少，整顿后的期货市场品种也很少。我就跟公司的员工说，我们要发挥"冬天里卖雪糕"的精神，主动开拓市场，构建营销网络。当时全国交易活跃的品种只有铜、大豆和小麦，但小麦交易量不大。而且，期货公司只有一个单一的经纪业务。在需求量小而且产品单一的情况下，我们要找到"在冬天里吃雪糕"的特殊人群。首先，我们围绕着铜、大豆产业链去寻找套保、套利的企业，在上海、大连、郑州、天津等地设立营业部，每个营业部配备了汽车，要做行商，要跑企业，蹲仓库。另外，寻找将期货作为投资渠道的客户，开展与证券公司营业部合作，互做介绍业务。当时我们跟联合证券的一个营业部合作，互相介绍客户。我每周都去那个营业部讲期货，坚持了1年。此外，还与银河证券等公司的营业部合作，互相介绍客户，扩大公司客户来源。在开发市场的同时，我们还坚持用专业提升客户增值保值的能力。当时，公司提出了"羊毛理论"。经纪业务如同养羊收获羊毛，羊养大了，才能产生羊毛。我们必须帮助客户成长，客户成长了我们才有可能从客户身上获取收入，要让公司价值和客户价值共成长。要落实这一理念，我们必须培养专业化人才，提升专业化的服务，加大对客户的研究咨询支持和综合服务。公司高度重视员工的专业化培训和职业素养，其中有很多课都是我亲自去讲，一德期货的培训当时在业内很有名，很多其他期货公司的员工也慕名来听。

公司的努力得到了回报。到2000年底，我们实现了盈亏平衡，同时保证金规模大幅提高，达到1亿元，这在期货市场低迷的年代是挺了不起的。我记得证监会期货部公司处的朋友给我打电话，祝贺一德期货的保证金规模进入全国期货公司前十。伴随着期货市场的稳步发展，期货公司也取得了稳健发展。但期货公司发展真正取得重大突破，我认为是2006年股指期货筹备之后。

从开发客户到开发股东

2006年，时任证监会副主席范福春等领导考察了美国期货市场，提出筹建中国金融期货交易所。这时候一位期货部的领导跟我说，"化栋，你不要天天把精力放在开发客户上了，而是应该去开发股东。"一语惊醒梦中人，此前期货市场两次清理整顿后，金融期货产品退市，金融机构退出期货市场，这是对期货市场打击最大的政策。此次筹备股指期货，意味着未来金融机构会重新成为期货市场最重要的力量。这时，我开始为公司寻找金融领域的战略合作伙伴。几番交流下来，中建投证券（原南方证券）确定了投资意向。但是，一德期货股东上级单位是地方政府部门，它们对此有不同意见，希望由天津的企业来入股。后来，一德期货由天津财政投资中心出资入股，公司注册地由北京迁至天津。

为准备迎接金融期货的春天，此时大量券商开始收购控股期货公司。2007 年 9 月，我接受了宏源证券领导的邀请，加盟宏源证券，开始了宏源期货的筹建工作。2007 年 11 月，宏源证券获批收购华煜期货，并决定改名为"宏源期货"，公司董事会聘我为宏源期货总经理。2008 年 1 月，宏源期货在钓鱼台国宾馆举行揭牌仪式，宏源期货正式成立。不过此前已经有一大批券商完成了对期货公司

在 2007 年全国金融工作会上

的控股，我们大概晚了一年。但是通过努力，我们后来迎头赶上了。

宏源期货成立后，我们开始筹备股指期货业务，同时我们也没有放弃传统的商品期货。券商资本进入提升了期货公司的资本实力，也加速了期货市场与证券市场的融合。2010年4月16日，股指期货上市，期货市场进入快速发展阶段。期货公司业务创新也开始提速，投资咨询、资产管理、风险管理子公司等业务模式不断丰富，期货公司发展活力大增。

宏源期货从零开始，由小到大，现在已成长为行业内具有市场竞争力和影响力的期货及衍生品服务商，其中的关键不仅在于我们的团队保持着创业奋斗的激情，专业卓越的坚守，更在于我们有开拓创新的追求，并始终保持对市场和客户需求的敏锐嗅觉。

前几年期货公司业务单一，很多公司就开始降低手续费的恶性竞争，但是我们没有那样去做，我们更多的是考虑怎么去保持创新领先，用专业服务赢得客户。当然现在回过头来看，站到公司经营的角度，通过降低手续费来赢得市场占有率也并不是完全不可取，毕竟赢得客户资源是最重要的。当时我们提前做好了很多创新业务准备，一旦监管"开闸"，我们便要争取成为第一批起跑的人。2012年期货公司风险管理子公司业务试点推出，我们是第一批通过试点答辩的；2013年资产管理业务创新试点推出，我们也是第一批；还有2011年我们也是第一批拿到期货投资咨询业务资格的。记得中国期货业协会第一批投资咨询业务考试，我是公司带头第一个去考的。当时考这个资格的时候，我旁边坐了一个年轻的小伙子。他还惊讶地看着我说："您这么大年纪还来考从业资格啊？"当时期货从业资格和投资咨询考试都在一个考场里。

发展至今，宏源期货资产规模达66亿元。从业务发展看，我们的风险管理子公司业务是近几年比较有潜力的，今年我们的全资子公司宏源恒利预计有2000多万元利润。资管业务目前虽然没有

当选北京市西城区百名英才

很大的盈利，但会是我们一直坚持的一个方向。因为现在全球金融资产都不太景气，预期不稳定，这时候大宗商品衍生品变成了一个很好的资产。

坚守信念，共创未来

记得一次在宏源期货年终高管述职的时候，我很激动，掉了眼泪。我在述职时说，我特别幸运、特别感谢，特别幸运加入期货市场，特别感谢期货市场，它一直在向上走、在发展。我对期货行业的信心，从来没有改变过。当年我刚到期货公司的时候，我就制定了一条公司的文化，就是"要对期货行业有信心"。事实证明，期货行

在原油期货上市仪式上

业的确有前景。从 21 世纪初的"冬天里卖雪糕"发展到今天保证金规模 5000 亿元、几百万客户、市场需求日益扩大、国际化进程加速的局面。遥想当年清理整顿之后,大家都觉得这个行业是非法的,是不能存在的。我出去讲期货,他们都问我,期货不是被关掉了吗?你怎么还在这讲。所以,现在就是期货市场发展最好的时候,我们没有理由不相信期货行业会有美好的未来。

对于接下来期货公司的发展趋势,我有几点看法。

第一个大趋势是期货公司平台化、经营综合化。我认为未来期货公司的经纪业务佣金会逐渐趋近于零,经纪业务会转变为一个平台,在这个平台上附着大量的客户和资源。就像现在的互联网平台,平台都是免费的。在平台的基础上,期货公司要创新更多的业务模式,为客户提供更加专业的产品和服务。要把金融和科技手段结合好,我们一定不能保守、不能封闭,要多从外界汲取知识和能量。

第二个大趋势是场外市场会是未来发展的一个大方向。期货公司经营要将期货与现货、场内与场外相结合，扩大期货公司的经营价值链。场外市场特别考验专业能力和资本实力。专业能力不用多说，资本实力是因为在场外业务中你要跟别人做交易对手，需要占用大量的资金。我们的风险管理子公司宏源恒利在 2018 年刚刚增资至 4 亿元，近期我们还在争取多渠道补充资金，我们的目标是把子公司做到 20 亿元的规模，因为场外业务需要足够的资本。

第三个趋势是期货公司与实体行业的深度融合。未来 5~10 年，中国期货行业又会发生一个翻天覆地的变化。2018 年原油期货推出来了，铁矿石期货也国际化了。开放的环境会带来国外的冲击、跨行业的冲击，倒逼我们提升自己。期货本来就是衍生品，从属于实体行业，从这个意义来讲，我们不应该独立于实体行业。我经常说，当大家都不知道有"期货行业"时，期货就真的做大了。就像在纽约这样一个开放包容的国际化都市，没有人会问你是中国人还是印度人，大家都是在纽约工作的人。未来，现货行业必须了解期货，从事期货业务的人更应该懂现货。可能交易所还会独立存在，但是期货公司可能只是某个集团下面的一个期货牌照或者一个部门，期货公司也可能会以某一个品种、某一项业务为主展开业务，也可能形成以期货为主导的金融集团。因此，期货公司差异化、综合化特征将更加明显。

中粮：三十年风雨兼程期货路

于旭波

于旭波，1966年出生，籍贯山东，毕业于对外经济贸易大学，经济学学士，中欧国际工商学院EMBA。现任中粮集团董事、总裁、党组副书记，并兼任中粮国际董事长。1988年加入中粮集团，创建中粮期货业务，历任中粮期货经纪有限公司总经理、董事长，为中国期货市场的建设和发展作出了突出贡献。2007年任中粮集团总裁，2016年任中粮集团党组副书记、总裁。

窗外，二环路车水马龙，成为中国改革开放40年巨大成就的一道剪影；窗内，一排排书整齐有序地摆放在书架上，似乎回顾着过往。

三十年风雨兼程，无论是早期的价格探索，还是当前的风险管理，期货之于中粮，须史不可分离，并且相得益彰。作为国内最大的粮食现货企业，中粮集团充分利用了期货市场风险管理和价格发现功能，实现了稳健发展。

如今的中粮，已是一家国际化的大企业，正向着具有全球竞争力的世界一流粮食企业目标迈进。而如今期货市场的发展也如火如荼，一个崭新的期货行业对外窗口正在开启。站在新时代的起点，作为这一历程的见证者，我希望历经艰辛的期货市场，肩负起新的使命与梦想，栉风沐雨，砥砺奋进。

小荷才露尖尖角：初见期货

1988年我大学毕业来到中粮，非常幸运，入职的第一个部门就是当时中粮最大的两个业务部门之一——粮谷饲料部，主要从事粮食、杂豆、饲料等产品的出口，另外一个大部门主要进行粮食进口。那时国家还要通过农产品出口换取外汇以支持国民经济的发展，这"一出一进"代表着中粮集团（最初的中国粮油食品进出口总公司）服务国家宏观战略的两个重要支点。

最初我的主要工作是负责高粱、饲料、豆粕的出口业务。因为要交易，就涉及作价。当时有一个问题困扰着我，就是买方报价是怎么确定的。那时，我国农产品的出口价格主要是按成本利润加成确定的，一年中价格基本上变化不大。但是，国外的报价却天天都在变，这是怎么回事？于是，我专门找到日本丸红株式会社负责粮食业务的经理请教。他告诉我说，他们的报价是以美国芝加哥期货市场价格为基准，再加升贴水和运费计算出来的。

期货市场可以用来定价——这是我对期货市场最初的认识。

从那以后，我就开始关注美国芝加哥期货交易所的期货价格变化。我首先从分析基本面入手，比如关注高粱这个品种，就必须要留意美国、澳大利亚、阿根廷、中国这四个高粱主产国的动态，注意它们各自的播种面积是多少，今年是不是有变化，播种和生长期间有没有出现天气问题等。但由于高粱不是期货品种，高粱的保值只能在玉米期货上进行，因此客观上必须对全球玉米的生产、进出口、库存等情况进行综合分析判断才能准确把握玉米期货市场走势。通过长期的观察，我逐渐搞清楚了期货市场价格变化的来龙去脉。

远赴重洋取经归：接触期货

1991年4月初，我作为培训生（后转为长期工作）被公司派往美国，在中粮与美国大陆谷物的合资公司工作，共计一年半的时间。尽管时间不算太长，但我被安排到得克萨斯州、堪萨斯州、芝加哥等多个地方进行培训，亲身经历了美国的企业和农户如何利用芝加哥期货市场价格来进行套期保值和生产决策参考。这段时期的学习对我了解并熟悉期货市场和套保业务，乃至后期在中粮进出口贸易中利用期货都起到了十分重要的作用。

中粮巴西龙多诺波利斯大豆加工厂

　　20 世纪 90 年代初的美国期货市场已是相当成熟的期货市场，是国际农产品市场的定价中心，在玉米、大豆、小麦等多个品种方面，美国的期货市场价格基本上反映了全球的供求关系。中粮与大陆谷物公司在美国共同经营着 30 多个粮仓，我在那里的主要工作就是采购、给客户提供价格信息以及拜访客户。这个机会让我亲眼看到了美国农户如何利用期货市场来指导生产，切身体会到期货与农业结合的奥妙之处。

　　其间有一个很有意思的小故事：每天向客户电话报价时，我们都需要先介绍自己的姓名。我姓于，在英语中这个音并不好发，常被人读成 Mr. You。于是我就请同事帮我起个新的英文名，他们给了我 10 个备选，最终我挑选了"Patrick"这个名，我觉得很好，一直沿用至今。

　　我清楚地记得第一次拜访农户时，他们利用期货计划耕种的情景，当时着实令我吃了一惊。20 世纪 90 年代初的中国，市场经济尚在萌芽，可彼时美国的农户却已经开始利用期货来计划生产了。农民在春播时节可以先了解农产品的期货价格，如果某类农产品当年价格低，就可以决定改种其他品种农产品；如果当年价格高，有相当利润，就开犁播种，并且在期货市场上先将农产品卖掉，提前锁定种植利润免去后顾之忧，大幅减少了价格波动对农民收入的影响。

另外，公司每天会召开收盘会，将一天期货交易的情况进行汇报和讨论，决定收盘后到第二天开盘前的买卖价格。通过每天的案例交流讨论，使我充分感受到一个美国现货公司如何利用期货市场来指导自己的交易和经营决策，真正领会到期货交易的魅力。正因如此，才有了此后我与中粮的期货之缘。

身先士卒：体验期货

1992 年 11 月，我即将完成选派工作，面临留在美国还是回国发展的选择。诚然，彼时美国早已是发达国家，基础设施完备，在美国工作生活条件很好，而国内经济发展刚起步，高速公路刚刚开始建设，工作、生活条件与美国尚存不小的差距。但国内改革开放一片欣欣向荣，关键是回国可以早日将自己所学所想报效公司、报效国家，我毅然作出回国发展的决定。

临行之前我几乎天天泡在复印室里印材料，很多外国同事看到后很不解地问我复印那么多东西干什么？我就说好多东西没看懂，回去慢慢看。当时我一心想着一定要把这些宝贵的知识带回中粮去。我记得，单书籍材料就寄了七八箱。

回国后我立即向我所在的粮谷饲料部领导递交了报告，详细汇报了我在美国学习期货的感受，提出了借鉴美国利用期货市场开展套期保值业务的设想，得到了时任刘永福总经理的充分肯定。

当时的中粮是中国唯一统营粮食进出口业务的特大型企业，市场价格波动对企业影响很大，迫切需要利用期货市场进行套保、管理市场风险。报告中特别讲到美国期货市场对于作为粮食贸易企业的中粮可以带来哪些借鉴之处，以及可以对现货企业提供怎样的商机。

因为对国际业务的熟悉，领导把我调到了玉米业务部，负责玉米的出口保值工作。从那时起，我的期货交易生涯正式开启，盯夜盘成了我的日常工作，晚上盯盘，第二天上午向部门负责人汇报，下午制订当天的交易计划，大半年的时间，大大丰富了我的实践操盘经验。

实践先行：期现结合

20 世纪 90 年代初，国内期货市场创建，我感到特别高兴，终于盼到了中国期货蓬勃发展的一天。在早期阶段，绿豆、大豆、大米、小麦等品种的合约设计我都积极参与，在交割、交易等方面也为交易所提供了不少建议。1993 年 7 月，中粮粮油饲料部正式下设期货业务部，我任经理。在中国期货市场启动的时候，我们在部门领导的支持下，紧紧结合部门里的现货进出口业务，利用期货市场及时转嫁了商品现货经营中的风险，取得了较为可观的收益。

1994 年初，原上海粮油商品交易所推出绿豆期货。按照中粮业务的常规做法，每年在收购季节都要在产区收购一批绿豆，为出口备货。那一年，由于出口市场发生变化，东南亚客户不积极，几千吨出口绿豆积压在大连，公司压力很大。这时我想到了利用期货市场进行保值，正好赶上上海绿豆期货上市，又是夏季，市场用量大，期货价格涨势好。当时东北收购绿豆的成本大约是 3600 元 / 吨，上海的期货报价为 4300 元 / 吨，而且价格还在节节上涨。看到这

中粮阿根廷罗萨里奥油籽加工综合产业园

种情况,我发动期货部的同事们和中粮黑龙江、吉林、辽宁分公司的同事们租船把绿豆运到上海,那一年他们在上海交割了 6000 多吨现货,差不多每吨赚了 1000 元。

这是中粮在我国期货市场上所做的第一次成功的期货交割尝试,也正式开启了中粮与我国期货市场相扶相持相伴的生涯。

当前中粮集团的业务大都充分利用期货和现货两个市场,期货套期保值贯穿于业务始终。以玉米为例,玉米是重要的谷物品种,传统上作为饲料原料。近年来,随着世界能源需求的增长以及生产技术的进步,玉米被赋予了新的工业属性,玉米深加工行业蓬勃兴起,下游产品包括淀粉、蛋白粉、燃料乙醇等。我国玉米的种植面积广阔,近年来总产量在 2.2 亿吨左右,位居世界第二。而中粮集团一直把玉米国内贸易作为主要的经营项目,每年的贸易量都超过了 1000 万吨。2017 年中粮提出了新的发展战略规划,把玉米国内贸易目标提高到 2000 多万吨。在努力提高贸易量的同时,公司也认识到了大宗农产品贸易的价格风险和规模风险，急需要寻找和利用一个有效的贸易风险对冲工具。

大连商品交易所的玉米期货提供了良好的平台，公司通过参与大连商品交易所的玉米期货市场，充分利用套期保值工具对冲了现货贸易的风险。2016~2017作物年度，国际市场玉米库存大幅下降，价格快速上涨。在国内，从2016年9月开始，受市场的刺激和国内深加工企业扩张抢购原料的推动，国内玉米期现货价格也开始大幅上涨。在此背景下，公司研究推断，在玉米收购季，玉米期现货价格将保持这样的上涨态势。但与此同时，为了防范后期由于国内玉米的供需基本面和国家调控措施的变化带来的下跌风险，公司一方面在东北收购新玉米，一方面积极准备在大商所进行套期保值以对冲风险。最终，在深入研究分析的基础上，我们确定了现货收购和建立期货套保头寸的配置方案及节奏，通过套期保值有效地规避了现货玉米价格下跌的风险。

现如今，期货和现货结合已经成为公司重要的经营模式，为公司稳健发展提供了有效的保障。

期现结合百战多：持续探索

这几年期货市场稳步发展、不断创新，真正服务了实体经济的发展。特别是中粮，作为粮油食品行业的龙头企业，能够在市场里不断发展，其中很重要的一条就是正确地应用了套期保值的工具，化解了风险。

一方面，我们坚持正确的套期保值理念。这么多年来，中粮保值业务的成功首先要归结于我们经营理念的成功，而这个理念是在一步步实践中逐渐摸索出来的。

早在20世纪70年代初，中粮集团就涉足境外的期货市场，开始了套期保值的探索。1972 年，中粮与国际糖商合作，在伦敦食糖交易所买进了一笔食糖期货合同，为国家赚取了 700 万美元外汇。中粮这次破天荒的大胆尝试，开创了中国国际期货贸易的先河。进入 90 年代，随着经济体制改革，中粮积极利用美国芝加哥期货市场为小麦、玉米、大豆的出口业务进行保值。1993 年国内期货市场开始建立，中粮借调员工到各个交易所学习，开始涉足国内期货保值和自营业务。1995 年中粮集团成立期货业务部，1996 年中粮期货成立，正式开展期货经纪业务。

1996 年 9 月中粮期货经纪有限公司成立

只有真正经历过期货市场拼杀，你才会真切感受到做好套期保值的不易。外人往往只看到期货层面的盈与亏，很少能看到你现货层面的盈亏，何况做期货并不代表永远就能赚钱，对此中粮也有教训。

1994 年，国家开始征收玉米增值税。增值税多大程度上能影响到现货价格我们当时分析得不够，没有关注到国内现货市场变化。我记得那时期货价格已经进入高位，国家也不支持涨价，中粮也认为价格涨不高，因此在策略上做空。然而事实证明，我们错了。现货价格并没有因为停掉几条出口船，把现货卖到期货市场，价格就降下来。由于国内玉米供应紧缺，玉米价格一直高涨不下，从一开始每吨 1300 元，最高涨到 1700~1800 元，那次交易公司比较被动。此外，2006 年、2007 年，虽然中粮在整个农产品期货市场看对了方向，最后也赚了钱，但由于入市过早，保值规模大，也为此承受了一些浮亏压力。

因此，对套期保值业务的评价不能只看到期货，看不到现货，这是不科学的，也不准确。对于一个企业应用期货套期保值的第一个要求，就是一定要把期货和现货结合起来看，不能单看期货这一边，这是我的一个深切体会。

另外，套期保值业务是一个持续的经营过程，只要现货企业在运转，相应的风险控制和保值就需要一直持续，所以大家看到中粮集团在大连市场上一直有大量的持仓。无论持仓是盈还是亏，持仓都必须有一个持续的过程。同样地，对套期保值效果的评价也不是仅凭短期业绩就可以决定的，也需要看长期，有时期货亏一点，现货赚一点，要把期货现货放到一起来看。

回顾过往，从最初对期货进行探索到今天具有较完备的风险管理体系，中粮集团是一步一步走过来的，理念也是慢慢积累起来的。而且只有一个持续的过程才能评价套期保值的效果，这点对于一个大型企业来讲尤其重要。

长风破浪终有时：规范完善

期货市场风险管理和价格发现功能的有效发挥，是包括中粮集团在内的实体企业得以稳健发展的重要支撑。作为行业代表,我对期货市场的发展有以下几点想法。

第一,希望能够继续贯彻期货行业为实体经济服务的方针,进一步做大做深期货市场。几年前,期货服务实体经济的主要方式可能还仅限于套期保值这样简单的对冲。时至今日,从期货品种、衍生品工具种类,市场政策以及交易所支持程度,期货公司业务创新程度,实体企业参与程度等各方面来看,期货市场都翻开了新的一页。大宗商品市场价格的起伏让越来越多的企业开始意识到风险管理的重要性,期货对于实体经济来说已不仅仅是一种避险工具,更是多领域实体经济主体的信息平台、定价基准和采购销售平台。无论是仓单贸易、期现结合锁定成本,还是基差点价、场外期权等新模式,都是作为抵御市场价格风险、有效促进并优化生产经营的重要手段,已被企业、农业种植户等越来越多的产业客户所接受。

与此同时,期货市场的发展也离不开一个强大的现货市场支撑。期货市场是标准化合约的市场,现货是非标准化的经营,现货如何与标准的期货合约进行联动,从而增强期货市场作用,扩大它的辐射面和影响力,对于我们建立多层次衍生品市场非常重要。因此,从长远来看,应该如何将现货和远期市场纳入期货市场发展的体系当中,还需要监管部门明确方向。

第二,在品种丰富方面,希望监管层在管理风险的前提下,简化品种上市过程。当前我国期货市场上市品种已经涵盖国民经济主要领域,展望未来我国期货交易品种体系将会更加健全。今后交易所在规则设计上,要完善交易交割规则,更好地为套期保值提供服务。彻底改变根据期货公司限仓的做法,从根本上区分保值客户和投机客户,为企业客户开展保值业务提供更多方便。按照中央的改革思路,要加大改革力度,解放思想,围绕服务实体经济的发展,真正地让这个市场充分发挥作用。开发具有鲜明特点的交易品种,

接受央视采访

包括汇率衍生产品等一系列外汇期货品种，更好地服务实体经济，同时有利于人民币国际化。

此外，我呼吁多推出一些期权产品。伴随着国家粮食价格的放开，农民卖粮积极性提高了，为什么？因为有国家托底，从收入补贴到种子补贴，再到化肥等多方面的补贴已经到位。但是如果有期权，中粮就可以为农民提供更多服务，把粮食银行的功能进一步发挥好，可以通过期货设计出最低价格合同，帮助农民锁定粮食售价，规避价格下降风险，关键是当市场价格上涨时，农民还可以分享价格增长的收益。农民第一时间把粮食交进来，中粮进行烘干、储存，解决农户的后顾之忧。从参与层面，中粮愿意与交易所一起共同开发期货品种，真正为农民提供收入保障。

第三，希望鼓励期货经营机构加快业务创新，不断在投资咨询、资产代理等新业务方面进行探索。在服务模式上，从单一的仓单服务转向基差交易、场外期权、"保险＋期货"等多种模式并举；

在服务内容上，从提供单纯资金融通转向定价服务、套保服务等一揽子风险管理。这在给实体客户更多选择的同时，提高了服务和产品的针对性，更加符合客户的具体需求。在这个过程当中，中粮也会和大家一样珍惜这个机会，很好地把控风险。

第四，希望加快期货市场国际化进程，鼓励更多的期货公司走出去。我认为期货市场走出去要做好两件事：

一是通过完善合约，增设海外交割地和拓展国际会员，以此扩大国际影响力，建立国际定价中心。以大豆为例，中国进口大豆9500万吨，其中从美国进口约占30%，绝大部分来自南美。因此，美国大豆的价格在全球来讲并没有特别强的代表性。相反，我们在大豆定价方面的影响力反而更大，因为全球大豆贸易量的百分之八九十都在中国。所以从这个角度来看，不仅是大豆，我们的油、气、铁矿石等产品，国际贸易进口份额都在50%以上。因此，现在从需求端重新规划全球农业生产的布局是一个新的契机，期货市

当代中国期货市场口述史

中粮点亮全球版图

场通过价格发现的功能会推动资金、货物在全球进行配置。在此层面上，中国处于一个非常有利的地位。

在路径选择上，我们的国际化并非要完全照搬 CBOT 等国外交易所，而是要通过期货市场把国外的客户真正引进来，同时期货交易所也应该在海外建立交割仓库。以中粮为例，中粮集团在 2014 年连续收购两家海外企业后，农产品经营能力已从 5000 万吨上升到近 1.6 亿吨。如何在国外更好地利用期货市场保值是我们亟待解决的问题。如果咱们交易所能够在海外直接建立交割仓库，那我们则更有底气往前迈进。

二是期货公司对外开放要进一步加大。期货公司要顺应期货市场国际化趋势和中央全面开放要求，通过合理选择品种、交易所，来更有效地满足客户跨境经营需求。在人才建设方面，国内期货公司可以多学习国外多元化的经营管理模式，获取境外资源，吸纳国外高端人才，加快在境外设立、收购公司，开展跨境业务，以进一步提高我国期货经营机构的国际竞争力。期货市场加快国际化步伐也是中国期货行业贯彻落实党中央深化对外开放重大决策部署的强有力抓手，需要我们从国家发展战略高度上提高认识、完善举措、加快行动、早见成效。

展望未来，中国期货市场的发展道路还很长，虽然在前进的路上会充满艰辛，但我对此充满信心。相信在不久的将来，一个更加规范健全、有中国特色的期货市场，将会以更加成熟的姿态迎接挑战和机遇，在服务国家战略、服务实体经济上发挥更大作用。

期货助力江铜实现跨越式发展

王赤卫

王赤卫，1953 年 8 月生，毕业于中南大学，高级经济师，中共党员。历任江西铜业集团贵溪冶炼厂副总经济师，江铜集团销售运输处副处长，中国有色金属工业海南供销公司总经理，上海冶炼厂副厂长，1998 年 7 月起担任江西铜业集团副总经理，江西铜业股份有限公司执行董事、副总经理。曾任上海仲裁委员会仲裁员、上海期货交易所理事、中国期货业协会理事、上海黄金交易所交易委员会主任委员、中国黄金协会副会长等职。2013 年 9 月退休。

江西铜业作为改革开放之初国家布局的有色行业重点基地，一开始就坚持向世界一流企业看齐的发展目标。在近40年的发展历程中，江铜敏锐把握经济发展趋势，充分利用资本市场和期货市场，为实现跨越式发展服务。期货在促进企业经营管理体制和经营机制转变，实现现代化、市场化、国际化，发展成为世界500强企业进程中，发挥了催化剂的作用。这是期货市场助力一个实体企业、乃至整个行业发展的典型案例，是一段荡气回肠的期货发展史实。

我在江西铜业（以下简称江铜）工作了30多年，先后在矿山、冶炼厂和公司总部工作过。我工作之初正赶上改革开放、建设"四个现代化"的大潮，当时江西铜业被列为全国九大有色基地之首。我有幸领略了早期有色金属行业的领导们如何高瞻远瞩、英明决策，对中国铜工业跨入世界先进行列所做的具有前瞻性、指导性意义的战略布局；非常幸运地见证了我国铜业在改革开放的大潮中，进行脱胎换骨的技术改造、发展、壮大的全过程。

改革开放下的江铜演变

江铜的历史要从我国有色金属行业发展的演变历史说起。

1978年，基于建设"四个现代化"的蓝图，国家提出建设十大钢铁基地、九大有色基地，其中江西铜基地被列为九大有色基地之首。当时有色金属和黑色金属还没有分家，都属于冶金工业部管辖。同期，在"六五"计划所确定的 22 个国家重点项目中，有两个是归属于冶金工业部，一个是宝钢，另一个就是江铜旗下的贵溪冶炼厂。当时冶金工业部的领导非常明确地表示，中国未来钢铁工业发展以宝钢为样板工厂，有色工业发展以贵溪冶炼厂为样板工厂。看看今天中国钢铁工业和有色金属工业的繁荣景象和国际地位，不得不敬佩老一代领导人的眼光和胸怀，在那个年代能够作出这样的决策，我觉得是非常了不起的。

1979 年，江西铜基地总指挥部、江西铜业公司挂牌成立。当时把江西省的六个主要铜矿山划归江铜进行改扩建，同时新建贵溪冶炼厂，我当时就在贵溪冶炼厂工作。1985 年，从日本、芬兰引进技术和成套设备，率先采用世界上最先进的闪速熔炼技术与装备的贵溪冶炼厂投产，开启了中国铜冶炼行业告别陈旧落后的铜冶炼工艺，跨入世界先进行列的辉煌历程。贵溪冶炼厂投产后，我开始从事经营管理。

1983 年，经国务院批准，有色金属工业的管理从冶金工业部划分出来，成立政企合一的中国有色金属工业总公司（以下简称有色总公司）。当时国务院一共批准成立了六家这样的总公司，直属于国务院，有色总公司成立后江铜成为其直属企业。1991 年江铜被批准成为具有法人地位的经济实体，在这之前江铜实行二级法人管理体制，江铜总部没有实质性运营，主要生产经营由各厂矿独立自主进行。1991 年江铜成为企业法人，开始对下属矿山、冶炼厂实行统一管理，开启了集团公司管控与运营模式。今天看来，管理体制的调整，对江铜的发展起到了至关重要的作用。

江铜成为企业法人后，我被调到江铜总部，在负责原料采购和产品销售的销售运输处担任副处长。那个时期，正是国家由计划经济尝试价格"双轨制"，逐步向市场经济转变的过渡期，在市场经济体制下，应该建立一个什么样的市场体系大家都非常关注。有色总公司召开过多次会议，研究如何建立有色金属市场，我作为企业的代表参与了这个过程。随着资本市场的建立，仓储物流等现货市场的建立和逐步完善，相关配套政策法规相继出台，我国市场体系逐步形成。对江铜而言，资本市场和期货市场是促进企业发展的两个重要平台。江铜利用资本市场解决了企业发展的融资问题，而且解决了公司治理和运营管控。期货市场的主要功能是解决商品定价和风险转移问题，江铜利用期货市场，规避价格风险，实现了稳健经营和可持续发展。经过 30 多年的努力，江铜已发展成为包括铜和稀土的采、选、冶、加，铅锌冶炼，稀贵金属冶炼，国际贸易在内，年营业收入 2000 多亿元人民币的一体化特大型公司。

期货解决企业经营难题

1991 年，在有色总公司的推动下，深圳建立了我国第一个有

在江铜德兴铜矿考察

色金属交易所，叫深圳有色金属交易所。江铜作为有色总公司下属最大的铜生产企业，理所当然地参与了深圳有色金属交易所的筹建和成立后的场内交易。1992年，国家物资部和上海市政府主导的上海金属交易所成立，江铜也成为第一批会员，而且是其唯一的会员理事。之所以抱有那么大的热情参与期货市场，主要原因有两个方面，一是出于对新知识、新领域的学习和追求；二是要承担起铜行业领先企业的责任。

在那个时期，企业经营面临四个方面的难题。一是没有一个公开、权威的市场价格，产品价格都是靠买卖双方一对一谈判达成的，很难说谁的价格代表当时的市场价格。二是信息交换不公开，不透明，不及时。由于全国各地对产品的需求强度不一致，地区间价格差异很大，那个时候在贸易商中间有一种流行的说法，就是利用时间差、信息差和地区差去赚钱。三是那个时期国家经济体量还比较小，经济波动比较大，铜还有不太好销售的情况，这对企业降低库存、保持正常经营造成一定压力。四是那段时间"三角债"问题严重，对有色金属这类资金需求量很大的企业来说，保持充裕的现金流是一件非常重要的事情。

期货市场的诞生恰好解决了企业当时面临的难题。公开的、权威的价格给企业提供了一个最好的参照，有期货市场的价格作参照，谁也不好再说产品没有卖到一个符合市场水平的价格。有了期货市场的信息公开，价格透明了，也就不存在同一产品在各地的巨大价差，确保了企业应有的收益。同时，期货市场的实货交割制度和交易所为期货交易提供的集中履约担保，解决了企业销售和资金回笼的困难。

坦率地说，当时我们对期货保障企业稳健经营和可持续发展的重要性认识还不系统、不深刻。今天来看当时期货市场的作用，似乎仅仅只是解决了企业在现货层面的问题，企业对期货市场的运用仍处在一个非常浅的层次。但这对 20 世纪 90 年代初还处在计划经济体制下的有色企业来说，参与期货市场意味着摆脱了计划经济体制的束缚，经营方式已经发生了质的变化。企业尝试利用期货市场来经营，这是一个非常了不起的跨越。

期货促进江铜产品质量提升和品牌建设

20 世纪 80 年代的中国还处在短缺经济时代，阴极铜是炙手可热的商品，所谓"皇帝女儿不愁嫁"，加上信息不公开，企业自然也不会在提升产品质量上下太多的功夫，各企业的产品质量参差不齐，更没有品牌建设的概念。上海金属交易所成立后，对注册铜的交割品牌实行升贴水制度。经检测，江铜"贵冶"牌阴极铜只能作为"平水铜"交割，而当时有几家铜冶炼厂生产的阴极铜却达到了"升水铜"的标准。这件事对江铜的管理层刺激很大，作为当时国内技术和装备最先进、规模最大的铜生产企业，产品质量却没有达到一流，这与一流企业的声誉不相符，是一件无论如何也说不过去的事。所以管理层下决心抓产品质量，很快"贵冶"牌阴极铜不仅成为上海金属交易所的"升水铜"，而且也成为国内市场迄今为止公认的最受欢迎的铜品牌。

1995 年，江铜开始着手"GUIYE"（贵冶）牌高纯阴极铜在伦敦金属交易所（LME）的注册，1996 年江铜"GUIYE"牌高纯阴极铜注册成功，成为国内首个在 LME 成功注册的高纯阴极铜品牌，这是一件具有里程碑意义的事情。在江铜之后的 20 余年，中国大型铜冶炼企业生产的高纯阴极铜相继在 LME 注册，中国已成为在 LME 注册高纯阴极铜品牌最多的国家。

"GUIYE"牌高纯阴极铜在 LME 注册成功后，江铜更加重视品牌建设。2004 年 4 月在伦敦金银市场协会（LBMA）注册成功了"JCC"

（江铜，下同）牌银锭，2005年8月在LBMA注册成功了"JCC"牌金锭，2007年4月在LME注册成功了"JCC"牌ISA法高纯阴极铜。那个时候在LBMA注册黄金品牌的中国企业大概只有两个，都是央行下属的企业，且都是为了满足央行国际清算业务注册的。江铜是中国铜行业里第一个铜、银、金三种产品都在伦敦注册的企业，直到现在，中国铜行业中黄金和白银注册的企业也不是很多。2008年江铜又获准成为国内第一家LME指定的注册铜试验工厂。这是期货市场促使企业重视和提升产品质量、引领企业加强品牌建设的一个典型案例。

期货转变企业经营理念

对长期处在计划经济体制下的中国企业来说，期货市场的建立对企业经营者是一件冲击力非常大的事情，特别像铜这类境内外同时交易的期货品种，价格和市场实现了国内外融通，价格倒逼中国铜企业走向国际市场。企业经营者开始意识到，成本已不再是个别企业成本或中国企业的平均成本，价格也不可能再由政府决定，不管你是否做好准备，期货市场已经引入了全球化的竞争，这客观上让当时长期处在与国际市场割裂的、封闭的经济环境中的中国铜业提前融入了全球市场。这时，企业领导人的管理理念开始突破传统的重视生产、技术、质量、安全的局限，向重视价格管理、风险控制，关注国内外经济、金融、资本市场及相关衍生品市场动态等方面扩展。这促使企业领导人去学习原来不熟悉的专业知识，关注过去非常陌生的领域所发生的变化，掌握国际化经营所必须具备的知识和能力，增强企业的国际竞争力。

新中国成立以来，国家一直把铜作为战略物资实行严格的管制，铜是有色金属中除黄金和白银这两种具有货币职能的特殊商品以外最晚市场化的商品。但是期货市场的建立，促使中国铜业比较早地参与了国际竞争，并在国际市场的风浪搏击中经受了考验。也正是由于中国铜业较早地实现了这种转变，所以相比其他较晚进入国际市场的行业，我们有色行业面对国际竞争显得更加从容自如，从而成为中国有色金属行业中市场化、国际化程度最高的行业。期货市场在这方面的作用，也许是中国期货市场的初创者和早期参与期货交易的铜企业所没有预料到的。

期货助力江铜实现跨越式发展

江铜 1997 年在香港上市，2002 年初又回归 A 股，成为国内第一家同时在境内外上市的矿业公司。进入 21 世纪，中国经济快速发展，对外开放步伐不断加快，在这种大背景下，江铜也在努力实现跨越式发展。1997 年江铜阴极铜产量还不到 13 万吨，1998 年贵溪冶炼厂冶炼能力开始扩大，到 2004 年已经在为年产 100 万吨阴极铜的生产规模进行基本建设和原料准备，年进口铜精矿需求从 20 世纪 90 年代的 1~2 万吨迅速增长到 100 多万吨。

中国铜工业在铜原料方面的海外市场依存度超过 70%，能不能获得海外原料长期稳定的供应，关系到企业的生存与发展，"无米之炊"是制约中国铜工业发展的最大瓶颈。在国际市场，铜精矿一直由欧美企业占据主导地位，国际矿业公司对铜原料定价的通行做法是：铜以 LME 价格定价，金银以 LBMA 价格定价。江铜的发展离不开铜原料，没有稳定的原料供应，江铜的发展便无从谈起，获取稳定的原料供应是江铜发展过程中需要解决的首要问题。与国际矿业公司签订长期合同，以获得稳定的原料供应是一个非常艰苦而又充满智慧的过程，江铜与国际矿业公司之间的长期合同，往往是签订 3~5 年定量不定价的框架合同。因为有期货市场，江铜与国际矿业公司签订原料采购的长期合同才有了价格参照，才能获取稳定的国外原料，企业发展的基本问题才得以解决。因为有期货市场，企业才能依据产品交货月期货市场的均价与客户签订年度销售合同，建立稳定可靠的客户群和营销网络，完成企业从原料采购到产品销售的实物流闭环。作为一个特大型的企业集团，如果没有原料采购的长期合同和产品销售的年度合同作为保障，仅仅凭借现货和零单合同，是无法保证企业长期稳定运行的。由参照期货价格而建立起来的原料采购和产品销售的长期合同，是大型企业集团实现跨越式发展的重要基础。

期货在江铜的产业布局和资源整合方面也发挥了重要作用。在资源并购方面，国际通行做法是：铜矿产资源采矿权评估的参考价格为评估日期前 36 个月的期货月平均价格，而这 36 个月的月平均价就是 LME 铜的 3 月合约价。大型铜矿开发所需的巨额投资通常需要获得银团贷款，银团对项目提供贷款，在审核项目有关资料的

与国外矿业公司签约

同时，往往还要求项目方提供长期合同和一定比例的套保，以确保项目的产品有市场需求和偿债能力。当然，资源并购是一项非常复杂的工作，除了价格和偿债能力外，还关系到政治、法律、政策、社区等多种因素的评估，期货市场只是为资源价格提供了一个参考和对冲的平台，并不能解决资源并购的全部问题，但即便如此，期货市场仍然是资源并购整个链条中非常重要的一环。此外，对江铜从成立初期比较单一的铜矿山与铜冶炼模式，拓展到铜加工、稀土开采与冶炼加工、稀贵金属与铅锌冶炼和国际贸易的产业布局，期货市场发挥了重要作用。

期货为江铜规避风险

在抵御价格风险方面，期货更是提供了一个很好的平台。

国际市场铜精矿的作价模式是按买卖双方计价月 LME 铜的月平均价扣减粗炼费和精炼费后作为铜的价格。因为原料计价与产品价格直接挂钩，这种计价模式意味着铜冶炼企业不可能获得由产品涨价带来的收益，扣减的加工费成为冶炼企业利润唯一来源。大部分时间国际市场铜精矿都供应短缺，且大多数铜精矿都掌控在大的国际矿业公司手里，冶炼厂与国际矿业公司之间时常处在力量不均衡状态，冶炼企业经常受到国际矿业公司的挤压，冶炼厂能够得到的加工费扣减非常微薄。通常情况下，铜精矿中所含黄金每盎司只有 5 美元左右加工费，所含白银每盎司只有 30 美分左右加工费，而从铜精矿装运到阴极铜产出一般需要 2 个月以上的时间，成品金、银的产出至少要 3 个月左右的时间。因此如果企业不在期货市场套保，铜价和金银价格的波动会轻易地吞噬掉有限的加工费。

在过去十几年间，铜价波动剧烈，现在铜价跌到 6000 美元，大家都觉得难以接受，但 21 世纪初 LME 铜价一度跌至 1340 美元

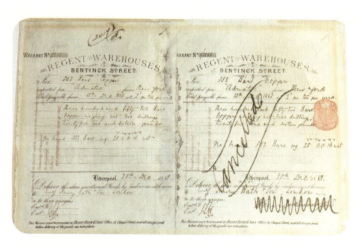

LME 创始成员 Henry Bath 于 1883 年签发的第一张 LME 铜仓单

附近，而 2011 年 2 月 LME 铜价最高时，3 月合约价逼近 10200 美元。2008 年国际金融危机的时候，上海期货交易所（以下简称上期所）国庆节休市前 LME 铜价 6775 美元/吨，到 10 月 24 日不到 20 个交易日已经跌到 3775 美元/吨，12 月 24 日进一步跌至 2825 美元/吨。短短 2~3 个月的时间 LME 铜价可以出现 3000~4000 美元/吨的跌幅。那段时间我和同事们天天只睡两三个小时的觉，盯着 LME 和上期所的价格波动，研究对策，采取措施，尽力避免企业的损失，这种惊心动魄的场面只有亲历者才有深切的体会。金、银价格波动也不例外，不用说几个月，通常一天的价格波动也不止 5 美元和 30 美分。毫不夸张地说，作为一个铜生产企业的经营者，如果离开了期货市场，真不知道还有什么手段可以去规避和控制风险。在江铜发展的近 20 年里，我们经历了 1997 年亚洲金融危机和 2008 年美国次贷危机两次区域性和全球性的金融风暴，如果没有期货市场为企业提供对冲平台，江铜很难在这样的市场冲击中始终保持盈利的记录。

因为生产经营规模的迅速扩大和原料结构的变化，江铜与国际市场的融合程度不断加深，国际化进程不断加快，2010 年江铜成为世界上唯一拥有单个阴极铜年产量超过 100 万吨的最大铜冶炼厂的矿业公司。原料更多地依赖国际市场，产品流向国内外两个市场，期货交易也从单一的国内市场扩展到国内国外两个市场。在这种背景下企业必须学会在两个市场、两种原料、两种价格、两种货币体系下的运作模式，并具备相应的运营能力，来确保企业的可持续发展，这对企业经营者和经营团队的能力提出了更高要求。在当今市场环境下，在企业拥有资源等其他条件基本相同的时候，企业经营水平的高低或经营业绩的优劣，很大程度上取决于其在期货市场对冲水平的高低。

期货转换企业经营模式

江铜参与期货市场这些年，已经从单一利用国内期货市场拓展到利用国内外两个期货市场，从单一的场内市场拓展到场内场外两个市场相结合，保值手段也从单一利用期货合约发展到利用期货期权两种合约。深度参与期货市场之后，期货的价格信号已经渗透到江铜经营管理的方方面面，也促进了企业经营模式的转换。

在企业预算方面，期货价格为企业预算制定提供了参考依据，企业在制定年度计划和编制预算时，根据对下个年度商品价格的预判先确立一个基础价格，围绕这个价格再做敏感度分析，在不同的价位测算出不同的盈利水平，根据不同的盈利情况调整产品结构。编制企业年度计划和预算是一项极其重要的工作，是全年工作的大政方针，企业的一切生产经营活动都将围绕这个中心去展开，当然也包括期货保值。一个大型企业集团往往需要花 4~5 个月的时间来编制年度计划，但计划编制非常重要的一个基础就是产品价格，期货市场的公开价格为计划的编制和实施结果的评价提供了标准。

在购销模式方面，引入期货价格改变了企业原料采购及产品销售的商业模式，期货价格为企业签订原料采购的长期合同和产品销售的年度合同创造了重要条件，改变了以现货零单为主的"小作坊"商业模式，为大型企业集团稳定运营提供了重要保障。期货市场也给长期合同提供了灵活的操作空间，比如远期作价等，增强了长期合同的履约能力。长期合同在为企业建立稳定的原料采购和产品销售网络的同时，还为企业在运营中不断优化购销网络和优选客户创造了条件。

在绩效考核方面，引入期货市场的平均价格可以作为经营部门绩效评价的主要依据。特别是在产品销售方面，如果企业的平均销售价格与期货平均价相等，说明达到了市场的一般水平，如果是在期货平均价之下证明营销的效果低于市场平均水平；反之，如果高于期货平均价则表明营销效果优于市场水平。目前来看，除了利用期货价格作为考核基准之外，很难找到一种更合理的标准来对经营效果进行评价。当然，价格不是企业经营效果的全部，还包括资

在2013年第十一届亚洲铜业大会上发言

金回笼和附加成本等其他方面，因为即使产品卖了一个好价钱，如果资金不能及时回笼，甚至出现坏账，那么这笔业务的经营效果可能是负的。需要特别说明的是，绩效考核在实施过程中，不同的业务管理模式考核的方法是不一样的，考核方法必须与业务模式相匹配，才能客观真实地反映出经营绩效。

在风控体系方面，当大型企业集团深度参与期货市场，企业保值需求和交易规模足够大的时候，企业风控必然会产生一个由量变到质变的过程。企业参与期货这样高风险业务，一个亟待解决的问题就是需要建立一个有效的风险防范体系，确保风险可识别、可测量、可控制、可承受，避免出现企业难以承受的风险事故。江铜在风控体系建设，诸如领导体系、决策程序、机构设置、操作流程、风险敞口规模、人员配备、授权制度、不兼容职责分离、不同风险等级的风险警示等方面都进行了规范，建立了一整套期货操作规章制度，通过制度性安排确保期货在制度的框架内运行，确保企业深度参与期货市场后风控体系的有效性。

努力营造更好的套保环境

江铜已经连续六年入选《财富》杂志世界 500 强企业，在最新面世的 2018 年《财富》杂志世界 500 强企业中江铜排名第 370 位。我个人认为，江铜的发展除了政府和社会各界的关心支持外，还得益于以下几个方面。第一，江铜的集团化运营模式。第二，进入资本市场。第三，建立了现代企业制度和公司治理架构，建立了符合市场经济的经营机制。第四，充分利用期货市场价格发现和套期保值的功能，实现企业稳健经营和可持续发展。江铜敏锐地把握住了经济发展趋势，较早地参与期货市场，认识到市场化的作用，这是江铜做强做优做大的重要原因。

参加 2016 年 LME 年会

当然，作为国有控股企业的江铜在参与期货市场的过程中也曾遇到过不少困难。

首先，在国有企业该不该参与期货市场认识上的分歧，有的观点坚定地认为非常有必要，有的强烈反对。其实在期货市场客观存在的背景下，企业只有"正参与"和"负参与"两种方式，所谓"正参与"，就是企业主动参与期货市场，利用期货市场规避经营过程中面临的价格风险。所谓"负参与"，就是从表象看企业不参与期货市场，但期货市场客观存在，企业照样在被动地接受市场波动的结果，企业不主动参与的实质，是把企业的价格风险被动地全部暴露在市场当中，这种"负参与"的风险比"正参与"大得多，因为"正参与"是主动控制风险，而"负参与"是被动地接受全部的风险。如果大家能认识到这一点，那么还要争论国有企业该不该参与期货市场，就完全是件多余的事情了。

当企业发展需要期货市场并且深度参与时，当企业与一些监管部门或领导对期货的认知不同步时，难免会产生一些误解，这些误解如果不能得到及时有效的沟通并达成共识，可能会影响企业特别是国有企业参与期货市场的积极性。例如，2006 年 LME 铜价屡创新高，铜价涨到了铜业界人士从未见过的历史高度，金融界、期货界人士也连呼无法解释，当时结合公司年度利润目标和在资本市场的运作需要，经过班子讨论并在公司规定的保值额度内，对一部分自产矿做了保值，结果铜价持续上涨使这部分保值头寸出现了较大平仓亏损。这个情况引起了监管部门的重视，除了我们如实说明情况外，监管部门召开了由多位金融学教授和行业专家参加的专家会来论证这件事情的性质，结果认定这次保值操作属于企业正常经营行为。如何理解期货套期保值的目的，如何认定套期保值的效果，如何把期货市场和现货市场的损益结合起来评价，是一个长时间困惑大家的问题。为了对套期保值和绩效评价有一个完整清晰的认识，在上期所的支持下，我们曾组织了一个研究团队，写了一本《企业套期保值的有效性与绩效评价研究》的小册子，2010 年 8 月由中国金融出版社出版，受到了业界非常好的评价。

此外，国际会计准则认定按公允价格 80%~125% 为有效套保的规定，也曾给企业特别是上市公司带来不少麻烦。在江铜和上期所的持续努力下，国际会计准则对套期保值的认定做了相应修改，中国财政部也修改了关于商品期货套期保值会计处理的规定，取消了原财政部颁布的财会〔2006〕3 号文件《企业会计准则第 24 号——套期保值》中认定套期的实际抵消结果在 80%~125% 才是有效保值的规定，同时也对企业从事商品期货套期保值在套期工具、被套期项目和套期工具在商品期货套期中的对应关系、被套期项目应当能够可靠计量、套期关系的指定等方面做了详细规定。新的套期保值会计准则更贴近市场变化的实际，使企业套期保值得到更加真实的反映。

近年来，证监会和各交易所为期货市场的发展做了许多工作，取得了很大的进步。但就我熟悉的铜这个品种来说，目前还存在个别让企业感到困惑的问题。铜是上期所和 LME 同时上市交易的期货品种，这两个交易所之间在交易规则和管理方式上的差异带来了市场参与者无法规避的系统风险。举例来说，LME 没有涨跌停板制度，而上期所是有涨跌停板的，2008 年爆发金融危机时，上期所在 2008 年 9 月 26 日交易结束后开始休市，2008 年 10 月 6 日起恢复交易，从恢复交易起的 21 个交易日中有 19 个交易日出现涨跌停板，所有交易者无法从两个市场对冲风险。由于两个交易所在涨跌停板规则上存在差异和上期所采取的强平措施，使不少利用两个市场进行套期保值的市场参与者蒙受了损失。如何在制度的设计上尽量减少市场参与者无法规避的系统风险，是监管层与交易所应该考虑和改进的问题。假设现有的涨跌停板制度短期内不能更改，那么能否出台一个在连续涨跌停板后，交易所在哪种情况下采取哪种措施的指导性原则，而不是对若干个处置方案交易所拥有完全的自由裁量权，对交易所可能采取的处置方案，市场参与者完全无法预判。期货是对未来风险的管理，这种情况也不符合期货对未来风险预判及管理的原则。以前我在担任上期所理事时提过这个问题，但好像至今没有解决。

另外，我想谈两点希望。第一个希望，现在我国上市的期货品种已经很多了，不断推出新品种来满足国民经济发展的需要是正确的，但是我认为在推出新品种的同时，还应该花相当的精力去完善和深耕已经推出的品种。在如何更好地服务实体经济，满足实体经济发展过程中产生的新需求方面，多听取实体企业的意见，做更多深入细致的工作，做好做精已上市的期货品种。

第二个希望，期货市场的交易与监管应该跟上科技发展。我们正处在科学技术飞速发展、科技手段在期货市场应用不断迭代更新的时期，科技进步对交易所的系统处理能力、交易接口安全性等方面提出了新的要求，这不单是涉及技术层面的问题，与此相关的法规也需要建立健全。希望监管层和交易所能关注市场发展过程中的新动态，与广大市场参与者一起共同培育一个更加健康的、充满活力的期货市场，更好地为实体经济服务，更好地为国民经济服务。

最后，如果说江铜在参与期货方面有什么心得的话，那应该是我们时刻牢记实体企业参与期货的目的和自始至终的规范运作。对实体企业来说，期货是一种避险工具而不是盈利手段。证监会曾多次肯定江铜在期货市场的表现，称赞江铜是国有企业套期保值的一面旗帜。

以上是我作为一个在江铜工作过 30 多年的过来人，依据自己的经历所谈的一点个人感受。

鞍钢：
期货是金融服务实体最便捷的工具

王义栋

　　王义栋，高级工程师，现任鞍钢集团党委常委、副总经理，鞍山钢铁／鞍钢股份党委书记、董事长，辽宁省人大代表。获北京科技大学工业工程专业硕士学位和燕山大学机械设计及理论专业博士学位，是一名具有 27 年从业经验的专家型钢铁企业高级管理者。其带队研发的科研项目两次荣获国家冶金科技奖、国家科技进步一等奖，其管理成果荣获国家级管理创新二等奖、冶金企业管理现代化创新成果一等奖。曾连续多年被评为鞍山市特等劳动模范。

作为共和国钢铁工业"长子"，鞍山钢铁自1948年成立以来便承载着新中国钢铁行业发展壮大的重任。改革开放40年来，鞍钢作为钢铁行业的佼佼者，为我国经济社会发展作出了巨大贡献。2016年国家开始了供给侧结构性改革，作为行业重点企业，鞍钢集团切身感受到期货市场对企业管理价格风险的巨大作用。虽然参与期货市场时间较短，但鞍钢集团参与期货交易进行风险管理的步伐正弯道赶超。

我1987年读大学，1991年24岁毕业后就在鞍山钢铁（后与攀枝花钢铁合并为鞍钢集团）工作，并在多个岗位上锻炼过，从基层到管理层，从一个钢铁基地到另一个钢铁基地，直至今天到鞍钢集团（以下简称鞍钢）工作。鞍钢是新中国钢铁行业发展、钢铁人才培养的摇篮和沃土，在鞍钢工作是很有幸福感、成就感和获得感的。

鞍钢正式开始参与期货交易是在2015年，这是我们基于企业经营需求以及对期货市场充分认识之后作出的战略决策。时至今日，可以说期货市场为鞍钢的风险管理作出了巨大贡献，同时也助推鞍钢经营管理的系统提升，帮助鞍钢不断导入和践行全新的经营理念。

从认识期货到认可期货

鞍钢在 1949 年 7 月 9 日正式开工，其前身是在 1916 年就成立的钢铁厂，发展至今已逾百年。在新中国发展的每一个阶段，鞍钢都以钢铁强国为己任，为推动中国钢铁工业发展不懈探索，创造了诸多辉煌。新中国第一炉钢水、第一根无缝钢管、第一条重轨都在鞍钢诞生。此外，在毛泽东同志"既要出钢材也要出人才"的指示下，鞍钢为全国钢铁企业输送了 12 万余名人才，培训了 11 万多名领导人员、技术人员和一线骨干。

改革开放后，鞍钢在发展转型中，借力金融使企业脱胎换骨，重铸辉煌。1997 年，鞍钢股份首次 IPO，通过可转债、定向增发等多种方式在资本市场募集资金 500 亿元。2006 年，鞍山钢铁主业整体上市，2018 年成功发行 18.5 亿元港币 H 股可转债，成为国内首个在境外发行 H 股可转债的钢铁公司。2018 年，鞍钢股份在中国上市公司 500 强排名第 92 位，可以说资本市场培育了鞍钢股份。

然而，相比股票市场，鞍钢参与期货市场的时间则晚了许多。在 2009 年上海期货交易所（以下简称上期所）上市了螺纹钢和线材期货后，我们没有马上参与。钢材有其复杂性，品种多样，物流库存成本很高，环节复杂，期货合约设计也很难。与当时较为成熟的品种大豆相比，黑色系的产品合约有很大的不同。为什么大豆期货活跃，因为它很简单，大豆生产流通基本上就是一个简单的物理过程，而黑色系完全是一个严格的化学过程，其变化很复杂。基于这种复杂性，黑色系实体企业都不太敢参与初期的期货交易。

2013~2014 年，鞍钢开始探索参与期货市场。彼时，钢材市场受大环境影响，出现了单边下行行情，钢铁企业的生产已经不能体现出应有的经营效益。这时，我们在与一些世界一流企业交流时发现，它们通过利用期货市场可以很好地保证经营效益。比如，全球大宗商品巨头嘉能可坦言，通过利用期货市场，不论涨或跌它都可以保证收益，所以它不惧怕市场价格波动。期货工具可以规避价格波动风险，单边下行行情时通过在期货市场卖空，以提前锁定产品效益。嘉能可主要是参与新加坡期货交易所的交易，因此，我们当时派了一支很大的队伍去新加坡学习、对标，学习如何利用金融工具与金融市场融合。到了2015年，钢铁市场的单边下行趋势更加显著，当时的钢材成品价格甚至一度跌到了成本线之下，当时我们的吨钢成本在2000~3000元，而市场价格下滑到1500元／吨，钢铁企业亏损严重，经营陷入困境。在这种形势下，我们决定开始在大连商品交易所（以下简称大商所）参与铁矿石期货交易。当然当时铁矿石合约的设计也不是完美的，大商所的铁矿石期货的标的虽是62%品位的铁矿石，但其他指标设计范围较宽，不利于烧结与高炉生产的稳定。这样一来，期货市场交割的产品经常不能应用到实际经营中。但是，迫于当时市场单边下行的压力，在期货市场套期保值是一个权衡之后更好的选择。因此，可以说，这样的市场形势给了我们一个利用期货工具、转变经营理念的重要契机。

循序渐进参与期货交易

鞍钢参与期货市场的过程是逐步推进的，先注册品牌、建立团队再开展交易，从参与单一品种交易到多品种交易，从单一工具到多种工具。

2013~2014年，是鞍钢期货交易体系建设阶段。2013年，鞍钢向上海期货交易所申请注册热轧卷板合约"鞍钢"牌交割品牌；2014年，申请成为上海期货交易所自营会员。同时，鞍钢成立了期货领导小组，由总经理担任组长，制定公司商品套期保值办法和相应细则并向国资委备案。2014年9月，鞍钢成立期货交易部，设置专职业务人员岗位，培训、选拔专职人才。此外，鞍钢还定期派高管去学习期货知识，让鞍钢管理层全面认识认可期货。

2015~2016年，是鞍钢期现结合的实践阶段。这一时期主要是在原料端的铁矿石、焦煤、焦炭、动力煤和销售端的螺纹钢、热轧卷板等品种上开展套期保值交易。

2017年以后，是鞍钢期货业务的拓展阶段。2017年，鞍钢开始实施期权试点项目，交易铁矿石期权7万吨。此外，鞍钢开始采取不同的交易策略，对冲现货风险。同年，鞍钢参与基差交易试点项目，与中国建筑材料集团有限公司合作，进行铁矿石基差点价，交易铁矿石5万吨。目前，鞍钢参与的期货交易已经从立足于原材料，逐步拓展到燃料、钢材，再拓展到有色金属。鞍钢也在上期所注册了"鞍钢"牌螺纹钢交割品牌，提高了企业和品牌影响力。在大商所的支持下，鞍钢注册了自己的交割库，在4年的期货交易历程中，鞍钢共交割了18.6万吨产品，其中铁矿石9万吨、焦煤6.6万吨、热轧卷板3万吨，为期现结合打下坚实基础。

除此之外，我们在期现结合、产融结合方向不断进行新的思考。2018年3月27日，鞍钢永安商品贸易有限公司正式开业。这家公司由鞍钢国贸与永安资本管理有限公司(以下简称永安)共同出资组建。这是我们在产融结合方面作的一个新尝试，是我们基于实体经济与金融结合的原则，与永安一起开展的实体与金融合作的试验田。作为业内第一个由央企和期货公司组建的商品贸易公司，鞍钢永安利用永安在信息资源方面的优势和鞍钢强大的实体经营经验，立足于利用衍生品工具服务实体经济。其业务范围涵盖铁矿石、钢材、焦煤、焦炭、铁合金等品种的国内市场现货贸易、进出口业务、仓单交割、代理等业务，并结合投资方优势创新经营和贸易模式，着力终端。鞍钢永安的成立，为产业链资源整合、打造大宗商品投行提供经验，推动央企利用衍生品工具进行价格管理，创新经营模式。

2018 年鞍钢国贸与永安资本成立合资公司签约仪式

期货帮助鞍钢树立新理念

　　为什么我们在 2014 年开展期货交易后，便开始义无反顾地在期货市场"扎根"。作为实体企业的鞍钢，在参与期货市场之后，深深感受到期货市场的作用。期货市场是公平、便捷的金融服务实体工具。实体企业只要拥有充足的保证金便可以参与期货交易，期货价格透明公开，不会因为企业大小有所偏颇。此外，在服务实体方面期货具有得天独厚的优势。期货的保证金制度使得企业参与期货市场的门槛比较低，实体企业能够花很少的投入来配置资产。期货市场给每个实体企业公平的机会，只要你能够坚持套期保值、不投机，把它当成一个工具来用，就能够很好地规避风险。我刚才提到的 2015 年钢铁行业市场价格单边下行行情，鞍钢正是通过参与期货套期保值，很好地应对了改革阵痛。

　　除了套期保值这个显而易见的功能外，期货对于鞍钢来说，更能指导企业生产经营，主要有两方面：一个是库存管理；另一个是指导现货生产销售。库存管理是鞍钢利用期货市场服务企业管理的一个重要方面。原来没有利用期货工具的时候，我们获取原料库存只有一条路，就是去买长协、买现货，而这种方式需要大量的资金支出。如何用较低的成本获取更多的低价格原材料库存，是摆在每一个实体企业面前的重大命题。而期货恰好解决了这样的难题，因为它是 1∶10 的杠杆机制，可以大幅度降低资金成本；且可利用期货长时间贴水，以及临近交割时的收敛特性，赚取基差利润，进一步降本增效。像鞍山钢铁这样的特大型钢厂，产能也只有 2500 多万吨，在需要放大产能的时候，利用期货工具建虚拟钢厂，为我们放大产能提供了一个更高效的途径。在减少库存方面，期货同样可以发挥巨大作用。在卖出产品时，钢厂如果从期货市场卖出，买方能够在节省大量成本前提下更快速地获取产品，从而让钢厂更快速有效地减少库存。

此外，在指导现货销售生产方面，期货市场带来的作用是潜移默化的。在通过期货市场建立虚拟库存的过程中，企业可以借助期货市场信息调整现货生产经营策略。期货市场的价格能够指导我们在现货销售时进行定价调整。对我们这样的大型钢厂来说，现货销售是很重要的一部分。一般来说，钢厂的销售有三种渠道：一是战略企业，二是渠道销售，三是现货销售。鞍钢在现货销售方面大概有 800 万吨的产量，因此期货市场能够指导我们这 800 万吨产品的定价体系、买进卖出，其作用举足轻重。还有，在整个企业的生产计划当中，期货也能起到指导作用。比如期货行情能够提醒我们应该考虑放大还是缩小产能。总之，在原料端，期货帮助企业细化库存管理、丰富采购模式，有效控制原料成本；在销售端，期货帮助我们合理地把控钢材现货库存，指导销售定价，有效规避现货减值风险。

最后，期货对鞍钢而言最重要的意义是让我们树立了更好更新的经营理念。通过几年的实践，我们牢固建立了期货服务现货的理念。期货有价格发现的功能，因此，企业需要分析研究期货价格走势，来指导现货经营，所以我们现在每周一次的例会先让期货部门作汇报，提供参考意见。

期货不是盈利途径

实体经济必须和金融结合，和信息化结合，现在这已经是市场共识，单纯依靠实体经营发展的企业，难以适应中国改革开放 40 年以来形成的新局面新业态。但是，我们需要明确，金融永远是工具，金融不创造财富。实体企业一定要牢牢守住这条红线。我在很多内部和外部的场合都曾说，永远要记住期货是平台和工具，所有期货业务必须由实体业务统领，不要把期货当成是盈利的工具，它一定是控制风险、稳健经营的工具。如果期货变成一个创造财富的途径，那实体企业参与期货会出现很大的问题。

我国针对国有企业参与期货市场的管控比较严格，有相应的会计管理制度，有些人认为这样不利于国有企业参与期货市场。但我更多的是看到这项制度背后的意义，它是为了防止投机，防止利用期货市场去创造财富的情况出现，是为了保障金融单纯作为服务工具，帮助企业更好、更快、更高质量地发展。为什么对国企管控更加严格？因为作为国家经济命脉的国有企业一旦过度投机伤害的是整个国家的产业链条。如果这样去看，国家对于国企参与期货的一些限制其实是为了更好、更高质量地发展，而不是限制。

不过，尽管我们在期货市场不是以获利为目的，但我们这几年期货交易确实产生了一定收益。到 2018 年上半年，鞍钢大概在期货单边获取 1 亿元左右的效益，总共对冲操作的成交量 954 万吨，其中原料对冲 793 万吨。我们总体的操作不算活跃，主要是稳健持仓，结合现货生产来制定期货交易策略，真正做到期现结合。

期待一个更开放的期货市场

鞍钢参与期货交易以来的四年，我们深刻地感受到了我国期货人为期货市场发展完善作出的不懈努力。四年来，国内期货市场不断完善优化，期货品种日益增加，合约、交割不断优化，工具逐步多元，交易所也纷纷以服务实体作为第一要务。特别值得一提的是，2018 年的原油期货上市、铁矿石期货国际化，更是为我们实体企业参与期货交易打通了国内外的通道。作为铁矿石国际化的受益者，我们希望看到更多的黑色系品种实现国际化。

早年间，我们在新加坡学习之后曾采用过新加坡的掉期工具。但是用过之后发现它不适合我们这种大型实体企业，新加坡交易所掉期体量很小，想买 10 万吨的铁矿石掉期没有两三天时间是买不下来的，这就很局限。而且，我们的头寸大，在这样一个小市场很容易暴露，我们一买价格就涨，一卖价格就跌，这也是黑色系产品在国际贸易中的一个"怪圈"。此外，新加坡的掉期定价机制基本就是基于普氏价格指数定价，这不利于我们构建我国的大宗商品定价权，从而进一步跌入"一买就涨、一卖就跌"旋涡。后来，我们就基本是在国内期货市场上作交易，国内期货市场是非常好的，特别是在黑色系方面，我认为它与国外市场相比并没有明显不足，反而是更加适合我们鞍钢这样的大型实体企业参与，这是我们的切实感受。在交易体量方面，上期所螺纹钢一天的交易量超过我国螺纹钢一个月的产量，我们这种大型企业的买进卖出在市场上都看不出来，很好地保护了我们的交易头寸。在价格的公正性方面，国内期货市场优势也很明显。铁矿石在原指数定价体系之下，一个月几次小的成交量可以把价格提高 10~20 美元，但是如果有谁想让大商所

王义栋（左二）与大商所总经理王凤海（右三）共同
揭牌大商所—鞍钢集团产融培育基地

的铁矿石期货价格瞬间上涨 10~20 美元是无法实现的，即便你今天强行拉高，第二天它也会降下来。

希望未来我国期货市场的对外开放更大胆一些。2018 年，国内原油上市、铁矿石国际化之后，市场运行很平稳，这说明市场对国际化是接受的。因此，接下来，期货市场还应该进一步加快国际化步伐，让更多的产品国际化，从而吸引更多的海外资金参与，同时更进一步朝着建立大宗商品定价中心的目标迈进。当然，这一切的前提都要基于期货市场的实体企业高度参与。因此，期货市场还需要更进一步完善合约设计，这个工作永远有进步的空间。完善的合约能够进一步吸引实体企业参与，更多的实体企业参与就意味着越能平抑投机因素对价值回归的影响，从而产生一个更具有公信力的价格。我们诚挚地祝愿和期待，各交易所始终秉承全力为实体经济服务的宗旨，更好更优地设计品种、开放品种，为我国期货市场健康持续发展贡献更多的中国智慧、中国方案！

中国金融期货的蛰伏与重生

贺 强

　　贺强，满族，1952年9月生，无党派人士。中央财经大学金融学院教授、博导，中央财经大学期货证券研究所所长，任第十一、十二、十三届全国政协委员，第十三届全国政协经济委员会委员，原北京市政府参事，国务院政府津贴获得者。从教36年，发表学术论文、论著400余篇；主持国家级、省部级与其他课题20余项；出版专著、教材30余部；培养博士、硕士研究生100多人。曾获"北京市先进工作者""北京市优秀教师"等称号，多次获学校和省部级奖。

在国际期货市场，金融期货是占据主导地位的品种，目前全世界金融期货交易的份额在期货市场中的占比达90%以上。1992年，我国的国债期货由上海证券交易所推出。在短短两年多的时间里，国债期货从冷清到火爆，最终因为"3·27"国债期货过度投机事件而导致关闭。直到几年以前才重新恢复推出。1993年，我国股指期货在海南自发产生，但是昙花一现，仅仅存在十几天，就被证监会叫停，之后便陷入了漫长的蛰伏。2010年4月16日，中国金融期货交易所股指期货挂牌交易，重新拉开了我国金融期货发展的序幕。从"蛰伏"到"重生"，我国金融期货市场发展历尽坎坷。直到今天，人们对于金融期货的认识仍然不统一，导致它至今发展缓慢。然而，有这样一位学者，近三十年来一直关心着金融期货，坚定不移地支持着期货市场的发展。作为全国政协委员和长期研究我国资本市场的学者，中央财经大学金融学院教授贺强，始终关注和研究我国期货市场的发展，曾经向有关部委提交了关于尽快结束我国期货市场无法可依推出期货法、为股市提供避险工具推出股指期货、恢复推出国债期货等有关期货市场内容的提案十余件，为我国期货市场的发展与创新作出了应有的贡献。

我从 1985 年开始研究股份制，1986 年初，我曾公开发表了《股份制是社会主义公有制的一种新的实现方式》的论文。到了 1990 年，我国先后诞生了期货市场和股票市场。于是，我把研究的范围自然延伸到我国的证券市场。1994 年，我创立了国内第一家证券期货研究所，重点跟踪我国的股票市场与期货市场。长期以来，我坚持理论联系实际，发表了大量有关股市与期市的研究论文。

从 2008 年开始，我担任了全国政协委员和政协经济委员会委员，至今已经连任 3 届。在这期间，我向全国政协提交政协委员提案共计 77 个，其中关于期货市场的提案就有十多个。我不仅关注股票、期货的发展情况，更关注和研究金融期货的历史与实践。

国债期货的一波三折

1992 年的 12 月 2 日，上海证券交易所（以下简称上交所）首次尝试推出了国债期货交易，挂牌了 12 个品种的国债期货合约。可以说，这是新中国成立后我国最早产生的金融期货。

国债期货上市初期交易十分冷清，上市当天只有两个机构象征性地交易了一口（当时管一手叫一口）。到 1993 年 10 月，总成交额也只有 5000 万元左右。原因主要有三个：第一，当时的投资者不懂国债期货，因此不敢参与；第二，一般人都认为期货交易风险很大，因此不敢交易；第三，也是最重要的原因，当年股市出现跨年度的上涨行情，投资者的热情都在股市上，于是国债期货无人问津。

国债期货刚刚推出就陷入低迷，与当时的股市连续上涨密切相关。但是到了 1993 年以后，股市持续下跌，各大金融机构开始逐渐把目标转入国债期货市场。但是最终导致国债期货市场爆发的主要因素有两个：一是在 1993 年底，上交所为了搞活国债期货市场，调整了国债期货的规则，降低了国债期货交易的单位，把每口国债金额从 20 万元降到 2 万元，保证金比例降低至 2.5%，从只允许机构入场改为也允许私人入场。上交所通过一系列措施，吸引投资者纷纷入场，国债期货市场逐渐活跃起来。二是在 1994 年初，时任国务院副总理朱镕基提出了今后证券市场要以债市为主的方针。

机构一开始进入国债期货市场时，还比较谨慎，会分析一些原因来决定国债期货的买卖。但是随着国债期货市场进来的资金越来越多，机构就完全演变成了投机炒作。机构在交易的时候，什么原因都不分析，基本就是赌央行每个月公布的保值贴补率。所有机构都开始预测这个数值是多少，以此作为做多和做空的依据。[①] 可以说，央行有关部门每个月公布的保值贴补率成为国债期货炒作的唯一理由。

国债期货的疯狂与关闭

1994 年，国债期货价格一路大幅上涨，变成了国债期货年。1995 年 1 月 7 日，上交所公布了一个特大喜讯，国债期货当天成交量突破 1000 亿元大关。但是，沪深股市当天成交额总计不到 1 亿元。期货市场的火爆与股市形成了鲜明对比。这个时候，机构出现疯狂的炒作行为，国债期货市场已经完全变成了"资本的战场"，谁的资金多就能压垮对手，从而获得暴利。而且当时的保证金比例很低，个人客户保证金为 500 元 / 口，券商期货参与期货交易的保证金仅为 200 元 / 口，一口合约价值 20000 元。保证金越低，就越容易产生过度投机的风险。

1995 年 2 月 23 日一早，财政部公布要提高 1992 年国债的保

---

① 1988 年爆发的抢购风潮引发了严重的通胀，通胀率达到 18.8%，为了稳定存款，央行推出保值贴补政策。在 1988~1993 年，由于利率下调，保值贴补率曾经被取消。但是在 1993 后，我国又开始出现新的一轮通货膨胀，保值贴补率被重新推出。

值贴补率。因为 1992 年国债利率是偏低的，此举是为了补偿投资者。①这个巨大利好一出台，国债期货"3·27"，即马上要兑付的 1992 年发行的三年期国债的期货，立刻被以中国经济开发信托投资公司（以下简称中经开，前身为中国农村开发信托投资公司）带头的多方拼命拉高。国债期货"3·27"这个品种，一下子从开盘的 148 元拉至当天的涨停板 152 元。当天我的学生在交易现场，回来跟我讲，中经开当时在场内主管交易的"老戴"就像指挥员指挥战斗一样，当看到空方压出了大量的盘子，他站那儿把手一挥说，把它给我掀掉！于是操盘手就拼命大量买入，此外还有很多其他机构和个人也纷纷跟进。结果，国债期货"3·27"在一个上午就涨了 4 块多钱，直接打到涨停板。每一口上涨 4 块多是什么概念？就是每涨 1 块钱，空方就损失 200 元。上涨 4 块钱，空方的 500 元保证金就血本无归了，这叫被打爆了仓！

空方的代表是当时在资本市场叱咤风云，有着"证券王国"称号的上海万国证券。从当时万国证券的情况来看，一旦到期交割，它需要拿出 60 亿元资金，这远远超过了它的注册资本金，结局肯定是破产。当天下午开盘之后，多方认为大局已定，操盘手吹着口哨跷着二郎腿，根本就不看盘了，坐等收盘，梦想着从此过上亿万富翁的生活。但是，谁也没想到，就在临收盘前 7 分 21 秒，行情突变，国债期货"3·27"上千万口的空单砸了出来，从 152 元一直砸回到 147.40 元。多方还没来得及反应，收盘了。这个反转出乎所有人的意料，等着坐收渔利的多方投资者一下子从天堂坠入了地狱。

上交所管理层对此感到非常震惊，一收盘就紧急召开了一个会议。这个会议非常短，只有 15 分钟，但是异常高效。会议公布了

① 1990 年，经济低迷，为了刺激经济，利率从 11.34% 连续下调到 7.56%。但是 1992 年之后，出现了经济过热和严重的通胀，利率从 7.56% 又连续上调到 10.98%。因此，1992 年就成为了利率的洼地。当时谁都没有想到，这一阶段的利率上调与下调，就成为三年以后国债期货"3·27"事件的导火索！

两条决定：一是发现上海万国证券有严重的违规行为，要继续调查；二是最后 7 分 21 秒的交易掐尾不算，维持 152 元为收盘价。就这么一句话，多方又从地狱回到了天堂。收盘前后的大起大落、大悲大喜极大地刺激了投资者的神经，最终以中经开为首的多方彻底打垮了以万国证券为首的空方。这就是震惊中外的国债"3·27"事件！后来英国《金融时报》将 1995 年 2 月 23 日这一天称为"中国证券史上最黑暗的一天"。

这次事件引起了中央的高度重视。在随后的 5 月 17 日，中央电视台播出了一则新闻，国务院主要负责人鉴于国债期货"3·27"事件对国际国内造成的重大恶劣影响，决定暂时停止国债期货交易。说是暂停，但一停就停了 18 年。

"3·27"事件过后，我们也做过深入分析，为什么国债期货市场过度投机如此严重？可以说原因很多，但我认为最重要的有两大原因。第一，当时现货市场买卖的双方没有普遍的套期保值需求。当时受计划价格影响，现货价格波动性很弱，没有什么交易风险，国债交易也是同样如此。所以，进入国债期货市场的机构目的不是为了套期保值，而是为了通过炒作来获取巨额差价。因此，它能不过度投机吗？第二，我们产权制度改革没有到位。所有进入国债期货市场的机构都是一个姓，都姓"公"，都是国有机构，那时候金融机构不允许私人开办。它们所运用的资金也姓公，都是国家的钱。拿着国家的钱拼不心疼，敢于拼杀，就是亏光了，换一个地方照样当行长和董事长。但是赚了呢？可以提成分红，个人致富。国债期货市场之所以出现疯狂的投机，在更深层次上，就是由于这两大原因。

股指期货重启金融期货新篇章

除了国债期货之外，我国最早的金融期货还有股指期货，很多人不知道它曾经在 1993 年短暂出现过。1993 年，我国海南证券交易中心就曾经推出了有关深圳综合指数与深圳 A 股指数的股指期货。当时，在深圳一家证券公司的营业部曾经开通了海南的股指期货交易，但因为条件很不成熟，被管理层及时叫停了。虽然只存在了十几天，但是它是我国金融市场的一个创新，是资本市场自发的一个萌芽。

当代中国期货市场口述史

"两会"期间，在人民大会堂全国政协全体大会上发言

在 2003 年，我就指导一个研究生对我国推出股指期货存在什么障碍、应该具备哪些条件等问题进行了研究，并写出了毕业论文。

2006 年 9 月 8 日，我国成立中国金融期货交易所（以下简称中金所）。成立后的中金所做了很多金融期货的准备工作，特别是起草了股指期货的交易规则、风险管控、管理办法等，也做了很多模拟交易。但是，成立了好几年，股指期货一直没有被批准。

2009 年"两会"期间，我提交了个人第一个关于金融期货的政协提案《关于加强证券市场基础性制度建设，适时推出股指期货的提案》。很多人想不通，为什么我要在爆发金融危机、国际衍生品交易出现很大问题时，递交这样一个提案。当时我国经济增速从 2007 年第三、四季度开始下滑，受国际金融危机影响，一路暴跌。2009 年第一季度，我国 GDP 已经跌至 6.1%。在这种情况下，提出有关股指期货的提案，管理层能够采纳吗？

许多人有所不知，我看到在 2008 年股市暴跌的一年中，很多股民被套牢，很多大型机构基金也损失惨重。为什么会这样？就是因为我们当时的股市没有任何一种避险工具，大机构没有任何办法，只能眼巴巴地看着股市跌，眼巴巴地看着基金投资者遭受损失。而股指期货可以作为证券市场的避险工具，可以为投资者规避巨大的证券市场风险，这就是我当时提出适时推出股指期货提案的主要原因。此外，我还看到，国外的期货交易所在 2008 年的金融危机中不仅没有出任何问题，而且成功地为投资者转移和分散了风险，可以说是危机中的"救命稻草"。衍生品市场引发大危机的原因主要是高盛等美国投行自己推出的场外衍生品出了严重问题。交易所场内的金融衍生品交易是很规范的，不但没有出问题，而且为投资者规避了巨大的风险。所以，我提出要坚定金融创新的信心，不断完善证券市场基础性制度建设，适时推出股指期货。

2009 年下半年，大概九十月，证监会有一个领导公开讲话表示要推出股指期货，这是对我这个提案的响应。很快，2010 年，国务院批准了股指期货交易。2010 年 4 月 16 日，中金所挂牌交易沪深 300 股指期货合约，金融期货重新登上历史舞台。挂牌这一天，中金所特意邀请我去上海，参加了股指期货开盘的敲锣仪式。

沪深 300 股指期货当时设置的是 100 万元 / 手，面值很高，同时股指期货交易开户需要 50 万元，所以有人认为门槛太高了，把许多散户挡在门外，但是这一做法是有道理的，我是理解的。因为大多数散户是不懂股指期货交易的，而且股指期货交易的风险又比较大，设置这样的门槛是为了保护中小投资者的利益，我认为确实很有必要。

国债期货涅槃重生

2010年股指期货推出之后，市场上对于推出国债期货交易的呼声越来越大。2012年，我写了一个《关于重新推出国债期货的提案》。为什么我要在这个时候递交这样一个提案，而且认为我国具备了重新推出国债期货的条件呢？那是因为在1995年导致国债期货失败的两大客观因素，都发生了变化。

首先，国债现货市场上出现了普遍的套期保值、规避风险需求。随着我国国债市场规模不断扩大，国债年度发行量不断增长，可流通国债规模不断扩大。国债发行和现货交易利率日益市场化，国债市场形成了充分竞争格局，利率的波动对持有国债的大金融机构可能造成较大的风险，普遍产生了强烈的避险需求。

其次，在产权制度改革方面。我国产权制度改革进一步深化，包括大银行在内的国有机构都与以前"一大二公"的特点有了很大的不同。现在大多数的国有金融机构都已经转变为股份制公司，拥有了相对的独立性。因此，这些机构不能也不敢像以前吃大锅饭似的，随便拿国家的钱到市场上拼资金了。它们的资金使用都需要董事会、股东大会把关。

除了这两点外，我在提案中还提出：重推国债期货有利于实现"十二五"规划对于发展资本市场的要求；有利于促进国债发行，缓解财政支出困难；也有利于转移、分散国债风险；有利于推动利率市场化改革、完善金融调控机制等。总之，我认为国债期货停了

17 年后，已经具备了恢复交易的条件。

2013 年 9 月 6 日，阔别 18 年的国债期货在中金所重新推出，当天挂牌成交的是 5 年期国债。后来，我又写了一个提案，建议推出 10 年期国债期货交易。后来，经管理层批准，10 年期国债期货也成功推出来了。2018 年 8 月 17 日，2 年期国债期货在中金所成功挂牌上市，进一步完善了我国国债期货体系。

金融期货任重道远

截至目前，我国共有沪深 300、上证 50、中证 500 股指期货、5 年期国债、10 年期国债、2 年期国债 6 个金融期货品种。然而，我国金融期货的发展完善还有很长的路要走。

首先，目前股指期货存在的主要问题是交易低迷。2015 年，我国股市经历异常波动，出现了一种声音，说股市下跌是股指期货引发的。客观地说，这种观点显然是没有道理的。实际上，我们的股指期货体量很小，没有那么大的力量说把现货市场砸下来就砸下来。而且现在做股指期货是要盯着现货市场价格涨跌趋势来做决策的，现在是股票市场决定股指期货市场，而不是股指期货反过来决定股票现货。只是现货市场很多股民因为被套牢，遭受了损失，把"怨气"发泄到股指期货身上了。

针对这种舆论，中金所为了"自我保护"，当时就采取了一系列限制措施，严格控制股指期货交易，包括"日内开仓不能超过 10 手"，导致交易量很小。但是，据我们了解，在 2015 年的股市异常波动中，股指期货反而发挥了一定的套期保值规避风险的作用。当时深圳的很多基金经理，每天基本不用看行情，天天"斗地主"！因为他们在股指期货市场锁定了现货的价格，价格不论如何涨跌，跟他们已经没有关系了。所以，股指期货在这次事件中是发挥了正向作用的，这是应该肯定的。

此外，之前的市场还有一个说法是中国股市定价权被新加坡和美国掌握着，那是因为当时我国没有股指期货，股指期货的不断发展能够助力我们拿回自己的定价权。而股指期货的冷清最终会导致其功能无法发挥，从而让 A 股定价权重回境外市场，严重影响国家金融安全。2017 年，中金所采取了一些放宽的政策，但是交易量还是没有明显回升。我感到很痛惜，因为中国股市总是暴涨暴跌，风险巨大，股指期货对于规避风险是非常重要的，应该倡导机构甚至倡导股民学会利用避险工具规避风险。为此，我在今年又写了一个提案《关于促进股指期货市场功能正常发挥的提案》。

除了加快推进股指期货功能正常化，我认为当前我国金融期货市场发展完善的另一个重任是应当尽快推出股指期权。期权是衍生品市场的重要工具，关于股指期权的提案我写得很早，从 2013 年就开始写，一直写了好几年。期权在国际市场有着举足轻重的地位，发展意义不言而喻。与股指期货相比，它是更加灵活的避险工具，风险可控，更有利于机构投资者运用。可以说，股指期权是股票市场的"保险"，通过对股票资产的保值，促进保险、社保和养老资金等长期资金以资产配置的方式放心进入股市，减少市场短期交易行为，改善市场生态环境，优化投资者结构，促进市场健康发展。

需要注意的是，在推出股指期权方面，有的专家提出来要做个股期权，我是坚决反对的。在中国没有做个股期权的市场条件，因为个股体量较小，容易被机构操纵。

我认为在期货市场未来的发展中，重要的一个方面是，监管者要与时俱进，要思想解放。期货市场的监管者一定要不断地学习，认真地了解市场，特别是了解不断创新的市场，从而让金融期货为我国资本市场发展壮大贡献出应有的力量。

改革开放中成长起来的期货教书郎
——学者眼中的期货市场发展

胡俞越

　　胡俞越，经济学家、著名期货专家，1983 年毕业于南京大学。现任北京工商大学证券期货研究所所长，教授，兼任中国商业史学会副会长，全国人大《期货法》起草小组顾问，中国农业大学、中南大学、青岛大学兼职教授，中国上市公司协会独董委员会委员，首都企业改革与发展研究会常务理事，北京工商管理学会理事，上海期货交易所产品委员会委员，郑州商品交易所咨询顾问委员会委员，大连商品交易所研究中心学术委员会副主任，中物联大宗商品市场分会专家委员会副主任，新华社、中央电视台和北京电视台特约评论员。

改革开放于我意义重大，没有改革开放，就没有我上大学的机会。正因如此，我对改革开放充满了激情和热情；因为改革开放，我对经济改革研究充满了好奇与兴趣；因为改革开放，我与期货结下了不解之缘；因为改革开放，我有幸经历中国期货市场30年的发展，今天从学者的角度来描绘、记录它，也算是我对期货市场尽的一点绵薄之力。

"新三届"出来的大学生

1979年我考入南京大学历史系，我们那代的学生被称为"新三届"。"新三届"与"老三届"相对，是指77、78、79级的大学生，也就是"文革"后恢复高考后的前三届大学生。1983年我毕业被分配到北京商学院（现在的北京工商大学）工作，在商业经济系教商业史。那时黄国雄老师和童宛生老师已在这里任教，黄国雄老师任商业经济系副主任，童宛生老师是商业经济系物价研究室主任，他们对我这个刚毕业的小伙子很照顾，也是我从历史专业转向期货研究的引路人。

我是在改革开放中成长起来的，是改革开放的受益者。我之所以能上大学，是因为赶上了改革开放的好时代。20世纪80年代是真理讨论、思想解放的年代，大家对改革开放充满热情和激情。虽然我的专业是历史，但在大学期间，除了本专业的学习以外，文科所有专业的课我都去听，包括文、史、哲、经、法。尤其是经济学，对改革开放的内容介绍很多，也使我兴趣更浓。恰巧毕业分配到北京商学院教商业史，和经济的联系也就更为紧密了。我清楚地记得，1983 年到学校后的第一个研究课题，不是与历史相关，而是跟着黄国雄老师一起带着 40 多个学生到安徽嘉山县调研农产品市场。过了一年，1984 年，我又随黄国雄老师带领 130 多个学生去保定调研农产品专业市场。1985 年，我又跟随童宛生老师带领 130 多个学生去武汉调研农产品市场。因此，在经济专业上，黄老师、童老师对我的影响非常大，指导我更多地去接触社会、接触经济、接触市场。

后来一个偶然的机会，我读到了一本芝加哥期货交易所编写的《商品期货交易手册》。这是我第一次接触期货，充满了好奇和兴趣，驱使我开始了期货研究。1992 年我的第一本期货著作——《期货交易实务》正式完成，时任商业部副部长姜习还为这本书提了书名。1993 年我又编写了一本《期货投资技巧与实例分析》。从此，我就正式将研究重点转到了期货上，由教商业史改为教期货。

同时，也正是因为这本书，也使我与常清老师和童宛生老师的联系更加密切。常老师是我国期货市场理论与实践的先行者之一，1994 年被我们学校聘请为校外兼职教授。童老师由于研究价格改革，后来也改招期货研究生。基于对期货研究的共同兴趣，我们三个人开始合作一起做期货研究和人才培养：在北京工商大学建立了期货专业，到现在已经培养了近三十届研究生。

期货市场是市场经济的报春鸟

谈及中国经济改革与期货市场的关系，我认为中国这 40 年的改革主要沿着两条主线：一条是市场本身，即价格改革；另一条是市场主体，即企业改革。市场本身进行的是价格改革，包括双轨制、价格闯关等；还有一个是市场主体，它进行的是企业改革，企业改革开始是承包制，后来是股份制。正是因为这两条线，"价格改革"和"企业改革"就产生了两个市场，价格改革闯关最集中的体现是期货市场，而企业股份制改革则建立了证券市场。

中国证券市场和中国期货市场的出现是冲破计划经济束缚的市场经济的第一道曙光。1989年之后，中国经济体制改革出现了暂时倒退，此时通过期货市场解决价格闯关出现的价格混乱问题，进而推动了市场经济的形成。因此，我赞同郑州商品交易所（以下简称郑商所）第一任总裁李经谋的说法："期货市场的出现是市场经济的报春鸟。"1990年10月，我国第一家期货试点单位——中国郑州粮食批发市场正式成立，同年年底，深圳证券交易所、上海证券交易所正式运营，比1992年提出中国特色的社会主义市场经济、确立市场经济体制整整早了两年。从客观上看，没有证券市场和期货市场的探索，也就没有后来市场经济体制的确立。期货市场的出现为市场经济体制确立做了前期铺垫。

值得一提的是，尽管期货试点开始于1990年，但中国真正的期货交易却是在1992年。不同于证券交易所挂牌后就有股票上市，期货交易所宣布成立后其实并没有开展真正意义上的期货交易，只是引进了期货交易机制。这点也无可厚非。因为芝加哥期货交易所（CBOT）在1848年诞生的时候也没有期货交易，期货交易的标准化合约1865年才推出。中国真正的期货市场是在1992年小平同志南方谈话之后推出标准化合约才开始的。

我经历的期货市场清理整顿

1996年，我做的第一个期货课题是"中国期货交易所数量与布局研究"。回顾中国期货市场清理整顿过程，以交易所作为重点的清理对象，大体分为两个阶段，第一个阶段是1993年到1998年，第二个阶段是1998年到1999年；第一阶段交易所数量由50多家减到15家，第二阶段由15家缩减至3家。这是从交易所数量来界定的，其实这个整顿过程是一直连贯持续进行的，中间并未出现停歇。当时我们对全国交易所展开了大规模的调研，发现期货市场乱象丛生，甚至有的地方政府表示要把全省的农贸市场都改造成期货市场。一听就是无稽之谈，批发市场与期货市场有本质的不同，岂能说改就改？但这从一个侧面可以反映出当时期货的火热程度。在这种畸形的发展状态下，期货市场出现了很多问题。因此，国家开始了清理整顿，在较短的时间内交易所数量从几十家减少至15家，这是第一阶段的清理整顿，整体推进还比较容易。但第二阶段的工作就困难得多了。

我们通过课题研究和对各项指标的测定，建议保留5家交易所，在空间布局上分别是郑州期货交易所，因为它是第一家期货试点单位；东北地区保留一家，建议保留大连；华北地区保留一家，建议保留北京；长三角地区保留一家，保留上海，至于上海怎么保留，方案是3家交易所合并；珠三角和华南地区主要有3家，广东联合期货交易所、深圳有色金属交易所和海南中商期货交易所，这3家保留哪家，我们建议保留深圳有色。但到最后关头，国务院决定直接减至3家，就把北京和深圳有色去掉了。至今提及此事，深圳都比较失落。

直到现在，广东省都还在努力谋求在广东恢复期货交易所。我去参加过此方面的论证，我的意见是从空间布局来说，珠三角地区应该有一家。因为这里是市场经济最发达的地方，改革开放的"桥头堡""排头兵"，应该有一家，这在空间布局上也更为合理。这次在最新的广东省自贸区总体方案里就有探索建立以碳排放为标的的新型期货交易所，但目前还处在纸上谈兵阶段。2018年海南建省三十周年之际，党中央国务院批复的《关于支持海南全面深化改革开放的指导意见》中有两处引起我们的关注，一是支持创设海南特色农产品期货品种；二是支持海南设立国际能源、航运、大宗商品、产权、股权、碳排放权等交易场所，形成更加成熟更加定型的制度体系。在我看来，海南建立期货交易所需要特事特办，真正落地还有一定难度。

值得一提的是，在清理整顿期间，我国期货交易量是极度萎缩的，品种上市几乎处于停滞状态，严重影响了我国期货市场的发展。有一个负面的例子，在这段时间只有郑商所的绿豆交易最为活跃。正因如此，期货市场没有完全被关掉，所以当时有句话叫"一颗绿豆养活了整个期货行业"。

总体来看，经过两个阶段、历时 7 年的清理整顿，虽然期货市场发展受到一定程度的影响，但市场秩序出现了明显好转。期货市场在完善法制、规范监督方面也取得了有效进展，为后期期货市场规范平稳发展奠定了基础。1999 年 6 月，国务院颁布《期货交易管理暂行条例》，标志着期货市场清理整顿工作基本完成。3 家交易所的保留和暂行条例的出台是清理整顿的标志性成果。

期货市场为经济发展画龙点睛

2000 年以后，期货市场进入规范发展时期。2004 年 1 月 31 日，国务院发布了《关于推进资本市场改革开放和稳定发展的若干意见》，将发展资本市场提升到国家战略的高度，提出了九个方面的纲领性意见（以下简称"国九条"），为资本市场的改革与发展奠定了坚实基础。2008 年、2013 年又相继对"国九条"进行了补充。2014 年 5 月，国务院发布了《关于进一步促进资本市场健康发展的若干意见》（以下简称新"国九条"），在这一纲领性文件中，

第五条详细阐述了"推进期货市场建设"的主要目标、路径和配套政策，而且在其他各条中也有相应体现。相较于 2004 年、2008 年、2013 年的"国九条"，新"国九条"首次出现"拓展期货市场""推进期货市场发展"的表述，从顶层设计的高度指明了资本市场发展的方向，全方位提升了期货市场发展的深度、广度和强度。

随着监管的规范化，2001 年到 2010 年这十年是期货市场平稳发展的十年。我做过一个成交量的对比图，2000 年期货市场成交量跌至最低点，全年的双边成交额只有 1.6 万亿元（2015 年达到历史峰值 554 万亿元）。但从 2000 年后就开始逐步增长了，其中有一段增长尤为明显，就是 2001 年中国加入世界贸易组织后，伴随着中国经济的高速增长，期货成交量也实现了同步增长。

可以看出，中国期货市场的发展与中国改革开放的步伐是一致的，而且具有预见性。比如，我们确立市场经济体制改革的时间是 1992 年，而 1990 年就出现了市场经济的曙光——证券和期货试点成立，预示着中国经济将进入市场经济的发展轨道。2001 年中国加入世界贸易组织，经济开始全面融入全球化，中国期货市场也结束了清理整顿，进入了规范发展阶段，这就是预见性。当今中国进出口贸易中的大宗商品一大部分是期货品种，包括大豆、铁矿石、原油、铜铝铅锌等有色金属，期货市场服务实体经济的作用不断提升。

2010 年以后，中国期货市场又进入一个新的发展阶段，那就是商品期货、金融期货的全面发展。2010 年中国商品期货市场的交易量位居世界第一位，也就是在那一年，中国经济总量超过日本位居世界第二位，成为世界第二大经济体。因此，期货市场对于中国经济的发展总是会起到画龙点睛的作用。

参加原油期货上市仪式

铁矿石期货国际化比原油期货更有现实意义

期货市场的核心功能是定价功能，只有定价功能正常发挥，期货市场的避险功能、资产配置功能才能充分实现。我们在经济学上讲，完全竞争市场的资源配置效率最高，但完全竞争市场、完全垄断市场在现实生活中根本不存在。期货市场和证券市场即使不是完全竞争市场，也是接近于完全竞争市场的，因为它是通过集中公开竞价产生价格，这种方式最接近于完全竞争市场。在现实生活中我们普遍见到的是不完全竞争市场和寡头垄断市场。

那么，期货市场究竟如何定价？我认为期货市场的定价功能体现在两个方面，即"以什么货币定价"和"给什么商品定价"。以人民币作为定价货币，就是中国的大宗商品定价权；以美元定价，是美国的大宗商品定价权。"给什么商品定价"，则需选大宗商品的龙头商品，这样才能更具代表性。只有实现了龙头商品期货产品的人民币定价，我们掌握大宗商品定价权的愿景才能实现。

原油和铁矿石这两个品种都是龙头品种，虽然从战略意义来说，原油比铁矿石重要，但铁矿石比原油更现实，主要有两个原因：第一，铁矿石期货已在国内良好平稳运行多年，拥有较为成熟的运作系统，是具有竞争优势的中国特色期货品种；第二，铁矿石用人民币定价并没有伤害美国核心利益。美元给原油定价是美国的国家利益，用人民币给铁矿石定价虽不能说是中国的核心利益，但至少没有伤害到美国的利益。虽然这段时间的中美贸易战，美国也拿钢铁商品来制裁中国，但美国的钢铁产业已经极度萎缩，铁矿石、钢铁对其意义不是很大。中国钢铁产业本身的体量很大，而且在可以预见的未来，它依然是朝阳产业。因为钢铁是房地产和基础设施建设的必备品，至少在可预见的未来还没有替代产品。所以用人民币给铁矿石定价不仅重要，而且更能代表我国的现实利益。原油则不同，我国推出原油期货的核心是以人民币计价，这在某种程度上触犯了美国的国家利益。如此来看，选择具有中国特色和竞争优势的铁矿石期货作为我国期货市场国际化的突破口，比原油更具有现实意义。

中国金融期货潜力巨大

若将中国期货市场发展放到整个世界期货市场的格局里，可以很明显地看出，在 20 世纪 90 年代末和 21 世纪初的全球期货市场成交量中，金融期货后来者居上，占比最多的时候达 90% 以上。但现在反而少了，降到 80% 多。什么原因？就是因为在这十几年中，中国商品期货的迅速发展，占比由原来的百分之几上升为百分之十几，这在一定程度上改变了全球期货市场的格局。

虽然中国金融期货交易所（以下简称中金所）最初只有沪深300一个股指期货品种，但交易量也进入了全球靠前的位置。后来因2015年股市异常波动而对股指期货采取了"休克疗法"，导致我国金融期货交易量的世界排名有所回落。如果从这个角度来预测，中国金融期货的发展潜力可能会更大，金融衍生品市场大有可为。尤其是随着汇率、利率的逐步市场化和联动机制的逐步实现，金融市场系统性风险逐步加大，商业银行和投资者对于避险保值的需求日益迫切，这将为金融期货市场的发展打开更为广阔的空间；同时金融衍生品具有很好的杠杆作用，对期货市场的发展以及增加投资者规避风险的手段有积极影响。如果有了更多的金融期货品种，中国期货市场的基本格局将会大大改变，并在国际期货市场上占有更加重要的地位，而且还有助于提高中国经济的国际竞争力。

这里我重点提一下国债期货，它具有非常重要的作用。我曾经提出一个问题，即利率市场化以后，我们基准利率锚定什么？现在基准利率锚定同业拆借市场，但同业拆借市场只是银行间的市场，局外人看不到，也就是信息不透明。因此，基准利率对广大投资者意义很小，也意味着竞争不充分。那么，从何处来寻求基准利率的收益率曲线？我认为应通过国债期货价格的走势来寻求，也就是说让国债期货扮演利率锚的角色。一是因为竞争充分；二是因为信息透明，即使投资者不参与国债期货交易，也看得见国债期货的运行情况。

但现在的问题是国债期货交易并不活跃，主要是银行参与度不够。之所以这样，主要还是监管体制的原因。央行、证监会限制银行参与，而且已有的银行间债券市场已经大到了难以撼动的地位。因此，我认为，商业银行应转变思路，积极参与国债期货市场。这两年银行面临的利率风险显著加大，"资金荒"问题时有出现，流动性风险会在短期内激化利率风险。此外，银行是国债现货市场上最大的持有者和投资者，85%的国债现券都在商业银行手中，利率风险非常大。因此，发展国债期货对商业银行避险十分重要。

此外，我国还应尽快推出外汇期货。从期货品种上市过程看，国外商品期货的发展顺序一般为农产品—金属—能源，我们大体上也沿用此路径。金融期货在国外的发展路径为外汇—利率—股指，但中国正好是倒过来的，先股指、后利率、再外汇，到现在为止外汇期货仍缺失。我认为，我们应顺应市场发展需要，尽快推出外汇期货。

当前我国人民币利率市场化、汇率自由化进程已经大大提速。在人民币国际化的进程中，汇率双向波动常态化是个必然现象。国内金融企业和投资者利用外汇期货来规避汇率风险有了更为现实和迫切的需求。另外，从监管体制上看，外汇以前是稀缺资源，现在外汇储备已超过3万亿美元，如此巨大的外汇储备本身就蕴含着巨大的市场风险。从这个角度讲，我国应该尽快推出外汇期货。

近日，我国推出了原油期货。但我认为还应该加快推出外汇期货，因为它可以为原油期货国际化保驾护航。国际投资者投资原油期货需要一个换汇过程才可以交易，需要规避汇率风险。同样国内投资者走向国际市场，也有汇率风险，需要外汇期货避险。

当前，中国经济作为全球经济最大的增量部分，所产生的影响是深远的。当我们在防范国际市场风险的同时，国际市场也在利用各种手段防范中国这个最大的变量因素所带来的风险，其中期货就是最常用最有效的避险工具。期货市场本身固然风险很大，但没有期货风险更大。我们需要通过期货市场来争取国际市场的"话语权"、主动权，促使我国从经济大国走向经济强国，从贸易大国走向贸易强国。随着利率和汇率市场化的逐步实现，我们也同样需要学会利用金融衍生品来转移国内国际市场的利率风险、汇率风险，促使我国从货币大国走向货币强国。

今年是改革开放 40 年，随着中国改革开放的深入，期货市场的开放是改革开放中的一个必然环节。期货市场投入的是信息，产出的是价格，期货市场开放是必然的。若走了回头路，对外开放的大门关上半扇，那可能就是万劫不复。

创新篇

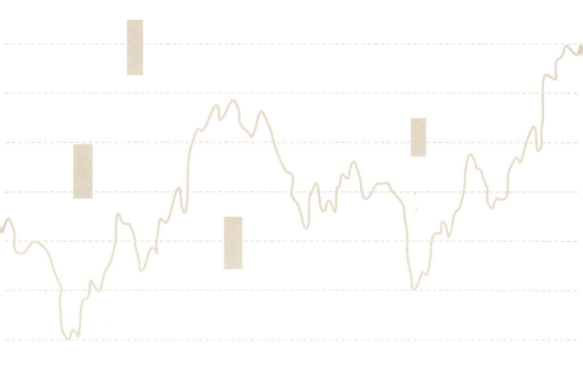

"穿透式"监管模式探索
——中国期货保证金监控中心成立亲历记

张晋生

张晋生, 1956 年 6 月生, 博士学位。1995 年起就职于中国证监会期货部, 曾任境外期货监管处处长; 2001 年起任郑州商品交易所副总经理; 2006 年起任中国期货保证金监控中心总经理; 2013 年起任中国证监会期货部巡视员, 2016 年退休。现受聘任清华大学五道口金融学院硕士研究生导师。

设立中国期货保证金监控中心是我国期货市场极具特色的制度安排，是我国期货市场监管中一次前所未有的制度创新。它利用互联网手段收集全国期货保证金、交易、交易主体信息，实行以期货公司、期货交易所、存管银行三方数据核对为核心的信息监控制度。通过信息比对，确保资金的封闭运行和安全，从而实现对整个期货市场全面的"穿透式"监管。期货监控中心成立初心在于守住保证金的安全，而后来它对期货客户账户的全面梳理、统一开户等工作的实施，为实现整个期货市场风险监控奠定了扎实基础。

1995年，我从人民银行研究生部博士毕业之后，分配到证监会期货部工作。在期货部工作了6年多之后，我被调到郑州商品交易所担任副总经理。2004年，证监会开始筹建中国期货保证金监控中心（2015年更名为中国期货市场监控中心有限责任公司，以下简称监控中心），我于2005年加入监控中心筹备小组。2006年监控中心成立，我担任首任总经理、法人代表和党委书记，直到2013年调离。

为保证金安全筹建数据监控系统

在经历了两次清理整顿后，我国期货市场探底回升。市场的稳步发展需要一个更加稳健健全的监管体系。当时的监管部门认为，对于期货市场，资金安全特别是客户保证金安全问题尤为重要。

对于客户来说，保证金的安全与否直接代表了期货市场运行是否有序、是否值得信赖。

监控中心成立之前，大约2002年前后，证监会在各地推广"期货保证金封闭运行"制度试运行。2004年7月，证监会《期货经纪公司保证金封闭管理暂行办法》颁布，并在全国推广。该制度要求"期货经纪公司客户保证金必须全额存入从事期货交易结算业务的商业银行，与期货公司自有资金分户存放，封闭管理"。这一制度收到一定成效，但受制于落实难、执行难、滞后性等，保证金挪用事件仍无法杜绝。2004年8月上旬，当时代理额在四川省位列第二的嘉陵期货公司曝出挪用客户保证金事件，涉及金额8000多万元，引发了期货市场参与者的恐慌。类似的事件使我们意识到，较长间隔的保证金安全检查和有限的检查能力，难以确保客户资金安全。换句话说，保证金封闭运行制度难以落实，客户保证金仍面临安全问题。

面对保证金安全这一顽症，当时的监管部门一改以往"出文件、出制度"的办法，决定成立一家专门机构，采用全新的信息监控手段，彻底解决问题。但是时间紧、任务重、质疑多，我们全力以赴，埋头苦干，最终圆满完成了任务。记得时任证监会副主席范福春当时一再要求加快期货保证金监控中心的建立，每有相关请示或报告递上去，范主席往往给的是"抓紧做"等催促性批示。

保证金监控系统历时两年上线

2005年我加入了监控中心筹备小组。在此之前，已经有几名同事开始了筹备工作。其中包括证监会期货部的鄞强和郑州商品交易所毕向群、大连商品交易所刘世源、上海期货交易所谢晨，他们都是交易所结算部门和技术部门的业务骨干。之后还从地方

中国期货保证金监控中心开业典礼

证监局期货处借调了张文杰、陈立军，他们具有丰富的期货监管经验。这就是我们筹建时的人才队伍。

我们花了两年多的时间才完成保证金监控系统的搭建。这个过程很烦琐，需要我们筹备人员和监控系统开发人员进行大量的沟通对接。比如，我们想到一些点，技术无法实现，需要重新整理思路；或者技术人员在理解我们的想法后采用更加简单的手段来与我们沟通。当时，上期所信息技术公司拨出一支队伍专门负责保证金监控系统建设，功不可没。

2006年3月16日，由上海期货交易所、郑州商品交易所、大连商品交易所共同出资建立的中国期货保证金监控中心有限责任公司正式在国家工商行政管理总局注册成立。

我记得当时关于监控中心注册成公司制，还引起了一些关注。公司制机构履行监管类职能，这在当时比较少见。工商总局的同志还专门与我们讨论，他们挺关心这个事。其实我们选择公司制主要是出于对当时环境和监管角色定位的考虑。首先，外部环境方面，当时处在市场化大潮流中，公司制更加贴合市场改革背景。其次，监控中心的主要职能是实现电子化监管，其建立运行势必涉及一系列招标、开发、维护事项，公司制更有利于工作的展开。事实上，后来很多事也证明这一制度上的创新是正确的。公司制能很好地完成监管要求，另外在人才招聘方面也有方便之处。

同年5月18日，监控中心举办开业典礼，时任证监会主席尚福林、副主席范福春都出席了典礼。尚主席在讲话中提出，期货保证金安全是期货市场稳步发展的基础，关系到期货市场的长治久安、投资者的合法权益及其对市场的信心，有关各方必须高度重视做好这项工作。监控中心成立备受瞩目。

系统功能显著获得各方认可

监控中心开业之后，保证金监控系统也随即上线。客户保证金

时任证监会主席尚福林在监控中心开业典礼上讲话

账户的资金变动情况实行"T+2"报告制度，即期货保证金存管银行须在第三日向监控中心报送客户保证金账户的资金变动情况。系统上线伊始，便陆续发现5起挪用保证金事件。监控系统运行后成功地实现了设计目标，有效地威慑了挪用保证金的企图。从此，我国期货市场再也没有出现过挪用保证金事件。

监控系统的成功运行，不仅使国内舆论对我们的工作越来越认可，还受到国外同行关注。2012年5月29日，美国期货业协会（FIA）主席兼首席执行官沃尔特·卢肯（Walt Lukken）专程到中国了解我们的工作情况。原来，美国期货行业"挪用保证金"事件也时有发生，并且金额庞大。其中知名案例包括美国金融巨头曼氏金融和百利金融事件，数亿、数十亿美元的客户期货保证金"不翼而飞"。时至今日，由于监管理念的差异，美国期货市场没有直接采用监控中心的监控办法，但他们依旧对我国保证金监控系统保持关注。

此外，保证金监控也获得期货公司的认可。当时市场上有一种说法叫"用国家信用为期货公司背书"，以此向广大期货市场参与者表明"期货市场安全可信赖"。记得有期货公司股东和管理层分别对我讲过，有监控中心盯着，他们再也不必担心资金挪用问题，可放心地做本职工作。

2008年，监控中心还以其海量信息辅助了期货市场重大决策，进一步获得市场认可。当时，受全球金融危机的影响，中国期货市场遭遇了前所未有的挑战。由于美国金融市场五大投行中的三大投行破产、倒闭以及美国政府巨资救市获议会通过，市场对金融市场前景担忧，国际股市、期市纷纷暴跌。国内期货市场在国庆长假后开市第一天出现了主要品种全线跌停的情况，大豆、豆粕、豆油、玉米、棉花、强麦、白糖、铜等19个主力期货品种无一幸免，这是国内期货市场自1992年设立以来首次出现的局面。次日，大部

在监控中心工作

分品种继续跌停，市场恐慌气氛弥漫。连续跌停意味着风险无法完全释放，开盘就跌停导致投资者无法及时撤出，第三天还没来得及动手又已经跌停了，导致亏损越来越大。其中铜期货甚至出现了连续5个跌停。连续的跌停不仅引发投资者的巨额亏损，还可能导致公司和机构的破产从而殃及更多的客户。如此一来，期货市场大跌可能引发社会的震荡。

面对如此严峻态势，交易所等管理部门和监管部门面临两个艰难的选择：要么强制平仓，要么放开跌停板，一次性跌到位。尽管这两种选择都是交易规则允许的，但各种措施的具体风险和代价有多少却无从知晓。这时，中国期货保证金监控中心的重要性就凸显出来了，利用自身掌握的全面准确的市场信息和客户信息，监控中心对期货市场做了各种压力测试。通过测试，预判了两种不同处理方式将可能导致的风险和损失，并预估了期货价格每跌1个百分点给公司和客户带来的资金亏损，不同下跌幅度会导致多少公司破产，破产会涉及多少客户。监控中心将压力测试结果及时报告管理部门，经过对两种方案的权衡对比分析，最终选择了强制平仓。此举虽然牺牲了一些市场机制，但是避免了风险的几何级数扩大，保证了期货市场逐渐回稳。在当时特殊环境下，无论是做多者还是做空者，都能够相对理性地接受这种规则。此举最终避免了大规模的恶劣的社会影响，整体效果较好。

投资者保障基金为中小投资者护航

2007 年设立的期货投资者保障基金（以下简称保障基金）是我国期货市场风险防控方面又一重大举措。该基金是当期货公司破产清算时为保障客户在期货公司的保证金等合法权益而设立的赔偿基金，主要是针对清理整顿时期很多风险事件损害中小投资者利益而作出的部署。监控中心负责筹集基金资金，以及处理风险事件时确认客户权益，按规定发放赔偿金。设立之初，保障基金每年由交易所缴纳手续费的 3% 和期货公司缴纳代理交易额的千万分之五到千万分之十收取。2016 年，证监会修改了《期货投资者保障基金管理暂行办法》，将交易所和期货公司的缴纳比例分别调整为 2% 和亿分之五到亿分之十。

在我刚才讲到的四川嘉陵挪用保证金事件中，投资者保障基金就发挥了重大作用。2008 年，监控中心启动保障基金风险处置程序，成功化解和处置了早年发展遗留下来的四川嘉陵期货风险，赔偿了 49 名投资者 3890 万元合法权益，极大限度地保护了期货投资者的合法正当权益，维护了投资者信心。2014 年 12 月，监控中心还使用保障基金顺利完成了黑龙江北亚期货公司的风险处置工作。需要说明的是，这两起期货公司的风险事件都发生在监控中心成立之前。

保障基金的设立进一步完善了市场基础制度，有利于我国期货市场改革和稳步发展。该基金在化解期货公司风险、保护投资者合法权益、协助期货市场监管、规范期货公司行为、维护市场健康发展等方面发挥了积极的作用，是中小投资者参与期货市场的一剂"强心针"。

全面梳理期货账户实现实名制监管

在保证金监控系统和投资者保护基金获得市场认可后，监控中心在 2007 年开始酝酿梳理全国的期货账户。当时我们的想法是有这么好的手段和平台，只执行纯粹的保证金监控有些"大马拉小车"的感觉。怎样让它们发挥更大的作用？怎样利用系统收集更多的信息，并利用这些信息为市场运行和市场监管服务？另外，当时的证券市场由登记结算公司专门负责统一开户，但是期货市场一直是由期货公司分别对各交易所开户，导致开户效率低、实名制落实难等一系列问题。因此，当时我们就想到，可以把客户资料按统一标准梳理一遍，同时全面推广统一开户制度，这样，即简化和方便了客户、期货公司和交易所的开户工作，又理清了市场基础信息，服务了监管要求。

其实在"保证金封闭运行"制度时期，监管部门就规定"期货公司为客户办理出金时，收款人账户名称应与出金客户名称一致"，要求期货账户信息真实有效。然而，实际情况却远远无法满足"实名制"要求。早在 20 世纪 90 年代期货市场"野蛮生长"时期，很多人在注册时就没有用真实信息注册，注册人与出入金账户也不相匹配。此次监控中心的工作将现有期货账户全部重新梳理，实现了户与账的一一对应。在具体工作时，监控中心的客户整理与中登公司所做的股票账户整理有所不同。监控中心主要是负责"看"，不涉及结算。因此，在系统设计时，更多地需要从我国期货市场监控需求层面出发，可借鉴的经验很少。因为不涉及结算银行利益，我们顺利与银监会、各结算银行总行沟通对接，结算系统改造工作进展顺畅。

对旧账户的整理工作远比想象得更复杂、更耗时，这项工作前后共花了 2 年多的时间。而统一开户管理系统也是直到旧账户梳理工作完成后，才正式落地实施。2009 年 9 月 1 日，证监会发布的《期货市场客户开户管理规定》要求，监控中心用 3 个月的时间将统一开户系统在全国推广实施。

这次账户清理肃清了过往账户信息错综复杂的乱象，也为后来期货市场对新用户的统一管理制定了规则制度。期货公司对这项工作表现出了支持与热情。账户清理之后，期货公司与客户关系更加清晰、透明了。期货公司以"监控中心要求"为名要求开户用户遵守开户规则。统一开户系统在阻止虚假客户开户、开户资料不全、重复开户等问题上发挥了不可替代的作用。同时，期货公司不需逐一登录各交易所开户系统或多次输入客户资料，开户效率大大提

2010 年证监会主席助理姜洋（右）莅临
"中国资本市场 20 周年成就展"监控中心展位

高。现在打开监控中心官网，监控中心主要职能中位列第一的就是"统一开户"。

实名制系统有效弥补了我国期货市场参与主体信用体系不健全的短板，为建设期货市场诚信体系奠定了基础，有利于市场的规范发展。我国期货市场建立之初，金融体系、信用体系、担保体系与期货市场要求不相匹配，更多的是"认钱不认人"，对资金背后的个人信息一无所知，市场存在很多潜在风险。运用互联网技术对期货市场实现全面、看穿式的保证金监管，可以看清资金背后的人，从而有效规避市场风险。

整体框架搭建完成实现期货市场运行监测监控

301
创新篇

2013 年，基于统一开户和保证金监控制度，我们又探索和研发了期货市场运行监测监控系统。这一系统主要是对期货市场的交易进行监控，实现风险的监控、防范和预测。它与交易所监察部门的监控有类似之处，但我们主要的优势在于可以看到全市场的用户信息，并且看穿客户的资金。

系统的建设分为两期，历时 3 年才完整投入使用。一期项目由实时监控系统、信息管理系统、违法违规查询系统、历史数据统计系统和分析研究系统等模块构成，分成四条主线：一是期货市场规模类、结构类信息的图表演示，它反映了市场发展变化趋势、内在结构变化规律以及重大事件对市场规模结构的影响；二是将期货市场每日实时委托、成交、持仓、仓单及涉及交割的相关信息与保证金监控系统数据衔接，在统一平台上实现对客户参与期货交易的全程实时监控；三是将实时交易数据与统一开户系统的会员客户信息匹配；四是以技术手段自动实现对法律法规和监管指引认定的违法违规行为和异常交易行为中若干可量化标准的查询。系统一期于

2012 年 10 月建成并投入使用。系统二期新增报警系统、档案系统、风险监测系统和报表系统四个功能模块，于 2013 年 5 月建成并投入使用。二期项目正式上线时，我已经调离了。2014 年，这个系统还获得了第四届证券期货科学技术奖一等奖，这是该科学技术奖设立以来期货类技术项目取得的最高奖项。

期货市场运行监测监控系统建成后，其主要服务对象是股东及监管机构，即各大交易所和上级监管部门、证监局，以协助它们开展工作。系统形成产品按需发布，涵盖市场总体概况、实时监控、历史数据统计、风险监测、违法违规查询、报警事件、市场及品种档案、会员客户信息等内容，共包括 10 个功能大项、40 多个子项、130 个功能点、150 张图表。产品采用局域网的方式开放给各部门。

保证金监控、统一开户、期货市场运行监测监控系统三步走之后，监控中心工作框架基本确立，这也是我在监控中心这几年主抓的三件大事。

后来，随着处理的信息越来越多，功能和产品的进一步扩大化，2015 年，监控中心正式更名为"中国期货市场监控中心有限责任公司"。对比筹建时不足 10 人的规模，现在的监控中心人员已经超过 100 人，这 100 多人的团队处理着我国期货市场海量的信息，实时为我国期货市场的运行拉响警报。如今，在证监会的统一领导和各期货交易所的大力支持下，监控中心整合各期货交易所实时风控及业务操作数据，又充分利用监控中心已有的保证金核对系统、统一开户系统等重要资源，建设成了我国期货市场的监控中枢。期货市场统一监测监控平台建设是一项非常前沿、中国特有的开创性工作，没有任何的历史经验、国际经验可借鉴。监控中心建立以来为我国期货市场平稳发展保驾护航，体现了其制度优越性。

执着与坚守　开启新篇章
——建设具有国际竞争力的中国金融期货交易所

胡　政

胡政，1963年8月生，工学博士，四川南充人，现任中国金融期货交易所党委书记、董事长。1993年投身于期货行业，历任上海石油交易所总裁助理、上海商品交易所结算中心副总经理、上海商品交易所副总裁、上海期货交易所副总经理。2006年加入中国金融期货交易所，先后担任副总经理，党委副书记、副总经理，党委副书记、总经理。2017年9月开始担任中国金融期货交易所党委书记、董事长。

随着我国利率、汇率市场化改革的不断推进，以金融期货为代表的金融衍生品市场在整个国民经济发展中的重要性日益凸显。发展中国的金融衍生品市场，是每一位中国期货人义不容辞的神圣职责。2006年2月，中国金融期货交易所开始筹备，那时我担任上海期货交易所副总经理。为了金融期货交易系统的研发和业务管理，我于2006年10月调至中金所，开启了我的金融期货生涯。在完成了开业筹备、系统研发、品种上市的突破后，现如今，建设"社会责任至上、市场功能完备、治理保障科学、运行安全高效"的世界一流交易所成了我这个老期货人新的方向和目标。

厉兵秣马：四年备战

谈及我与中国金融交易所（以下简称中金所）的渊源，还要从我的技术出身谈起。我1992年从北京来上海，参与上海石油交易所组建。之后，上海石油交易所与另外3家交易所合并为上海商品交易所。1998年，上海3家期货交易所（上海金属交易所、上海商品交易所、上海粮油商品交易所）再一次合并为上海期货交易所，我就随之来到了上海期货交易所。上海期货交易所从2001年就开始准备上市金融期货，为了能有自己的金融期货交易系统，我主持开发了一套既能够满足铜、铝、橡胶等商品期货，又能满足股指、国债等金融期货交易的计算机系统NGES，该系统得到了领导和有关专家的认可。此时中金所成立，它是中国金融期货的领军者、期货行业的全新机构，它的稳健运行，必须要有一个核心的金融交易系统。从国外引进？或是重新构建？一时间众说纷纭。后经讨论，最终将可满足金融期货交易运行的 NGES 引入中金所，我也因此来到了中金所担任副总经理，主管技术和业务。

2006 年 9 月 8 日，中国首个金融衍生品交易所——中国金融期货交易所正式挂牌，中国期货市场就此开启从商品期货向金融期货的全新跨越。由于我是 10 月才正式入职，未完整地参与开业筹建过程，所以第一天来到中金所我就说了一句玩笑话："我是来摘桃子的。"可没想到，真实的情况却成了"桃子没摘成，种了 4 年的树"。

2006 年中金所成立后，股指期货上市的推进工作紧锣密鼓地进行，但这一过程注定是不平坦的。因为各种各样的原因，上市日期不断被延迟。2008 年，正当中金所人全力冲刺将要获取胜利的果实时，意想不到的事情发生了。一场残酷无情的汶川大地震夺走了数万同胞的生命；与此同时，一场席卷全球的金融危机大面积爆发。随着金融巨头多米诺骨牌一张一张被无情地推倒，金融衍生品、杠杆交易等金融创新工具，几乎在一夜间跌入千夫所指的境地，中国金融期货的推出也因此被搁置。

这一搁置又是 2 年，整整漫长的 4 年，尽管前途未卜，但我坚信金融期货在整个中国期货市场中举足轻重，坚信金融期货是中国资本市场不可缺少的风险管理工具，何时推出只是时间问题。一旦推出，中金所必须要有一支特别能战斗的专业人才团队。

因此，人才，我看得比什么都重要。当时高层管理人员加上我有 3 人，再加上筹建时的 40 多位同志，他们一部分来自上海期货交易所的金融事业部和其他交易所，一部分来自证监会各部门，还有一部分是从市场上招聘的高端精英。为了能留住他们，我们采取

了多个办法：第一项工作是仿真演练。不能进行真正的上市交易，那我们就做仿真演练，这是一种除了资金是虚拟的以外，其他都是真实的交易。当时我们面对的情况是"三新"——新员工、新系统、新操作。为此，我要求他们必须模拟多种可能发生的场景进行演练，这既能让操作人员熟悉系统，也可以让各类投资者熟悉股指期货。不怕一万，只怕万一。为了不让万分之一概率的突发情况影响整个金融期货的交易，比如计算机系统断电、通信中断、行情出错等，凡能想到的突然情况，都进行多次演练。也正因为前期这无数次的仿真演练，股指期货从 2010 年 4 月 16 日正式上市以来，我们的交易系统从未中断过，为全面保障金融期货的顺利运行提供了坚实的后台保障。

这三年多的磨炼，实打实地培养了中金所人专业的期货市场管理能力，也使投资者真正学会了如何更好地参与股指期货市场。更为重要的是，仿真交易系统不仅仅涵盖股指期货，还是一个为国债期货、外汇期货、金融期权等金融市场创新而创建的大型综合平台。

它不仅可以为交易所、中介机构和广大投资者等市场主体提供服务，而且具有产品研发、系统开发测试、规则检验、投资者教育、市场准入以及宣传引导等复合功能。有了这个平台以后，中金所再创新任何产品都可以先在这个平台上进行试验，以确保万无一失。

除了让员工接触交易系统、进行实战演练外，我们做的第二项工作就是多给员工提供学习的机会。为了增加他们学习交流的机会，我们积极联系其他金融机构，委派员工到上海证券交易所、深圳证券交易所、上海期货交易所、大连商品交易所和其他金融机构去学习、挂职，既让他们在学习的过程中做好储备、有事可干，又能增长知识、凝聚人心。

俗话说"要想留住人的心，先留住他的胃"。为此，第三项工作，我们办了一个好食堂，伙食很不错，不仅一日三餐，连周末食堂都正常营业，员工随时可以过来吃饭，从生活上尽可能为员工提供坚实的保障，增强员工的主人翁意识和公司大家庭的亲切感。

第四项工作是精神鼓励和团队建设。在这 4 年中，我们开展了各种各样的团队拓展活动，让这支年轻的队伍充满活力。即使现在很多中金所的老员工都对那时的各项活动记忆深刻。我们时常去证监会汇报，尽可能地带些好消息回来，不断从精神上鼓励大家。

在中金所艰难的 4 年筹备期中，有一段时间，管理团队只剩一个总经理和一个副总经理，总经理是朱玉辰而副总经理就是我。然而我们这个小团队却极具积极性和战斗力，近 50 名员工，4 年中未流失过一人（产品上市后倒走了一些人），而这批队伍现如今已成为了中金所的业务骨干，在中金所的业务拓展及中国金融期货市场的建设中仍然发挥着中坚力量。

开弓没有回头箭：股指期货首发登场

从世界范围内来看，金融期货在整个期货市场占据重要位置。一般来讲，期货市场中90%都是金融期货，剩下10%是商品期货。为此，推出金融期货是我国期货市场发展的应有之义，也是每位期货人的殷切希望。

经历了初创、清理整顿后的期货市场终于在2000年迈出了稳健发展的步伐，也为之后金融期货的推出创造了良机：从制度层面上，股权分置改革、新股发行体制改革、创业板和融资融券等重大基础性制度建设的相继推出，完善了市场体制机制，为股指期货的推出奠定了制度基础；从市场层面上看，2000年之后期货市场实现了持续较快发展，市场功能逐步强化，市场运行总体平稳。鉴于此，证监会和上海期货交易所从2001年就开始对股指期货的可行性进行前瞻性研究。2004年，"国九条"明确提出"研究开发与股票和债券相关的新品种及其衍生品"后，证监会加快了研发步伐。2005年，沪、深证券交易所合资成立了中证指数公司，编制了沪深300指数，为股指期货提供了标的指数。与此同时，证监会批准大连商品交易所研究债券，郑州商品交易所研究外汇，上海期货交易所研究股指，为此，上海期货交易所成立股票指数期货交易实验室和金融期货事业部，正式启动股指期货模拟交易。2006年，期货保证金监控中心正式成立，保障了期货市场客户资金安全和投资者合法权益。这些前期工作的铺垫为股指期货的顺利推出奠定了基础、创造了条件。

值得一提的是，尽管金融期货早期的研究工作分别由上海期货交易所，大连商品交易所，郑州商品交易所，沪、深证券交易所共同参与，但后来经过深入研究，证监会从集中统一监管和专业化发展的角度出发，决定由五方共同出资组建专门的金融期货交易所——中国金融期货交易所，这也是中金所的由来。

为了顺利完成金融期货交易所的筹备工作，2006年1月，证监会正式成立金融期货交易所筹备组，抽调各方精干人员开始股指期货筹备工作。当时筹备组设有七个工作小组，分别是综合组、规划组、产品开发组、技术组、市场研究组、投资者教育组以及市场监管组，全方位开展股指期货筹备工作。筹备组的成立，意味着金融期货进入了实质性筹备阶段，也为后期金融期货上市提供了重要的组织保障。

2010年4月16日是个特殊的日子，在这一天，历经9年研发、4年筹备、3个月准备的沪深300股指期货作为中金所的第一个品种首发登场，标志着我国金融期货市场的诞生，也意味着资本市场改革发展迈出了关键的一大步。

从2010年到2014年，作为我国第一个金融期货品种，沪深300股指期货上市4年运行平稳安全，风控严格有效，功能逐步发挥，成功嵌入了资本市场。在2010年4月16日推出之时，交易规模一天仅5万~6万手。但随着我国资本市场的日渐完善，最活跃的时候交易规模已经发展到一天70多万手，增长了十几倍，每天交易金额达5000亿~6000亿元，在全世界股票指数期货中名列前茅。全世界所有成熟的资本市场都有风险管理工具，中国资本市场却没有，股指期货的推出为中国股票市场提供了一种风险管理工具。此外，股指期货是一个非常基础的衍生产品，在它的基础上会产生一系列的金融交易策略和金融交易方式，包括现在蓬勃发展的各种基金、理财、量化等，在这个基础之上，整个金融的活力增强了，这就是对市场的贡献。

回首过往，2008年那场席卷全球的金融危机余波未平，仍对全球金融市场产生着冲击，金融衍生品为此背"黑锅"而遭到四面八方非议时，在学界、业界看法不统一时，国家推出了股指期货，充分表明了党中央、国务院推进资本市场改革发展的坚定决心和一往无前的魄力。

2015 年，伴随着中国股市的异常波动，股指期货市场经历了一场巨大的波折和考验。当然，那是另一个惊心动魄的故事。

改革不停步：国债期货再推出

1995 年 2 月 23 日，这是令中国资本市场不堪回首的一天，在这一天，爆发了轰动海内外的"3·27"国债期货事件。

20 世纪 90 年代初出于国家战略考虑，上海证券交易所推动建立了中国最早的国债期货市场。1992 年 12 月 28 日，国债期货在上海证券交易所开市交易。由于当时市场条件不具备，交易所运行不规范，终使"3·27"国债事件爆发，使国债期货市场蒙上了一层厚厚的阴影。其后，"3·27"国债事件对整个中国金融期货市

2018 年在 2 年期国债期货上市仪式上致辞

场产生了重大的影响。"一朝被蛇咬，十年怕井绳"。各方一直对国债期货讳莫如深。

究竟中国国债期货应如何推进，是进是退？这是我们当时反复思索的一个问题。我们深刻地认识到，撇开"3·27"国债期货事件不谈，国债期货本身是一个利率衍生产品，是整个利率市场体系的重要环节，其反映不同投资者对利率的不同判断，是利率市场化的基础。因此，国债期货是全世界金融工具中最重要的一种。而要重新推出国债期货，就必须与各方讲清楚"3·27"国债期货事件究竟怎么一回事？是由什么原因造成的？以后又如何避免类似"3·27"国债事件重现？

为此，早在上海期货交易所工作时，我们就专门组织人员对"3·27"国债事件做了非常深入的调研，从中找出经验和教训。一方面请前任证监会主席刘鸿儒主持研究课题；另一方面专门把当年"3·27"国债期货的当事人召集在一起，共同来回忆、分析，以总结"3·27"国债期货事件的教训，并对国债期货的现行制度作了全面的梳理，有针对性地制定了一系列的制度。

此外，为了使国债期货能够顺利推出，我们还做了大量的长期准备工作。早在股指期货推出之前的 2009 年，中金所就成立了有关国债期货的研究开发小组。研究开发小组做了大量的调查研究工作，广泛听取市场的意见，综合各方专家的建议供领导作出决策。

这是一种掺沙子式的借用外脑的做法。研究开发小组成立后，除了中金所的工作人员外，不断有来自商业银行、券商、基金和期货公司的专家，以轮流借调的方式，加入到研究开发小组中来，群策群力。很快地，产品设计、规则确定、风险防范、系统准备到仿真交易、投资者教育等工作相继完成，中国国债期货的面貌日益清晰。在品种选择方面，我们把现有的 20 多万亿元债券市场里规模最大的一系列债券品种，4~7 年期的国债作为合约的品种，最终选择 5 年期国债期货（2013 年 5 年期国债期货上市时，现货存量规模大约是 7.4 万亿元，跟当年"3·27"国债期货只有几千亿元现券的规模完全不可同日而语）。产品设计出来以后，为检验产品的规则和系统安全，并给投资者提供一个学习演练的机会，中金所又推出了国债期货的仿真交易并大获成功。在保证金制度方面，我们根据中国期货市场发展十多年后形成的法律法规，全部重新做了设计和安排。在舆论宣传方面，中金所又和中央电视台合作，推出了多集金融期货电视专题片，做足舆论准备。

除了这些基础工作，最重要的是要让人们重拾对国债期货的信心，为此，我们管理层亲自带队奔赴全国主要金融企业聚集的地方进行现场调研和讲演，从北京、深圳、广东、浙江、江苏、山东、河南等较发达省市到西南、西北地区，都留下了我们的足迹。用我们自己话说，"中金所人都是金融期货的布道者"。通过我们的努力，越来越多的人开始重新认识国债期货，提升了国债期货的市场认知。

2013 年 9 月 6 日，国债期货正式在中金所挂牌。如今，国债期货市场交易平稳，市场功能逐步发挥。不久的将来，如果中国的商业银行也可以入市交易的话，那么，国债期货市场将成为中国金融最重要的市场之一。

砥砺前行：客观看待股指期货

2015 年中国股市经历了异常波动，以股指期货为代表的权益类金融衍生品也遭到了质疑。当权益类衍生产品遇到股票市场剧烈波动时，很多情况下人们会指责衍生产品市场的负面作用，这是全世界范围内存在的一种普遍现象。1987 年美国股灾、1997 年东南亚金融危机、2008 年全球金融危机时都发生过类似的事情，可以看出，即使在西方发达经济体中，对金融衍生品市场同样有不同的议论和异议。但是经过事后认真的研究分析以及对历史数据的回溯，都证明这些指责是不成立的。作为资本市场风险管理体系内的重要工具，股指期货是金融市场成熟不可或缺的一个环节。中国金融市场的国际化，"引进来""走出去"都离不开完善的风险管理体系。正因如此，随着市场经济体制的不断完善，金融衍生品才成为了当今整个国际衍生品市场里面最基础、应用最广泛、交易规模最大的产品。

尽管中国股指期货的发展历经曲折，但我对未来股指期货的前景充满信心。现在我们仍然在不断反思总结 2015 年股市异常波动阶段的经验和教训，探讨股指期货究竟应如何发挥作用，又该如何促进股票市场健康发展？ 2016 年底以来，股市逐步趋于稳定，境内外投资者对境内金融衍生品的需求日渐迫切，市场呼吁松绑股指期货的声音越来越大，监管部门开始重新评估和认识股指期货。2017 年我们两次调整了限制性措施。现在股指期货又进入到一个逐步恢复的阶段。

实践先行：圆梦金融期货

发展金融期货，是建设多层次资本市场的应有之义，是防控金融风险、维护金融安全、提升金融竞争力的基础性制度安排，更是新时代打赢防范化解金融风险攻坚战的有力支撑。谈及未来，中金所将会继续推出股指期货及国债期货期权产品，同时开发外汇期货相关衍生品，完善利率、汇率、权益类三大产品体系，为投资者提供更多的基础性衍生工具。此外，未来我们将以更加严格的风控为工作重点来促进金融期货功能的发挥。

具体来看，一是丰富权益类产品。在国际市场上，期货期权作为成熟、风险可控的衍生工具，品种丰富，是发现价格以及提供跨期避险的重要工具，尤其是权益类衍生品，更是应用广泛。以股指期货为例，在国际市场上既有股指期货的标准产品，还有迷你的产品以及与它相关联的一系列的产品，一天期期货、价差交易、升贴水交易等品种丰富多样。但从国内情况来看，相对于投资者巨大的需求，目前国内权益类产品品种太少（我们仅有三个）、上市太慢、功能太小，为此中金所未来发展的一个重点就是完善权益类产品体系，不仅包括现有产品的结构再延伸，还包括新产品的研发，比如与新兴产业相关的指数产品、深100指数等新品种。

二是完善利率类衍生品。随着利率市场化的发展，目前除了5年期国债期货、10年期国债期货，中金所2018年8月上市了短期的2年期国债期货，将来还要研发超长期的30年期国债期货，以构成一个完整的收益率曲线、客观及时地反映市场的供求情况。除了产品线的丰富，在推动机构入市方面我们也将进一步提速。尽管国债期货现在已有部分机构投资者入市，但是离它真正发挥功能还有较大的差距，因此提高银行、保险、境外机构等机构投资者在金融市场中的参与度，是一项非常重要的工作。

三是推进汇率衍生品上市，从交叉汇率到直接汇率产品，满足投资者在更为波动的汇率环境中避险的需求。随着人民币国际化进程的加快以及"一带一路"倡议的推进，人民币与其他货币的联系也进一步强化，汇率风险管理将对我国进出口贸易的发展起到至关重要的作用。在国际上，作为全球市场推出的第一个金融期货，外汇期货在过去的40年间为汇率风险管理发挥了极为重要的作用，不仅能够使国家掌握汇率的定价权，同时也能促进进出口贸易和国际投资。在国内，推出外汇期货一方面可以为企业提供风险管理工具，使期货市场能够更好地服务于实体经济；另一方面也可以促进国际收支的管理更加科学。

值得一提的是，完善三大产品线是中金所一直致力推进的工作，但所有这些工作的前提是要严控风险。中国资本市场确实还有初级阶段的一些特征。因此，防控风险始终是我们推进工作的重要考量。

除了产品线的不断丰富，加快国际化步伐、真正实现与世界接轨是我们的一项核心工作。当前，期货市场正以积极和开放的态度探索国际业务。在此东风下，我们也将丰富风险管理工具，更好地服务金融市场的整体开放和国际竞争力的提升。在具体路径上，中金所积极拓展国际关系网络，已加入世界交易所联合会、国际证监会组织、国际期货业协会和国际掉期与衍生品协会等行业组织，并先后与 12 家境外主要交易所签订了合作谅解备忘录，伙伴关系网络覆盖亚洲、欧洲、美洲主要市场。

过去几年里，中金所实现了两个重要海外合作项目的落地。一是 2015 年与上海证券交易所、德意志交易所合资在德国法兰克福成立中欧国际交易所（以下简称中欧所）。目前，中欧所已上市 70 只左右 ETF、ETN 和债券产品，下一步将集中力量推进 D 股市场建设，为中国企业"走出去"提供更加多元化的金融服务，支持

中金所与港交所签署合作谅解备忘录

中国与欧洲的实体经济联动发展。二是2017年初牵头与沪深交易所等合作伙伴成立联合体，成功竞购巴基斯坦证券交易所（以下简称巴交所）40%股权，开创了境内交易所收购境外交易所股权的先河。目前，中方联合体致力于协助巴交所改善公司治理、拟订发展计划等，支持巴交所发展，同时以巴交所为支点，推进服务"中巴经济走廊"相关企业的股权和债券融资需求，积极服务"一带一路"倡议。

在积极拓展国际业务的同时，我们持续完善市场交易规则，优化参与者结构，促进股指期货市场功能发挥。近年来，股指期货市场成交持仓比保持稳定，投资者结构日趋合理，以证券自营、私募基金、QFII & RQFII等为代表的金融持牌机构已经成为市场最主要的参与者，日均持仓量已占全市场近7成。2017年，中金所先后对股指期货交易进行了两次调整。2018年以来（截至2018年5月18日），我国股指期货市场运行平稳，市场交易秩序良好，沪深300、上证50和中证500股指期货总成交量为465.6万手，同比增加40.38%，总成交金额为5.09万亿元，同比增加48.88%。下一步，根据市场需要，我们会进一步改进完善股指期货管理和风险控制，促进市场功能发挥。

此外，中金所还研发储备了沪深300、上证50、中证500等指数期权产品。目前，各项上市筹备工作正在积极推进。从国际经验看，股指期货和股指期权在风险管理中扮演着不同的角色，推出股指期权有助于保险、社保和养老资金等长期资金以配置的方式稳妥进入股市，改善市场生态环境，优化投资者结构，稳定股票现货市场；有助于金融机构利用股指期权设计保本产品，满足不同投资者个性化风险管理需求，提升市场服务能力；有助于奠定波动率指数编制基础，提升宏观审慎决策的前瞻性和有效性，对于完善资本市场风险管理体系、推动多层次资本市场健康发展具有重要意义。总体来看，从中金所发展的角度，我们是希望能够成为一个一流的国际交易所，能够更多地融入国际市场，这是我们的一个愿景，我们也在为此努力。

近十几年来，中金所风雨兼程，尽管历经曲折但也收获良多，这些卓越的成绩是中金所人共同拼搏努力的结果，与中金所一脉相承的精神息息相关。中金所的精神可概括为三句话。

第一，不忘初心、执着坚守。发展金融期货，是建设多层次资本市场的应有之义，是防控金融风险、维护金融安全、提升金融竞争力的基础性制度安排。建设好、发展好、维护好年轻的、有中国特色的金融期货市场，任重而道远，需要迎难而上的勇气、抓铁有痕的干劲和久久为功的韧性。寒来暑往，风卷云舒，我们矢志不渝，执着坚守。我们始终牢记，为资本市场稳定健康发展保驾护航，为推动经济高质量发展添砖加瓦，是金融期货的天职本分，更是我们这一代金融期货人义不容辞的历史使命和时代担当。

视察中国金融期货交易所新大楼建设工地

第二，砥砺奋进。中国金融期货作为一个新生事物，它的一路前行会遇到很多挫折，但不管碰到任何困难，我们都努力克服，无论是那漫漫的 4 年等待期，还是面对 2015 年股市的异常波动等，金融期货都迎难而上，努力担当。

第三，创新发展。中金所因创新而立，也一直把金融创新作为自己的重要使命。在早期中金所的开业筹备过程中，我们就曾经提出"远学芝加哥，近学深交所"的口号，加强同芝加哥商业交易所（CME）的沟通和交流，充分学习其成熟的业务知识和管理模式，为中金所的建设提供了宝贵的经验和借鉴。但中国资本市场是中国特色相对明显的一个市场，若要把国际市场通行的做法与中国资产市场相结合，就需要创新。在制度、规则、体系等方面，我们充分借鉴了国外经验，但为了与中国国情相结合，我们将大量工作放在对国内市场机构的调研上，通过切实了解国内市场的需求来设计合约，通过创新制度来加强风险管理。

以沪深 300 股指期货为例，它是我们推出的第一个股票指数合约，也是在全世界范围内面值较大的合约，100 万元一手而且是横跨沪深两个交易所的跨市场指数，因而对于这个产品的制度设计就必须要有所创新。当时选择品种面临着两大问题：一是标的指数如何选择；二是合约如何设计。标的指数选择作为股指期货产品设计中最为基础的问题，我们邀请市场机构、行业专家进行充分论证，就各类指数的市场代表性、指数可交易性等相关问题进行深入研究和分析。其间还有一个小插曲，2006 年至 2010 年，芝加哥期货交易所（CBOT）交易品种发生了一个巨大的变化：它的标普 500 指数期货推出迷你指数，而且比大指数的行情更好。那么，在中国市场到底是该把面值做得小一点好，还是做得大一点好？这就是一个非常值得探讨的问题。为此，我们同各金融机构广泛召开交流座谈会，既同国际经验反复比较，又充分征求市场的意见，经过与监管层的沟通，最终确定沪深 300 指数为股指期货交易标的的首选，确定"高标准，稳起步"为基本原则，也使得沪深 300 股指期货成为在所有期货合约中面值最大的一个产品。与此同时，合约设计是股指期货产品设计的核心环节。为此我们结合中国市场实际情况，对合约乘数、保证金等重要条款进行了科学设计。尤其在保证金标准设置上，本着严控风险的原则，将沪深 300 股指期货的最低保证金标准设为 10%，明显高于所有国内商品期货的保证金标准，体现了"高标准、稳起步"的基本原则。除产品创新外，中金所还在技术创新、市场服务创新、投资者保护创新方面不断地进行探索，其中我们的"金融期货仿真平台"项目以其在全球的首创性而获得业内高度关注。可以看出，中国金融期货事业的开辟在整个中国期货市场上几乎无经验可循，每一步的探索都是开创性的事业，而每一项崭新的事业都需要一种创新的精神去推动。

回顾过往，从中金所的创立到现今稳健发展，我有幸经历了全过程。在这一过程中，尽管经历风风雨雨，但始终不断前行，显示出强大的生机和活力。作为中国期货市场的一名开拓者和圆梦人，未来我仍将用实际行动践行自己的诺言、实现自己的梦想，和中金所人一起奋斗，将中金所努力建成"社会责任至上、市场功能完备、治理保障科学、运行安全高效"的世界一流交易所。

十七年终圆"原油梦"

——原油期货上市历程回顾

当代中国期货市场口述史

姜 岩

姜岩，中共党员，工商管理硕士，现任上海期货交易所党委书记、理事长，上海国际能源交易中心董事长。1988年7月加入中国共产党，1998年进入证监会系统工作，先后任青岛证监局副局长，党委书记、局长（2011年为正厅局级）。2014年任辽宁证监局党委书记、局长兼沈阳稽查局局长，2016年12月起任上海期货交易所党委书记、理事长，上海国际能源交易中心董事长。

原油期货在 2018 年 3 月 26 日终于成功上市了，可以说这是我国期货市场乃至金融市场对外开放的一个重大突破，也是我们期货市场对改革开放 40 周年最好的纪念。作为亲历者，我有幸在原油期货上市的关键时期加入了上海期货交易所，见证了这历史性的时刻，一方面倍感荣幸，但更多的是感到肩上担子很重、任务很艰巨。原油期货上市只是我国期货市场国际化万里长征的第一步，要充分发挥好原油期货多方面功能，建立起完善的国际化期货市场，我们还有很长的路要走。

梦开始的地方

2016 年 12 月，我接受中国证监会任命，担任上海期货交易所（以下简称上期所）理事长一职。此前几年，市场上时不时有原油期货即将上市的声音，但都一拖再拖，始终没有落地。我到上期所后，按照证监会部署，面临的首要任务就是加快推进原油期货上市。

从 1998 年在中国证监会青岛特派员办事处工作开始算起，我从事证券期货行业也有 20 年了，但交易所和证监局工作还是有很大不同。为此，我必须沉下心来，学习相关知识，了解推进进程，破解上市难题。来到上期所后研究石油期货是我正式学习和从事期货业务的起点。追溯起来，我国原油期货发展与中国期货市场发展实际上是同步的。1992~1993 年，中石油、中石化和地方政府就共同参与组建了多家石油交易所，先后在南京、上海、广州、北京等地推出原油和成品油期货。其中，作为上期所前身之一的原上海石油交易所运作最为成功。1993 年，上海石油交易所推出了大庆原油、90# 汽油、0# 柴油和 250# 燃料油 4 个标准期货合约，到 1994 年累计成交量达 5000 万吨，交易规模跻身世界前列。但在 1994 年，国家调整石油流通体制，暂停了市场化定价，于是国内石油期货交易所相继关停。同时，又赶上整个期货市场清理整顿，原油期货由此结束了较为短暂的初期实践，各方开始了进一步的潜心研究。

十余年探索和准备

一般来说，大家多是将 1999~2010 年作为原油期货市场发展的第一阶段，这主要是探索和准备时期。1999 年，上期所由原先的 3 家期货交易所合并重组成立。重组之后的交易所没有放弃原油期货，继续加强对原油期货的研究。2001 年，姜洋同志开始担任上期所总经理，他带领团队完成了《石油期货总报告》并上报中国证监会。2003 年上期所又成立了石油期货上市工作组，新的原油期货正式进入筹备阶段。所谓"原油期货 17 年磨一剑"，就是从姜洋同志的总报告算起的。

原油期货的大胆探索不仅体现在品种准备上，更多还有制度层面的创新。在这方面，从我们 2004 年上市的燃料油期货中就有所体现。燃料油期货是我国期货市场在石油领域的第一个标志性品种，也是我国期货市场清理整顿结束后批准上期所上市的第一个期货品种。燃料油期货为石油类产品的合约设计、品质管理、检验检疫管理、仓储计量、出入库管理、交割结算价处理、交割油库管理、违规违约处理等方面提供了宝贵的经验。

为了探索期货市场国际化，为国际化的原油期货做准备，上期所 2009 年启动了期货保税交割课题研究。2010 年铜、铝两个品种率先启动期货保税交割试点，迈出了我国期货市场对外开放的第一步。通过这一探索，初步实现了期货实物交割层面的物流国际化，也使发改委、商务部、海关总署、财政部、税务总局等国家部委进一步了解和熟悉了期货市场的功能和作用，为今后争取原油期货相关政策打下了坚实基础。

攻坚克难的关键期

2012~2015 年，是原油期货上市工作正式启动，并积极争取相关部委政策支持的关键阶段。2012 年，由证监会、发改委能源局牵头，上期所正式开始了原油期货启动工作，经报请国务院同意，成立了原油期货上市推进工作组，由包括国家相关部委、上海市政府、国有石油公司和上期所等单位在内的 20 家机构组成。

上市推进工作组召开了多次会议，明确了分工，各部委配套政策的争取工作得以顺利推进。在共同推进相关产品和课题研究的良好基础上，原油期货相应配套政策在 2012~2015 年逐一落实并对外发布。2012 年，《期货交易管理条例》修订完成，增加"符合规定条件的境外机构，可以在期货交易所从事特定品种的期货交易"的规定，为境外投资者参与境内期货交易预留了空间。2015 年，证监会、人民银行、外汇管理局、财政部、税务总局、海关总署陆续出台相关配套政策，逐步形成了包括境外投资者准入管理、资金管理、税收管理、保税货物管理等方面相对完整的期货市场对外开放配套政策体系。

其中，大多数政策都具有历史性的突破意义，比如允许境外投资者参与境内期货市场，对外开放品种选择人民币计价和结算，建立跨境资金管理和结售汇制度，探索增值税在保税交割阶段的处理，推动海关监管政策向期货市场靠拢等。争取这些政策十分不易，交易所历任领导和同事们作出了巨大努力，我对他们表示由衷的钦佩。同时，各部委参与者虚心学习期货市场制度和规则，熟悉期货市场功能和作用，为原油期货出谋划策，把复杂的配套政策梳理分解、逐项落实，为原油期货破茧而出打造了最佳的政策环境，我对他们也表示深深的感谢。

为推动原油期货上市，上期所建立了交易平台。2013 年借助中国（上海）自由贸易试验区成立的契机，上期所在自贸区成立了国际化交易平台——上海国际能源交易中心股份有限公司（以下简称上期能源），注册资本 50 亿元人民币。上期能源网罗了大量境内外优秀人才，基于我国期货市场现有制度和监管框架基础，打造了国际版原油期货制度体系，并同步开发完成了原油期货全套技术系统。

不负众望，原油梦圆

2015 年，原油期货规则向全球公开征求意见，此后上期能源做了大量深入细致的工作，直至 2017 年 5 月规则定稿正式发布。证监会对原油期货高度重视，2017 年 1 月 20 日我赴任上期所理事长，到任当天刘士余同志在与我谈话时明确指示 2017 年把原油期货搞上去。这时方星海同志也开始接替姜洋同志分管期货市场。方星海同志和姜洋同志都认为我国期货市场完全可以支撑原油期货上市，要求加快上市步伐。上任后，我一方面梳理优化上期能源组织架构和工作机制，一方面加快原油期货上市各项准备。在规则发布后，上期能源紧锣密鼓地开始吸收境内外会员，批复存管银行，发布指定交割油库，启动境内外投资者开户、境外中介备案、全市场仿真交易，合法合规地开展境内外投资者教育活动。这些工作非常琐碎，我们建立了固定的所内工作组机制，定期召开专题会议，现场讨论、当场拍板，确保各项工作有序推进、绝不耽搁。其间，我们充分研判潜在问题，力争提前发现、提前解决，但国际化原油期货毕竟是一项前无古人的事业，很多问题并非单纯依靠理论就可以克服，还有待在实践中发现、实践中检验、实践中解决，所以我们在所内大力提倡担当精神，加快推进节奏。

境外注册是国际化的关键一步。2018年3月，我国期货交易所首个境外注册工作完成，上期能源获得了香港证监会批准的自动化交易服务（ATS）资质。同时我们也在同年11月推进完成了在新加坡的注册市场运营商（RMO）资质申请。

各项准备工作就绪后，就开始确定原油期货具体的挂牌交易时间。我带领上期所的团队与证监会反复沟通、汇报情况，一同权衡利弊，形成多个方案，确保我国第一个对外开放品种顺利推出。当时正值国内外年底长假。因此，其间最复杂的问题就是回避年底年初境内外各种假期以及应对国际市场复杂多变的政治经济局势。最终，我们决定由证监会在2018年春节前向境内外全市场通告原油期货将于2018年3月26日挂牌交易。这种方式提高了信息透明度，留足了准备时间，澄清了各种猜测，规避了境内外假期时间差，得到了全球投资者广泛认可。

2018年3月6日，刘士余同志专程到上期所听取了原油期货上市准备情况。他在讲话中指出，原油期货上市是新时代改革开放的重大举措，是全面贯彻落实党的十九大精神的具体行动，也是几代党和国家领导人所作谋划和部署在当前的实现；因此，上期所全体同志要在讲政治、讲大局的同时，工作再细致一点、扎实一点、周全一点，从政治角度、业务角度，确保原油期货上线万无一失。刘士余同志的讲话给了上期所同志们极大的鼓舞，也激励我们将各项准备工作落细落小，反复推敲、模拟各个环节，确保原油期货顺利平稳上线。

原油期货交易上市仪式

　　2018 年 3 月 26 日，在简朴而隆重的原油期货上市仪式上，随着刘士余主席和李强书记落槌，在境内外嘉宾和媒体的现场见证下，筹备 17 年的中国原油期货终于破茧而出，平稳上市。中国期货市场国际化迈出坚实的第一步。

　　原油期货上市半年后，第一个合约 SC1809 合约顺利完成首次交割，涉及 60.1 万桶原油、3 个油库、2 个油种、11 家买方、6 家卖方，包括境内外机构在内的投资者通过交割实践，检验了原油的仓单系统开户、入库申报、品质和数量检验、仓单生成、仓单转让、现货备案、仓单注销、货款出入金、交割票据流转等交割相关业务所有流程。

　　抚今追昔，真是有很多感慨。原油期货成功上市是几代期货人共同努力、不懈奋斗的硕果，是集体智慧的结晶，是期货发展史上里程碑式的大事件。同时，对我个人而言，也是我到上期所就任后推出的第一个重大品种，所以，我和所有上期所同志一样，感到十分自豪。当然，正如前面所说，这只是万里长征第一步，接下来，我们上期所全体员工将怀着高度的历史责任感和使命感，深入学习宣传贯彻习近平新时代中国特色社会主义思想和党的十九大精神，推动落实"一带一路"倡议，不忘发挥期货市场功能、服务社会主义市场经济建设的初心，继续踏实奋进，以原油期货为起点，按照既定路线，奋力推动我国期货市场国际化进程，朝着建成世界一流交易所的目标努力奋斗，让期货市场更好地服务实体经济、服务国家发展大局。

创新之火　燎原之势

——大连商品交易所创新发展纪实

当代中国期货市场口述史

王凤海

　　王凤海，1964 年 8 月生，经济学博士，现任大连商品交易所党委副书记、总经理。1993 年到大连商品交易所工作，先后担任综合部部长、总经理助理、副总经理。目前是中国钢铁工业协会理事，中国期货市场监控中心有限责任公司董事，大连市人大代表，东北财经大学博士生导师。2016 年 6 月，任大连商品交易所党委副书记、总经理。

栉风沐雨，砥砺奋进。中国期货市场从 1988 年开始探索，到现在已有 30 年了。30 年间，我国期货市场脚踏实地、大胆探索、积累经验、不断创新，走出了一条符合国情的特色化发展道路。今年是大连商品交易所成立 25 周年，也是我加入大商所第 25 个年头。作为大商所的一名老员工，我有幸与大商所一路相伴前行，亲身经历并见证了它从无到有、从小到大的发展历程。

期货老兵开启新征程

我大学本科学的是化学工程专业，有志成为一名工程师。因为那时我国生产技术薄弱，需要大量的专业化人才，我想学好知识报效祖国。为追寻这一梦想，硕士毕业后我进入了一家世界 500 强外资企业的大连分公司，成为了向往已久的工程师。20 世纪 80 年代中后期，我国正处于计划经济向市场经济的转轨阶段，经济秩序混乱。如何建设一个具有中国特色的社会主义市场经济成为新的挑战和命题。

1993 年，伴随着市场经济改革浪潮，作为我国建设社会主义市场经济的探索者之一，大连商品交易所（以下简称大商所）正式宣告成立。听到这个消息，经过一番思考之后，我毅然决然放弃了已经拥有的安逸生活，投身到期货这个对我而言全新而又充满挑战的事业当中。

在来大商所之前，我在前一个公司的待遇和福利是很不错的，每个月薪水有 2000 元，还有 90 平方米免费的精装宿舍可以住。而彼时的大商所是一个初创公司，我每个月的工资只有 700 元，住的是月租 300 元的简易房，这种落差有多大，可以想象。但这些还不是最困难的，专业的跨度才是最大的挑战。期货在当时是一个全新的领域，在国内几乎没有经验可循，我在学校里更没有学过，就只是在刚加入大商所时参加了为期 2 个月的行业培训。在待遇差和业务知识匮乏的双重压力之下，很多人对我的选择表示不能理解，但是我没有退缩，一干就到今天，整整 25 年。

岁月静好，不负芳华，回首过往，我很庆幸能在我最美好的年华做过一些有意义的事情。现在回头看，我的选择是正确的，因为大商所的发展壮大为推动我国市场经济有序运行、提供价格依据、构建国际贸易话语权贡献了应有的力量。回首大商所这 25 年，值得激动的事很多，但最重要的是我们的市场究竟为国家和社会做了些什么？我想着重从三个片段展开：开创"保险＋期货"服务"三农"新模式，推出国内首个商品期权，以及成功开启铁矿石期货国际化。

"保险＋期货"创新期货服务"三农"新模式

在推出"保险＋期货"模式之前，大商所其实已经做了很多通过期货服务"三农"的工作。2005 年，大商所开始在东北粮食主产区开展"千村万户市场服务工程"，免费对东北种粮农民、基层干部和现货企业负责人开展包括期货知识在内的现代市场知识培训。通过网络、手机短信和发放信息刊物等方式，为农民免费提供市场信息服务，引导中介机构和农业龙头企业，积极进行"公司＋农户、期货＋订单"模式的试点，带动种粮农民步入现代市场，实现小农户与大市场的对接。2014年，大商所支持期货公司在黑龙江、吉林、辽宁等地尝试开展了大豆、玉米场外期权试点。

而我们联合保险公司共同服务"三农"，则是纯粹来自一个特殊的机缘。2015年初，我参加大连市政协会议，旁边坐的正好是中国人民保险集团大连分公司的总经理董广恩。在讨论环节我和他一起聊到了保险业务同期货相结合的探索。当时大商所正好有一个期货试点计划，我问他能否尝试下将期货与保险相结合。非常有默契的是，我们竟一拍即合。不久后，他就派了业务骨干过来进行专项讨论。初步的设想是通过期货子公司和保险公司的风险再锁定，来为农户锁定风险、保证收益。这个想法得到了时任大连保监局局长蔡兴旭的支持。

于是，我们就开始了大胆尝试，具体思路是农民、合作社或涉农企业通过购买价格保险产品将风险转移给保险公司，保险公司通过购买场外期权产品将风险转移给期货公司，期货公司进入期货市场交易对冲风险。按照此思路，2015年大商所率先将保险公司引入已经相对成熟的"场外期权"模式，在玉米、鸡蛋等品种上开展了三个试点项目。这三个试点项目一举获得成功，得到了国家相关部门的重视和相关产业的认可。2016年，"保险＋期货"被正式写入中央一号文件，明确"探索建立农产品期货和农业保险联动机制，稳步扩大'保险＋期货'试点"。此后，2017~2018年"保险＋期货"被继续写入中央一号文件及国家乡村振兴战略规划，要求稳步扩大试点。

国家政策肯定了"保险＋期货"创新模式，这让我们备受鼓舞。于是，我们开始加大支持力度，稳步扩大试点。从支持资金总额上看，从2015年的不到100万元，到2016年的1960万元，到2017年接近7000万元，再到2018年的预计3亿元，力度不断加大。从模式本身的提升来看，也是不断拓展，除2015年首批3个试点外，

2016 年大商所支持 12 家期货公司、7 家保险公司在黑龙江等 5 省区开展 12 个试点，涉及玉米、大豆现货 20 万吨，为 4158 个农户提供价格保险；2017 年进一步支持 25 家期货公司与 9 家保险公司合作，在辽宁等 7 省区 40 个县市开展 32 个试点，覆盖种植面积 195 万亩，为 188 个合作社和农场共计 8 万多农户提供保障服务。同时，我们不断深化试点的模式，2015 年和 2016 年，"保险 + 期货"试点均为普通价格险。2017 年，通过将价格险和产量险相结合、引入大型企业集团、商业银行等，出现了收入险、"订单农业 + 保险 + 期货"、"保险 + 期货 + 银行"等模式，提供的保险保障更为全面，进一步丰富了"保险 + 期货"的内涵。2018 年，我们进一步升级服务"三农"模式，推出了涵盖"保险 + 期货"、场外期权、"期货价格 + 升贴水"收购等多种形式，保险公司、期货公司、商业银行、证券公司、龙头企业等多类型机构共同参与，覆盖种植、养殖两个行业的"农民收入保障计划"。目前，已经有 86 个项目获得立项，覆盖黑、吉、辽、蒙、冀、皖、渝、鲁、甘、苏、陕、川等 12 个省（区、市）。

总结"保险 + 期货"模式的成功经验，其中有偶然也有必然。一方面，期货市场本身的主要功能就是风险管理。作为商品期货交易所，我们理所应当担负起服务"三农"的责任。另一方面，国家临储政策的压力日渐增大。近年来，我国粮食领域呈现出高产量、高库存、高进口、高价格的"四高"特征，主要粮食支持政策面临巨大挑战。顺应新形势新要求，2014 年以来，国家逐步取消了棉花、大豆、油菜籽、玉米等重要农产品的临时收储制度，市场波动风险加大，如何保护农民的生产积极性成为迫切需要解决的国计民生问题。与此同时，期货市场本身传统的通道业务、代理业务已经基本饱和，需要寻找新的路径进行业务创新，这几个因素叠加在一起，就为"保险 + 期货"模式的探索提供了有利的环境和契机。

如今，"保险＋期货"业务模式已成为保障农民基本收益的一个可靠抓手，其业务模式也有了新的形态。在服务提供商中，越来越多的大型产业企业、银行保险机构参与了进来，这也使得资源组合下创新层出不穷。

豆粕期权填补国内商品期权空白

期权在国际上是一种成熟的风险管理工具，具有权责分离、方便灵活等特点，可以更好地满足实体企业风险管理的需求。

自 2002 年起，大商所就开始了对商品期权的研究，其间几经中断。2012 年，我分管交易部，成立了期权上市工作推进领导小组，由我担任副组长，正式开展了新一轮的期权上市推进工作。

因为大商所从未推出过期权，大家也对期权不太了解，在推进的过程中遇到了很多困难。首先就是论证选择豆粕期权的合理性，也就是为什么我们会选择豆粕作为我国第一个上市的商品期权品

2017 年 3 月 31 日在豆粕期权上市仪式上发言

种？这是在全方位的考察后得出的结论。在国际成熟的期权市场上，流动性和价格波动率是交易所判断期货品种是否适合开展期权交易的两大关键因素。流动性方面，根据 2012 年至 2016 年的统计数据，大商所豆粕期货日均成交量 121.5 万手（单边，下同）、日均持仓量 147.6 万手，交易规模连续 5 年位居大商所全部上市品种的首位。在国际市场上，豆粕期货品种也具有较强的竞争力，根据 FIA 2012 年至 2016 年的统计数据，在全球农产品期货期权交易量排名中，大商所豆粕期货除在 2014 年居第二位外，其他 4 年均排名第一位。价格波动性方面，美国芝加哥商业交易所（CME）和芝加哥期权交易所（CBOE）等交易所在开发期权产品时，基于波动率指标有一个大致的评估原则，即期货品种的价格波动性越强，基于该品种开展的期权交易就越活跃。豆粕作为大连期货市场的传统品种，2010 年至 2016 年年化价格波动率为 24.05%，仅次于棕榈油，价格波动较大。

其次是合约设计问题。尽管可以借鉴境外交易所设计的逻辑原理，但如何与国内监管体制与市场环境相适应是一大难点。当时遇到了很多细节上的问题，比如期权行权价格的间距、行权方式、保证金和限仓都与期货不同，但又不能违背已有的期货制度，究竟该如何确定，我们并无现成经验可循。为此，我们进行了大量的调研和学习工作，从期权发展历史、具体的合约参数设计到服务国家农业政策和实体经济的效果等多个方面，广泛收集国内外资料，使用实盘数据做实证分析，挖掘境外交易所设计期权的合约和制度里的内在逻辑、关系和原理。为了增加大家对期权业务知识的了解，我专门带领业务骨干到 CME 进行期权专题学习，成立了大商所第一个期权培训班。直至今日，期权培训班仍然作为大商所交易部一个重要的人才培训项目继续沿用。

除了业务层面，提高市场共识是我们工作推进的另一重点。因为此前商品期权并未上市过，政府和市场对此都不是很熟悉。一方面，我们要同相关部委论证期权上市的必要性、如何解决国内外环境和政策的不匹配问题以及技术层面的配合问题等。另一方面，我们要加强对市场的培育。2012年以来，我们向会员单位、产业客户、机构投资者、普通投资者、媒体记者等开展了300多场次的以期权基础知识、期权规则、策略应用、套期保值、做市商业务等为主题的培育活动，累计培训人数达到3.5万人次。特别是于2017年1月组织开展的期权讲师培训，为各会员单位和行业机构的期权培育输送了一批市场推广专业人才。此外，我们还设计了豆粕期权形象标识和招贴画，专门录制期权规则系列视频课程，编写了《期权基础知识手册》《豆粕期货期权产业套保简明手册》《大商所期货期权交易策略手册》等投教材料5000册，在各类市场培育活动中发放，供广大投资者学习参考。

就这样，一个个难题逐一攻克，一个个问题逐一解决，从2012年到2017年，5年的艰辛终于获得了收获：2017年3月31日，豆粕期权正式上市。如今，豆粕期权已经上市一年多，成交及持仓呈现稳步上升状态，活跃度逐渐增强。商品期权作为新的风险管理工具获得了市场的高度认可。它为油脂、饲料行业企业提供了多样化、精细化的风险管理工具和交易策略。基金、银行、信托和期货公司等专业机构可以在此基础上设计出更加多样化、个性化的产品和风险管理工具，吸引个人投资者以资产管理等方式间接参与市场，从而改善国内衍生品市场的投资者结构。此外，更具历史意义的是，豆粕期权上市填补了我国商品期权的空白，完善了衍生品市场结构和体系，也标志着大商所向多元开放的综合性衍生品交易所战略转型实现重大突破，为玉米、铁矿石等后续期权品种上市提供了借鉴，不断拓展商品期权市场发展空间。

经历和见证期权的推出是很多期货人的梦想，在期权的筹备和

2018 年 5 月 4 日在铁矿石期货引入境外交易者启动仪式上发言

推动过程中，不论经历怎样的困难和变化，我们全所上下从未放弃过，始终坚守信念。要说创新，对事业的热爱和坚守无疑是我们动力的源泉。

铁矿石国际化实现国内外市场新融合

大商所近年来的另一重要创新，就是在 2018 年 5 月 4 日成功实现铁矿石期货国际化。从国内上市铁矿石期货品种到成功实现国际化，我们历时 5 年，这一成就凝聚了"大商所人"的智慧与心血，更饱含着中国期货人对我国期货市场发展壮大、更好地服务实体经济的期盼。

铁矿石是我国钢铁行业最重要的原材料，是继原油之后世界第二大贸易额、我国第一大进口量的商品。仅在 2017 年，我国铁矿石进口量就超过 10 亿吨。虽然我国的铁矿石需求量居世界之首，而且仍在逐年增加，但在定价方面，国际现货贸易主要采用普氏指数。该指数的价格样本较小，采集过程也不透明，存在被操纵空间，自其诞生以来就一直广受质疑。更为严重的是，多年来国际矿山利用普氏指数定价机制的特点，侵占国内钢铁行业下游钢厂的利润。

作为中国的期货交易所，大商所有责任、有义务为全球市场提供一个真正反映全球供需格局、以人民币计价、公开透明的铁矿石期货价格，维护行业利益和服务国家战略，推动大宗商品国际贸易朝着更加合理、更加均衡的方向发展。为此，我们按照"积极稳妥、风险可控、由易到难、循序渐进"的方针，有序推进铁矿石期货市场发展。具体来讲，分两步走，第一步是先上市铁矿石期货，并通过市场培育，逐步促进期货市场功能发挥；在此基础上，第二步积极推动铁矿石期货国际化，引进境外交易者，增强价格权威性和影响力，增强铁矿石价格定价话语权。

按照这个战略部署，2013 年大商所推出全球首个实物交割的铁矿石期货合约。通过四年多的实践，铁矿石期货运行平稳，功能发挥较为充分，对国际现货贸易定价起到了积极正面的影响。对比历史价格可以看到，在上市前，我国铁矿石进口价格具有明显的"易涨难跌""快涨慢跌"的特点。上市后，对国际普氏指数运行产生较大影响，"压舱石"作用显著：2017 年我国钢材价格与 2012 年相当，但铁矿石价格仅相当于 2012 年的一半；从进口规模看，2017 年我国铁矿石进口量 10.75 亿吨，是 2007 年的 2.8 倍，需求大量增加并未带动铁矿石价格上涨，其进口均价为 2007 年的 50%。可以看出，通过铁矿石期货上市，真正产生了能够充分代表中国市场真实供求情况、公开透明的铁矿石价格，初步改变了我国在国际市场上"买什么什么贵"、钢铁行业利润被严重侵蚀的局面。

创新是工具，开放则是手段。在铁矿石期货平稳运行一段时间之后，2014 年其国际化工作正式启动。政策支持是这项工作的前提，因此我们做的第一个工作就是与相关部委进行协调沟通。我清楚地

2018 年在铁矿石期货国际化建设高层研讨会上发言

记得，在相关领导的支持下，我们多次去国家海关总署、财政部、国税总局汇报工作，推动铁矿石期货开展保税交割。在我们努力争取下，2014 年底铁矿石保税交割获海关总署批准，2015 年底大商所开展铁矿石国际化业务也顺利获得监管层认可。与此同时，为了落实铁矿石期货列入境内特定品种，我们多次向国家发改委、工信部、人民银行、中国钢铁工业协会等部委、机构、行业协会汇报工作，得到了相关单位的高度认可和大力支持。终于在 2018 年初，证监会正式批准铁矿石期货列入境内特定品种。在业务推进过程中，我们与国家各相关部委进行调研、走访、沟通达 46 次。此外，在铁矿石国际化规则制定、业务创新方面，从规则合法性、体系设计、业务合理性等角度，我们相继完成 1 个总体方案和 7 个专题报告。

2018 年 5 月 4 日，是令每一位大商所人难忘的日子 ——大商所铁矿石期货正式引入境外交易者，让"中国价格"走出去的同时将境外投资者和国际竞争机制请进来，实现了我国期货市场与国际市场的新融合。同时也标志着大商所从单一、封闭的商品期货交易所向多元、开放的综合性衍生品交易所战略转型迈出了关键一步。作为我国期货市场首个对外开放的已上市品种，铁矿石期货国际化得到了境内外市场的高度关注。截至 2018 年 11 月底，已有 8 个国家和地区的 99 家铁矿石境外客户开户。嘉能可、摩科瑞、托克公司等境外大型行业企业在国际化启动当日便参与了大商所铁矿石期货交易。

25 年的积累，5 年的筹备，相当于大商所 30 年才上了第一个国际化的品种，可见这件事是多么有分量。成绩的背后凝聚了社会各方的心血、全所上下辛勤的付出。

时间的齿轮无声飞转，但我们服务实体经济的初心始终未变，一直脚踏实地地耕耘在产业一线。现如今，我们的期货市场正站在继往开来的历史节点上，具有非常广阔的发展空间。25 年的辛勤耕耘使我们已经初步具备了走向世界、走向未来的坚实基础，作为一名期货老兵、一名亲历者，我深感欣慰、也深感自豪。

以开放包容的姿态
建设国际一流衍生品交易所

当代中国期货市场口述史

李正强

　　李正强，1964 年 4 月生，经济学博士，党的十九大代表，现任大连商品交易所党委书记、理事长。1989 年在北京农业大学任教，1993 年进入中国证监会，历任机构监管部副处长、处长，基金监管部副主任、主任，参与基金监管部筹建和基金行业监管与运行制度框架设计。2009 年后任中国银河证券公司党委书记、中国金融期货交易所党委副书记、副总经理。2012 年任大连商品交易所党委副书记、总经理，2014 年 11 月任大连商品交易所党委书记、理事长。

成立于 1993 年的大连商品交易所，是经国务院批准的 4 家期货交易所之一，也是我国东北地区唯一一家期货交易所。25 年来，伴随着改革开放的不断推进，大商所大胆创新、勇于实践，上市了我国第一个商品期权合约、实现了我国第一个已上市期货品种的国际化、率先推出了"保险＋期货"服务"三农"新模式……在艰难探索中取得了一系列成绩。

　　当前，我国期货市场已进入多元、开放的新时代，大商所也正朝着建设衍生工具齐备、产品种类丰富、功能发挥充分、运行安全高效的国际一流衍生品交易所迈进。而我作为其中的一名推动者和见证人，深感荣幸与自豪。

　　自 1988 年国家开始期货市场的研究与探索，我国期货市场至今已走过 30 年的风雨历程。30 年来，在一代代期货人的坚守和奋斗下，我国期货市场从无到有、从小到大、从乱到治，艰难探索，逐步规范，走出了一条独具特色的发展之路。我是 2009 年底开始接触金融期货，2012 年底进入商品期货市场的，从参与期货市场的时间看，相较于行业的前辈们是比较晚的。前辈们的艰辛探索奠定了我们事业的基础，也激励着我们迈向更加美好的未来。

早期探索：奠定期货市场稳健发展基础

谈及我国期货市场的早期探索历程，我认为在计划经济体制下探索建立这样一个自由市场经济条件下发育出来的期货市场，本身就是一项巨大的创新。

我国期货市场的产生有其非常特殊的时代背景，是在计划经济体制向市场经济体制转轨时期，为服务价格改革而建立的。在以"摸着石头过河"的方式推进市场经济体制转轨的时候，我们将海外市场已经运行得非常成熟且规模较大、功能发挥较充分的一种市场模式在国内进行开发和试点，当时面临着双重困难：一是经济体制转轨本身的艰难；二是自由市场经济条件下形成的市场模式在转轨体制下探索建立的艰难。因此，在早期探索中，出现一些盲目发展、行业乱象等问题在所难免。

为了解决行业乱象、规范期货市场发展，中央政府及时开展了有效的清理整顿和风险防范化解工作，为期货市场规范稳健发展奠

2018 年 5 月 4 日在铁矿石期货引入境外交易者启动仪式上发言

定了基础。一方面，1993 年中国证监会设立了期货部，专门进行期货市场的监督管理。另一方面，在行业法规上，相对于美国漫长的法规建设之路，我们从 20 世纪 90 年代初开始，在不到十年的时间里就出台了《期货交易管理暂行条例》（1999 年 6 月），为整个行业提供了一个市场准入、基本运行、风险防范的标准和规则，可谓一大创举；在监管体系方面，我们逐渐建立起"五位一体"（中国证监会、证监局、期货交易所、中国期货保证金监控中心和中国期货业协会）的统一监管体制，形成了一套自己独特的期货市场管理理念。

可以看出，尽管前期探索艰辛，却非常有意义，为期货市场的稳健发展奠定了基础。

理念先行：初步实现多元开放新格局

大连商品交易所（以下简称大商所）作为中国期货交易所中的重要一员，自 1993 年成立之时便开始了一路披荆斩棘、艰难求索的征程。25 年来，大商所取得了一系列斐然的成绩，成为我国改革开放不断深化的缩影。尤其是近五年来，随着豆粕期权上市、铁矿石期货实现国际化，大商所在多元开放、国际一流衍生品交易所的道路上不断前进。借用十九大报告中的一句话就是"解决了许多长期想解决而没有解决的难题，办成了许多过去想办而没有办成的大事"。

这些成就的取得与理念的不断创新密切相关。作为这些理念创新的推动者，我很有幸亲历了全过程。首先我想讲一下多元开放愿景的由来。

大商所是从农产品期货起步的交易所，1993 年成立后很长一段时间，上市品种只有农产品期货，直到 2007 年，我们才上市了首个工业品——线型低密度聚乙烯期货。2013 年，乘着习近平总书记视察大商所的东风，我们一年之内上市了 5 个期货品种。然而，我们的发展却始终围绕着场内标准化的商品期货合约，缺乏期权等多样化的风险管理工具，同时，所有市场参与者仅限于国内，境外市场参与者不能直接参与我们的市场交易。这是一个单一封闭的市场，这种状况与我国整体经济高度融入世界经济的需求以及国家对外开放的发展战略不相适应，也和我们交易所多年来的期盼不相适应。我们希望大商所既要有期货，也要有期权；既要有国内，也要有国外；既要有场内，也要有场外。在此背景下，我们提出了多元开放的发展愿景。

2013 年，大商所制定了《2014~2020 年发展战略规划》，提出了"建成衍生工具齐备、产品种类丰富、功能发挥充分、运行安全高效的国际一流衍生品交易所"的中远期发展目标。2014 年我们推出夜盘交易、"三步交割法"，推进期权上市筹备、铁矿石期货国际化布局，努力提高市场运行质量，为丰富衍生工具和产品做好准备。2015 年，我们立足实际、着眼长远，提出以期权上市、铁矿石期货国际化和场外市场建设三项工作为重点，推动大商所从单一、封闭的商品期货交易所向多元、开放的综合性衍生品交易所转型"的战略部署。

根据规划，2016 年初我们进一步提出了"保稳定、抓管理、促转型"的工作方针。我们把全力做好市场稳定、技术保障、楼宇安全、廉洁自律等各项工作放在首位；将"两学一做""全面从严治党"与我们交易所的内部管理紧密结合；持续推动 2015 年提出的战略部署，进一步促进交易所从单一封闭到多元开放的战略转型。同年 11 月 18 日，在大商所建所 23 周年之际，我们正式发布了"多元开放、国际一流衍生品交易所"的发展愿景，对"多元开放"的内涵进行了阐述，即在工具上既有期货也有期权，在市场层次上既有场内也有场外，在交易范围上既有国内还有国外。与此同

2017 年 3 月 31 日豆粕期权上市仪式

时，我们将交易所这些年来的发展理念进一步浓缩和提炼，提出"服务实体经济，服务市场参与者"（即"两个服务"）的发展使命，以及"稳健、进取、尚德、和谐"的文化价值观，形成了一整套的文化理念。可以看出，多元开放的愿景与 2013 年的中长期发展规划、2015 年的战略部署完全是一脉相承的，与国际一流衍生品交易所的发展目标相一致。

2016 年 12 月 18 日，在大商所第六次会员大会上，我们又总结提出了"五个始终坚持"[1] 的发展理念和"三个取信"[2] 的发展遵循，进而形成了一套系统的、完整的发展理念、发展思路、战略部署和价值观。

---

[1]　即"始终坚持全面从严治党政治方向、持续加强改善内部管理，始终坚持服务实体经济根本宗旨、积极配合国家战略实施，始终坚持公开、公平、公正的基本原则、切实履行一线监管职责，始终坚持改革创新'两手抓'方针、不断提高发展质量和水平，始终坚持共建、共享、共赢的发展理念、积极营造和谐生态环境"。

[2]　即"取信于决策层、取信于市场、取信于员工"。

2017 年，我们制定了《建设国际一流衍生品交易所实施纲要》，明确了 2025 年建成全球大宗商品定价中心和风险管理中心的时间表和路线图。

2018 年是中国改革开放 40 周年，也是大商所成立 25 周年。乘着市场化改革东风，历经 25 年发展，大商所已累计上市 16 个商品期货品种，加上 2017 年平稳推出的境内首个商品期权——豆粕期权，已经初步形成既有期货又有期权的多元化衍生产品体系。2018 年上半年，我们在中国证监会的领导和大力支持下，顺利启动境内首个成熟期货品种——铁矿石期货，引入境外交易者业务，成为香港自动化交易服务（ATS）提供者，并在新加坡设立境外代表处，初步形成国内国际连通的开放型衍生品市场格局。近年来，我们联合期货公司、保险公司等金融机构，借鉴海外市场经验、结合中国实际，推出"保险＋期货"服务"三农"以及场外期权、基差交易、仓单串换等服务产业试点，探索建设既有场内又有场外的多层次衍生品市场。总体来看，经过 25 年，特别是最近这 5 年的努力，大商所已初步实现从单一、封闭的商品期货交易所向多元、开放的综合性衍生品交易所的战略转型。

砥砺奋进：开启建设国际一流衍生品交易所新征程

新时代要有新气象，更要有新作为。站在中国特色社会主义进入新时代的历史方位，大商所也已经进入"多元开放"新时代，并开启迈向国际一流衍生品交易所建设的新征程。

十九大报告指出，中国特色社会主义进入新时代，我国社会主要矛盾已经转化为人民日益增长的美好生活需要和不平衡不充分的发展之间的矛盾。社会主要矛盾的转变为衍生品市场更好地发挥价格发现和风险管理功能提出了更高要求，也为衍生品市场发

2018 年大连商品交易所领导班子合影

展提供了强大动力。结合大商所自身的发展情况，我们也清醒地认识到，大商所多元开放的大门才刚刚打开，未来发展还面临两大主要矛盾：从外部看，主要是我国实体经济发展、国家战略部署对衍生品市场提出的强大需求与我们的服务方式、方法和能力严重不足之间的矛盾；从内部看，主要是我们的工作思维、习惯、模式还不能很好地适应多元、开放的衍生品市场发展形势和国际化发展需要之间的矛盾。

如何化解这两个主要矛盾，2018 年，我们提出了"巩固、充实、提升"六个字的工作方针。这意味着我们将秉持"五个始终坚持"的发展理念，在初步实现多元开放战略转型的基础上，按照"巩固、充实、提升"的方针，在商品期权和对外开放方面实现由 1 到 N 的稳步增长，进一步推进国际一流衍生品交易所建设。我们将持续优化合约规则和运行管理机制，拓展市场服务，改善市场参与者结构，维护市场稳定，不断巩固多元开放发展成果；我们将加快推出更多的期货、期权品种，进一步整合场外市场业务，努力构建产品"一全两通"（"一全"指的是把工具做全；"两通"则是指场内场外、国内国外打通）格局，不断充实多元开放的发展内涵；我们还将持续提高市场运行质量和效率，努力为全球市场提供公开透明、具有广泛代表性、以人民币计价的大宗商品期货价格，不断提升大商所服务实体经济的核心竞争力和国际影响力。

实践证明，近年来大商所的发展理念、发展道路、工作方针等与党的十九大精神高度一致，与党中央和中国证监会党委有关资本市场发展总体要求相吻合，与党中央有关稳中求进的工作总基调相契合，与国家发展战略、行业发展趋势和自身发展脉络相适应。

时光荏苒，2018年是我来大商所的第6个年头，年头虽不长，但却经历了很多有意义的事件：从新品种的拓展到内部管理的提升，从单一的商品期货到期货期权的并进发展，从国内市场的丰富到国际化路径的开拓……一路走来，诸多不易。回头来看，每个成绩的取得都是大家辛苦努力的结果。若说感恩，我发自内心地感恩中国证监会对我们工作的关怀指导；若说感谢，我由衷地感谢国家相关部委的大力支持；若说感动，我时常被全所员工不怕吃苦、不畏艰难、坚持奋进的干劲所感动；是大家的努力才有了今天大商所多元开放的新局面。可以说，大商所每一个重大战略转型的实现、重要品种上市的推进、交易工具的创新，都凝聚着中国证监会、相关部委和全体大商所人的智慧结晶。感谢伴随我们前行、支持我们工作的每一人。

代跋 ①

本书是由一个PPT（幻灯片）惹出的。

17年前，我在上海期货交易所任总经理。大约在2004年，中国浦东干部学院的领导找我，希望我能够去学院讲讲期货的基本知识。其实，我的理论知识并不丰富，仅仅有些市场实践经验。但我很愿意向大家介绍和宣传期货市场，因此高兴地答应下来。该学院是培训我国政府中高级领导干部、大型国有企业领导人现代经济金融知识的基地。我知道如果课讲不好，可能会误导大家，对我国期货市场的发展产生不良影响。因此，我备课很认真，做PPT很卖力，力求理论叙述、实践案例的选择都准确无误、通俗易懂。还好，第一场讲下来反响尚可，没想到这一讲后面就收不住场了。一直到现在，十多年来，学院一直邀请我讲授这门课。课程名称叫"衍生品的影响与作用"，每次讲一个上午。2006年，我调回中国证监会（以下简称证监会）工作后，每年还得去中国浦东干部学院讲这门课两三次。每次讲课前，我都会结合期货市场的新情况、新问题、新挑战和新思考，认真备课，不断补充和更新课件。后来，清华大学五道口金融学院EMBA（高级管理人员工商管理硕士）班也开了这门课，我也讲了好多年，五道口金融

---

① 本文为姜洋著作《发现价格：期货和金融衍生品》自序。

学院干脆把这门课由半天延长为全天。两所学院的学员都很支持配合，对这门课表现出很大的兴趣。学员的支持，增加了我继续讲好这门课的信心。十多年来，每一个课件都是一个更新升级版，两个学院也都希望我授课前能够将课件传给它们，以便提前给学员参考。于是，有人鼓动我把这个课件扩展成一本书。思考再三，我觉得这个课件也许在学术上不足为道，但在用通俗的话语对期货市场进行解读上还是下了些功夫的。本书的目的是想向不了解期货领域的人介绍期货市场的魅力，以期人们有兴趣阅读。

干啥吆喝啥！从21世纪初去上海期货交易所任职到现在，弹指一挥间，18年过去了。这些年，我的主要工作和期货市场的发展与监管密切相关。2001—2006年，我任上海期货交易所党委书记和总经理期间，在证监会党委的领导和支持下，会同市场各方一起推动了上海期货市场的规范发展。2006年7月，我回到北京后，一直在证监会领导班子中分管期货工作到2015年底，按照党中央、国务院的要求，在证监会党委统一领导下为期货市场改革开放、建设发展做了一些工作。10年时间里，我按照证监会党委的要求，狠抓期货市场基础性制度建设，推动建立了一系列规范发展的法规和规章制度，重要的是积极推动了《期货交易管理条例》（以下简称《期货条例》）的两次修改，并两次参与《期货法》的起草工作，促进了期货市场的健康稳定发展。

在国务院法制办（现已并入司法部）的统领下，证监会两次推动《期货条例》的修改，这大大促进了期货市场的建设与发展。

《期货条例》于2007年进行的第一次修改，是在尚福林（时任证监会主席）领导下完成的。这次修改全面总结了我国期货市场十几年的经验教训，借鉴了成熟市场的成功经验。《期货条例》中写入了期货交易所可以上市交易金融期货、期权等内容，改变了1999年《期货交易管理暂行条例》（以下简称《期货暂行条例》）中交易所只能上市交易商品期货的限制性规定，为市场发展打开了空间。同时，证监会根据这次修改的内容，结合金融期货筹备以及股指期货推出的需要，制定、修改和完善了若干证监会规章和规范性文件，进一步健全了期货市场以《期货条例》为核心，以部门规章和规范性文件为主体的法规制度体系。制度供给的增加为期货市场改革发展增添了活力，市场发展加快了脚步。到现在，已经有沪深 300、上证 50、中证 500 三个股指期货，5 年期、10 年期两个国债期货，以及上证 50 ETF（交易型开放式指数基金）期权等一批金融期货、期权产品在交易所上市交易。这些场内金融衍生品自上市以来运行良好。同时，豆粕、白糖等商品期货期权也已上市。这次修改还创新了期货市场交易结算制度，适当扩大了期货公司的业务范围，强化了基础制度建设，丰富了监管措施和手段，加强了自律监管等。这极大地促进了我国期货市场的规范发展，上市产品数量大幅增加，品种结构由商品扩大到金融、由期货扩大到期权，经济功能逐步发挥，实体经济相关企业利用期货市场管理风险的自觉性大幅提升，国际影响力迅速扩大。

　　《期货条例》于 2012 年进行的第二次修改，是在郭树清（时任证监会主席）领导下完成的。这次修改主要是为适应原油期货等对外开放产品的上市和创新，促进期货市场国际化进程的需要进行的。这次修改取消了限制外国投资者参与中国期货市场交易的相关内容，明确规定符合条件的境外机构可以在期货交易所从事特定品种的期货交易，为期货市场国际化提供了制度保障，为国际投资者参与我国原油、铁矿石以及其他期货品种交易打开了大门。目前，上海期货交易所的原油期货作为第一个面向国际投资者开放的期货品种已经上市交易，大连商品交易所的铁矿石期货已对境外交易者开放，其他与国际市场联动紧密的期货品种对外开放也在准备中。同时，2012年版《期货条例》还对一些大宗商品中远期交易市场开展以大宗商品标准化合约为交易对象，采用集中竞价、电子撮合、匿名和保证金担保的交易方式进行具有明显期货交易特征的交易活动，进行了规范和限制。

我国期货市场与证券市场的建设是在20世纪90年代初同时起步的。《证券法》已经出台20年，其间，进行了4次修改，而与《证券法》同时起步的《期货法》起草了4次，至今仍是草稿。《期货法》从20世纪90年代初期货市场诞生以来就开始酝酿起草，但一直未有重大进展，到2013年开始了第四次起草工作。这次起草一开始就有两种意见，一种意见是在《期货条例》的基础上起草《期货法》；另一种意见认为，期货是证券的一种，把相关内容直接写入《证券法》即可，期货不用单独立法。肖钢（时任证监会主席）赞成《证券法》《期货法》分开立法，他的意见起了重要作用。最后由全国人民代表大会财政经济委员会（以下简称全国人大财经委）牵头，证监会等单位参加，成立了第四次《期货法》起草领导小组。我代表证监会担任起草领导小组成员。历史上，我也参加过第三次《期货法》的起草工作，那时候是证监会原主席、全国人大财经委副主任委员周正庆担任起草领导小组组长。作为证监会代表，我有幸两次担任全国人大财经委《期货法》起草领导小组成员。尽管在本书出版时，《期货法》仍未出台，但我们将继续为推动《期货法》尽快出台而努力。2018年3月，作为全国政协委员参加"两会"，我提交的第一个提案就是《加快制定期货法，推进期货市场法治化进程》。在过去多年的《期货法》起草调研中，我们向市场各方宣传解释，我国期货市场在服务实体经济方面取得了较大的成绩，经济功能显著发挥。多年来发布的许多法规、规章和规范性文件、司法解释、相关政策等行之有效，特别是一些有中国特色

当
代
中
国
期
货
市
场
口
述
史

的基础性制度对期货市场的稳定健康发展发挥了重要作用，呼吁通过立法对它们进行法律条款化。经过努力，这些具有中国特色的制度创新，比如期货保证金安全存管监控制度、以"一户一码"和实名制为基础的"穿透式"监管制度等相关内容，已经体现在《期货法》草案中。

1998年6月以前，我在中国人民银行非银行金融机构监管司任副司长，负责证券经营机构的监管工作。1998年，国务院机构改革，此项监管业务划归中国证监会，中国人民银行不再负责证券经营机构的监管。按照国务院文件要求，我们"人随业务走"划转到了证监会。当年6月22日，中国人民银行总行机关近20人（各地分行100多人划到当地证监局）头顶烈日，拎着大包，踏着刚刚铺就尚还粘鞋的柏油路面，从中国人民银行所在地——成方街32号——一路往北，沿金融大街走了大约500多米，来到证监会办公地点——金融大街甲26号——安营扎寨。至此，我担任了监管业务重组后的证监会机构监管部主任。之前，中国人民银行负责监管所有的金融机构，包括银行、证券、保险、信托、财务公司等。之后，中国人民银行的金融监管业务陆续划出，先是证券经营机构监管业务划归1992年成立的证监会，稍后保险监管业务又划转到刚刚成立的保监会，2003年又把银行、信托、财务公司等监管业务划给新成立的银监会。至此，我国"一行三会"金融监管体制形成（2018年3月，银监会与保监会合并，组建中国银行保险监督管理委员会，"一行三会"这一简称已成为历史）。30年来，在中国人民银行、证监会和期货交易所的工作经历，使我了解到银行、证券、期货之间的许多共同点与不同点。我发现，在间接金融的银行信贷市场、直接金融的证券市场和以期货和衍生品交易为主的风险管理市场这三个相互关联又具有不同功能的金融市场上，期货和衍生品市场是最不被社会公众理解的一个市场。

银行信贷市场的间接融资功能对社会的积极作用很直观，大家都看得比较清楚。企业需要通过银行贷款解决生产经营中的资金问题，个人消费和买房、购车需要银行提供消费贷款等。储蓄者可以存定期或活期以取得利息收入。这些都很直观，可琢磨，可量化，可言说，公众理解起来不难，说起银行的社会价值似乎大家都能说出个一二三。

证券市场的直接融资功能，社会也看得比较明白。企业及其创业者在证券市场融资，可发股票，可发债券。投资人为获得收益，可买股票，可买债券。企业从证券市场筹集的资金是明晃晃的真金白银，可视可见。说它为实体经济服务，通过这个市场融了多少资人人都可以算出来。投资者买卖股票、债券等，赢钱亏钱也是豆腐菠菜，一清二白。虽然这个市场风险大，投资者有亏有赚，但是由于大家看得清清楚楚，对这个市场也容易理解。

期货市场的经济功能是发现价格、套期保值。它既不是间接融资去贷款，也不是直接融资去发股发债，而是靠期货交易中发现的价格和提供的套期保值机会，实现为实体经济服务的功能。期货价格是参与市场的交易者形成的。交易者有两大类，即投机者和套期保值者。但交易者大部分是投机客，他们交易的目的是获取价差收入。期货价格对实体经济服务的功能体现在第三方的使用上，比如并不参与期货交易的农民、商人或企业家，他们依靠这个价格来指导生产经营活动。投机者频繁交易产生的流动性，方便了抱着套期保值目的入场交易的企业进出市场，方便了企业经营管理。期货市场的经济功能和对实体经济的好处似乎既不直观也不直接，社会公众看得模模糊糊，雾里看花，需要转弯抹角才能想清楚、弄明白。

利用期货价格的人或许没有参与期货市场交易，他们并不关心多空双方每天交易头寸的多少，是赚了还是亏了。他们关心的是每日交易者竞价搏杀形成的价格对自己经济活动的有用性。没有参与期货交易的农民，可以利用期货市场发现的粮食远期价格的定价基准功能，方便地和购买粮食的商家谈判，找到一个对双方都公允的粮食买卖合同价。比如黑龙江种植大豆的农民并未参与期货交易，但他们经常利用大连商品交易所的大豆期货价格与上门收购大豆的粮贩子讨价还价。没有参与期货交易的企业，在与贸易商谈判购买合同时，可以根据期货市场发现的价格来确定合同价格。比如上海期货交易所的三个月铜期货价格，经常被中国铜产业链上的企业作为开口合同价的定价基准。有了期货价格，贸易对手方的信任容易建立，商业谈判就顺畅多了，从而润滑了实体经济的运行。

直接参与期货市场套期保值的企业，在进行原材料库存的成本管理时，可以按照生产需要，用很少的保证金（一般 5%）分期分批在期货市场购买商品，以减少不必要的库存资金占用，保障持续生产的原材料供应。这样企业既可以节约资金成本，也可以防范商品现货市场价格波动风险。企业只要在期货市场进行了套期保值，到商品交割的时候，就能够获得交易时锁定的价格，从而稳定生产经营活动。

这些具有公益性的功能主要不是期货市场功能的使用者提供的，而是期货市场的投机者提供的。他们频繁的投机活动，为与期货市场直接交易无关的商品生产经营者提供了利用期货价格进行经济活动的正向能量，为实体企业提供了套期保值机会。

期货市场的经济社会效益是隐性的。它有点儿像城市里的基础设施，但城市基础设施一般主要是国家投资建设的。期货市场的价格发现和套期保值功能主要是投机者提供的。价格发现依赖的流动性是投机者创造的，套期保值者的机会也是投机者频繁交易的流动性形成的。

有一部分投机者可称为"理性的投机者"或"套利者"，他们对市场供求等基本面和技术面的关注，以自有资金参与市场交易，因而交易出较均衡透明的市场价格。当然，投机者主观上没有这么高尚的道德，他们进场交易的目的就是投机赚钱、以小博大，但他们的投机活动客观上为社会提供了一个大家不用付费就能使用的功能。

期货市场对经济社会有用性这种隐性特点，决定了它有利于国民经济的功能难以言说，从而不为社会所理解。因此，对这个市场掰开来揉碎了向社会的宣传、教育和培训就显得非常重要。这些道理是我到期货交易所工作后通过学习和实践逐渐明白的。和这个市场朝夕相处十多年，我有一种想和大家分享这些知识的冲动。因此，愿意通过学校讲台、社会论坛、文章、报刊书籍将期货知识进行普及和大众化。

党的十九大报告提出，加快完善社会主义市场经济体制，增强金融服务实体经济能力，提高直接融资比重，促进多层次资本市场健康发展。这对期货和衍生品市场提出了要求。期货和衍生品市场与资本市场密切相关，促进多层次资本市场发展，提高直接融资比重，需要大力发展期货和衍生品市场与之匹配。美国经验表明，资本市场越发达，对期货和衍生品市场的需求越大。我国资本市场建立近30年，发展迅速，已成为世界第二大股票市场、第三大债券市场和第二大私募市场。尽管如此，资本市场仍然是我国金融体系的短板。资本市场发展还不成熟，包括不成熟的交易者、不完备的交易制度、不完善的市场体系、不适应的监管制度。我们要按照党的十九大报告精神和习近平总书记的要求，推动资本市场再上新台阶。同时，我国期货和衍生品市场的建设与发展落后于资本市场，需要加快发展以更好地适应资本市场、完善资本市场、服务实体经济。

国内外经验告诉我们，建立一个市场不容易。一个期货产品或金融衍生品能否成功，一要靠产品设计是否合适，二要靠产品上市后的宣传、培训、推广工作是否到位，三要靠国家的法规政策支持。期货产品设计需要进行大量的调研活动，要详细了解涉及的市场各方，反映各方诉求，协调平衡各方利益。同时，在向政府部门寻求支持、向监管机构申请产品上市的报告中，要讲清楚拟上市期货产品的经济目的与市场价值。期货交易所作为产品的设计者，要考虑期货产品功能的发挥与市场各方能否有获得利益的机会，投资者的保护，套期保值与投机性之间的平衡，以及监管的要求等。在我国期货市场上，期货交易所为设计上市产品不遗余力，投入了大量资源。它们要对相关产业、行业、投资者等进行全方位的调研，比如要对生产贸易、运输环境、仓储物流、商检海关、中介机构、投资者群体、终端用户、产业政策、监管要求等方面进行大量调研和评估。因此，期货产品能否取得成功的关键在于，事前调研中是否在服务实体经济的前提下，让各方诉求在期货合约中得到合理的协调与平衡。同时，还要对产品的流动性、安全性、功能性进行科学测算、综合评估。设计出产品的雏形后还要向市场各方征求意见，进一步讨论完善。尽管如此，挂牌上市的产品设计得好，仅仅是"万里长征的第一步"。产品要想真正获得成功，还需要大量的后续市场推广，让更多的人参与这个合约的交易，使需要管理风险的企业将其作为常用的工具使用。市场的后续推广无论对期货交易所还是对期货公司来说，都是一项艰苦、漫长的工作。期货市场的潜在参与者在进入市场之前，通常都会先观察市场的流动性，从而自相矛盾地延迟了流动性的创造。这就需要期货交易所在产品上市后进行广泛的、坚持不懈的投资者教育、宣传、培训和推广。从推广的空间看：一是要面向行业、产业客户等终端用户；二是金融机构、投资公司等大型投资者；三是政府部门、监管机构、科研院校、学术团体、行业协会等；四是行业自律组织等，需要对这些群体进行大量的宣传和培训。从推广的时间看，市场的成功取决于经年的宣传、市场营销、销售，以及广泛的朋友和熟人关系网。另外，政府支持与否对产品成功至关重要、意义极大。一个产品成功不是在上市之时，而是在上市若干年之后其功能为实体经济所用。"虽然播下了种子，但庆祝丰收还太早"。市场的培育是一个较长的过程，就如作物撒下种子，需要精心浇灌、辛勤耕耘才能丰收。期货交易所的工作，不是期货合约上市锣声响过就完结了，而是刚踏上成功之路。"新商场刚开业，人气要慢慢养""路曼曼其修远兮"。比如我们刚刚上市的原油期货，不经过 5 至 10 年或者更长时间的努力，很难说功能就可以充分发挥出来。美国"债券期货之父"理查德·桑德尔（Richard Sandor）说，他们在推广二氧化碳排放权期货时，仅 2004 年，芝加哥气候交易所就在美国国会听证会和其他活动上演讲了 27 次。诺贝尔经济学奖得主罗纳德·科斯（Ronald H. Coase）说："建立新市场的重要成本就是要说服潜在的受益人和监管者认可新市场提供的经济功能。"同许多新发明一样，那些受益于现状的人并不会一下子接受新产品。新的金融市场需要推广，它不会被主动接纳，它并不像 iPhone 手机的升级版一样万众期待。桑德尔说，他过去 40 年从期货市场的经历中获得的最宝贵的经验教训之一就是，"新的市场需要被销售出去，而非被购买进来，教育培训和市场营销发挥至少一半的作用"。[a]

记得我刚去上海工作时，当时的证监会主席周小川来上海期货交易所调研，他支持我们抓紧开展两项工作：一是抓紧研发股票指数期货，尽快能够上市；二是加快石油期货产品开发上市步伐。为此，上

---

① （美）理查德·桑德尔著，陈晗、宾晖译，《衍生品不是坏孩子——金融期货和环境创新的传奇》序言部分，东方出版社，2013 年 9 月。

海期货交易所组织和发动社会力量，宣传动员各方共同来促进这两项工作的完成。我们积极向国务院研究室、国务院发展研究中心等政策研究部门汇报工作，争取支持，与中国社会科学院、清华大学等科研机构、大专院校合作，主动联系金融机构、石油企业推动相关课题的深入研究。每年办好几次国际性衍生品论坛，让境外大的期货交易所、金融机构和套期保值企业到中国介绍并演讲，以促进社会各方对期货市场的正确认识，并讨论了关于股指期货、石油期货对深化改革开放重要性的许多问题。为了推进期货市场的研究和宣传工作，从 2003 年开始，上海期货交易所办了两件事。一是办了一份杂志，叫《期货与金融衍生品》，虽然是内刊，但投稿是开放的，绝大部分刊登的稿件都是外稿，有一定的学术性，主要是想通过这个平台聚集期货和衍生品市场的研究力量，同时扩大宣传面。二是出版"期货与金融衍生品系列丛书"，比较深入系统地介绍期货和衍生品知识。这两件事进行了十多年，在宣传期货市场、传播期货知识方面起到了积极作用。比如在国内金融圈里有一定影响的《逃向期货》一书，就列入了"期货与金融衍生品系列丛书"计划。2002 年，在我征得作者利奥·梅拉梅德先生同意后，这本书由我在上海期货交易所的杨柯、陈晗、张晓刚三位同事翻译出版。

因此，一个市场的成功，宣传培训非常重要。出版本书的作用，和我过去在期货交易所工作时的想法差不多，就是想让全社会对期货市场的了解多一点，误解少一点，印象好一点，这样我国期货市场的发展就会快一点，金融对实体经济的服务功能就全面一点。此书不是一部纯学术著作，尽管也涉及一些学术问题。我仅仅是想尽量使用通俗易懂、接地气的语言，讲述期货和衍生品市场的故事。20 世纪 80 年代初，我进入经济日报社当记者，6 年多的记者生涯让我始终牢记老报人告诫我们年轻记者的一句话："一个好记者要会把专家学者的语言大众化地表达出来，从而达到普及各类专业知识的目的。"我在中国人民银行、证监会以及期货交易所等机构从事金融发展和金融监管工作 30 年，具备了一定的金融专业背景，因此想利用自己跨界的特点，力求把本书写得让行业外人士读得进去、看得下去，只有这样，社会宣传的效果才会好。不知道能不能达到此效果，只有留待读者来评说了。

本书主要想表达三个意思。一是期货和衍生品市场是改革开放后我国金融市场上的新生事物，是舶来品，请大家对这个市场多包容、多理解。它萌芽很早，可以上溯到 2000 多年前的古希腊。同时，它是近代市场经济的产物，现代意义上的期货市场最早出现在美国和英国。100 多年前美国、英国出现期货市场交易后，期货交易所对促进西方实体经济发展，促使英美崛起为经济强国，并顺势而为建立起大宗商品定价中心的地位，立下了汗马功劳。以期货交易所为核心的大宗商品期货交易形成的定价中心和定价权是国家的一种软实力，中国作为经济大国是需要的。改革开放，我们从西方引进期货市场近 30 年，根据我国国情进行了不同程度的改造和创新，促进了我国实体经济的发展和金融市场的完善，有利于我国的整体发展战略。二是应该借鉴美国等国家发展期货和衍生品市场的经验，兴利除弊，加快我国期货和衍生品市场的发展及法治化、国际化建设。抓住有利时机，利用我国改革开放形成的综合经济国力，建立以本土期货交易所为主的国际化大宗商品定价中心，形成大宗商品国际贸易的定价基准，参与国际市场相关规则制度的制定，尽快形成自己的软实力。三是期货和衍生品市场是一个高效率、高风险的市场，既可以管理风险，也可能酿造风险。其"双刃剑"的特征，要求我们必须做好市场监管和风险管理工作。国际经验和我国多年来监管实践提供的经验与规律性的东西，使我们提前发现风险、化解风险的能力不断提高。这种能力的前提是，必须做到监管制度落到实处，监管责任落到人头。牢牢守住不发生系统性金融风险的底线。

说了这么多，无非一个目的，就是想通过古今中外期货期权故事的纵横捭阖、夹叙夹议的安排，让枯燥乏味、艰涩难懂的期货和衍生品概念、理论及相关行为、事件变得有趣些，让读者能够看下去，更多地留住阅读兴趣，更好地理解期货和衍生品市场。因此，本书的逻辑性和学术完整性就不是我考虑的主要问题了，请带着学术性需求来阅读的读者谅解，也请对书中逻辑性存疑的读者提出批评。

歌德说："有些书写出来似乎不是为了给我们什么教益，而只不过是要我们知道作者所知道的一些事情罢了。"但愿本书不是这样。

中国证监会原副主席

2018 年 6 月 18 日
（戊戌年端午节）

后记

　　为纪念我国改革开放四十周年、期货市场探索发展三十周年、大连商品交易所成立二十五周年，大连商品交易所邀请期货市场发展过程中重大事件和相关决策的亲历者，以口述的形式对期货市场发展进行了回顾，编为《当代中国期货市场口述史》一书。

　　本书在策划、选稿、编辑、出版过程中，得到了期货市场各界人士的大力支持，他们不仅认真撰稿，还对本书的选编工作提出了宝贵意见。特别感谢证监会副主席方星海专门为本书作序，证监会原副主席姜洋特别为本书作跋。大连商品交易所党委书记、理事长李正强、总经理王凤海、副总经理许强在本书的筹划设计、编辑撰写、篇章布局等方面给予了精心指导，研究中心孙大鹏、郭科、陈兰君子、吴蓉、薛建良等同志承担了具体编撰整理工作。中国金融出版社的领导和编辑们承担了编辑、出版工作，感谢他们的真诚付出。

　　由于时间紧迫，编者水平有限，书中难免存在不当之处，欢迎广大读者提出宝贵意见。希望此书能为中国期货市场留存珍贵史料，为市场发展贡献绵薄之力。

大连商品交易所

2018 年 11 月